수도권 베스트 여행지 42

살림

| 여는글 |

하늘이 그리워질 때, 나는 서울을 떠난다

 책을 준비하면서 그 동안 찍어 왔던 사진들을 한 번씩 모니터에 띄어 보았다. 예전에는 슬라이드 필름을 '뷰 박스'에 올려 놓고 확대경으로 상태를 확인했지만 지금은 디지털카메라로 찍고 모니터로 확인하고 있다.

마우스를 클릭하며 사진들을 들여다보던 나는 그간 느끼지 못했던 사진들의 공통점을 발견했다. 여기저기서 담아온 풍경에는 어김없이 푸른 배경이 있었다. 어느곳에서나 볼 수 있지만, 만 가지 표정을 지니고 있는 바로 '하늘'이었다.

코발트 빛 짙은 하늘, 깊은 감성이 녹아 있는 에메랄드 빛 하늘, 짙은 꽃단장을 마친 농염한 표정의 저녁 하늘……. 생각해 보면 나는 작은 사진을 만들기 위해 잘라 쓰기를 할 때도 조금의 하늘이라도 살려보려는 집착을 버리지 못하는 사람이었다.

사진 속에 담긴 하늘을 직접 보고자 하는 작은 소망들이 마음 깊이 요동칠 때 나는 남산이나 북악스카이에 오른다. 그러나 번번이 나의 소망은 얇은 솜이불을 덮고 있는 듯한 서울의 잿빛 하늘을 실감하며 무참히 깨졌다. 우리와 동거동락하는 대기의 먼지만한 짐을 몸과 마음에 얻고 발길을 돌리곤 한다. 그때가 작은 갈등이 시작되는 순간이다.

"불과 30분만 차를 달려 서울을 벗어나면 하늘색은 조금 더 투명해질텐데……. 떠날 것인가? 혹은 그대로 사무실로 복귀, 일상으로 회귀할 것인가?"

사실 여행작가를 업으로 전국을 누비며 살고 있지만 정작 쉬고자 할 때, 뭔가를 보고자 할 때, 사랑하는 이들과 짧은 여행을 떠나고자 할 때 발걸음이 쉬 떨어지지 않는 경우가 많다. 일상의 사소한 번거로움들로 쉽게 결정을 못하는 것이다. 이런 고민들은 비단 하늘을 동경하고 사는 나만의 몫은 아니리라 생각된다. 더 멀리 떠날수록 일상과 더 거리를 두고 다른 세상을 경험할 수 있겠으나 우리는 어쩔 수 없는 도시민이 아닌가. 떠나고자 하는 마음에 용기까지 있어야 여행을 준비하게 되는 까닭이다.

이 책을 준비하며 매일같이 내가 했던 고민들도 바로 그것이었다.
"한나절에 다녀올 수 있는 좋은 곳은 없을까?" "떠나기는 어렵지 않은데 다녀오면 너무 피곤해서 말야." "막상 떠나고자 해도 갈 곳이 없네." 떠나지 못하는 이들의 고민은 한도 끝도 없다. 그 고민들을 해결해 주는 일이 사실 여행작가인 나의 과제였다.
멀리 가지 않아도, 며칠씩 시간을 비우지 않아도, 크게 용기를 내서 먼 곳으로 떠나지 않아도 마음을 상큼하게 만들어 줄 산소 같은 곳들이 많다는 것을 알리는 것이 이 책의 소명이고 나의 바람이다. 특히나 지리적 장점을 가진 서울은 근교만 나서도 쉽게 여유와 자유 그리고 체험과 낭만을 얻을 수 있다.
이 책을 읽는 이들이 하늘을 동경하는 나의 마음과 닿아 있다면, 행여 책갈피에서 묻어나는 하늘색에 잠시 마음을 빼앗기기라도 한다면 주저 없이 떠나는 용기를 가져보길 바랄 뿐이다.

2005년 5월 봄볕이 화사한 정동길 어귀에서 | 정 보 상

| 차례 |

'봄소풍처럼 가벼운 발걸음'
우리 가족 몸소 나서는
체험나들이

운해 가득한 운길산을 넘어
대한민국 영화를 보러 가다
운길산 수종사와 남양주종합촬영소 ● 012

하루를 달려 닿은 그곳에서
별을 헤며 일상을 돌아보다
중미산과 유명산 자연휴양림 ● 018

향기 나는 숲 속에 마음의 집을 짓는다
축령산 휴양림과 몽골문화촌 ● 024

가는 곳마다 볼거리 풍성,
보는 것마다 배울거리 가득
용인 이색박물관 순례 ● 030

"우리 것을 다시 보자"
역사의 흔적을 돌아보는 여주나들이
명성황후 생가와 도자기엑스포 ● 036

부처의 향기를 느낄 수 있는 그곳,
생활 속 불교체험
신륵사와 목아불교박물관 ● 042

우리 소리, 우리 춤이 살아있는 곳,
전통 문화에 빠져봅시다
너리굴 문화마을과 남사당 전수관 ● 048

"내 안의 나를 깨워라"
활력 넘치는 레저관광의 명소
송암미술관과 송도유원지 ● 054

'맛따라 멋따라'
하루코스로 즐기는
웰빙여행

마음을 가다듬는 산책로에서
좋은 사람과 조우하다
세마대와 용주사, 융건릉 ● 062

물 좋고 땅 좋은
도자기의 고장에서 즐기는 웰빙여행
이천 온천나들이와 설봉사 산행 ● 068

우리나라 속의 다른 나라,
송탄 문화의 거리로 초대합니다
송탄관광특구 ● 074

대한민국 자장면의 고향,
차이나타운에 남은 근대사의 풍경들
자유공원과 차이나타운 ● 080

맑은 물소리와 파란 하늘,
조용한 숨소리로 답하는 숲 앞에 서다
광릉과 국립수목원 ● 086

꽃축제, 자전거타기, 삼림욕까지
일석삼조의 대문 밖 나들이
인천대공원 ● 092

뛰고 구르고 넘어지고 다음은?
온천에 몸 담그며 쉬는 거지!
베어스타운과 포천온천 ● 098

허브의 향을 마음으로 마시며
몸의 피로를 날려 보내자
허브아일랜드와 신북온천 ● 104

'문만 나서면 어느새 바다'
푸른 낭만을 찾아 나서는
바다여행

'한나절에 끝나는 역사이야기'
배울거리 풍성한
역사의 현장들

서해의 새벽을 깨우는 사람들,
풍성한 '바다 먹을거리'가 있는 곳
연안부두와 해수탕 ● 112

이번 주말 좋은 사람들과
바닷가에서 회 한 접시 어때요?
소래포구와 해양생태공원 ● 118

섬 아닌 섬으로 향하는 배에
낭만을 함께 실어보자
월미도에서 용유도까지 ● 124

"바다를 달려 아름다운 섬으로"
가족들과 백색 스크린 속으로 풍덩
무의도와 실미도 ● 130

낙조의 아름다움을 감상하며
갈매기와 데이트를 즐긴다
강화 외포리와 석모도 보문사 ● 136

일상과 다리 하나만큼의 거리를 두고
바다를 즐기는 여행지
제부도와 대부도 ● 142

생동하는 도시를 딛고 서서
역사의 숨결을 느껴보자
남한산성 성곽나들이 ● 150

세계가 인정한 우리 문화유산의 현장에 가다
수원 화성 역사기행 ● 156

미륵의 세계를 기다리는
선인들의 마음과 만나세요
안성 미륵 유적지 ● 162

'체험! 역사와 삶의 현장'
포구기행과 역사박물관 견학
대명포구와 교육박물관 ● 168

곳곳에 남아있는 역사의 흔적들,
근세의 유적들을 돌아보자
강화해협 근세 유적지 ● 174

율곡의 흔적을 찾아서
길따라 찾아가는 답사여행
임진강나들이와 자운서원 ● 180

우리 역사 다시 보기
오래된 유물과 분단의 아픔을 간직한 고향땅
한탄강과 전곡리 선사 유적지 ● 186

"등잔밑이 어둡다"
나를 깨우는 풍경이 있는
자연여행지

"바람의 소리를 들어라"
3시간 만에 돌아오는
드라이브 명코스

손길이 미치지 않는 수도권의 비경
문만 나서면 펼쳐지는 심산유곡
벽계구곡과 노문리 ● 194

호젓하게 즐기는 산책,
격렬한 레포츠가 함께 하는 곳
사나사계곡과 썰매재 자연휴양림 ● 200

맑은 물줄기 사이로 비경秘境을 발견하는 즐거움
용문사와 중원계곡 ● 206

자연의 숨소리가 들리는 청정계곡
야생화가 피어있는 오솔길
명지계곡과 연인산 산행 ● 212

도시 속 자연이 머무는 성과 공원,
소풍 가듯 떠나는 가벼운 여행
행주산성과 일산호수공원 ● 218

"한길 관목 숲을 지나 휴양지에 닿다"
자연과 사람이 공존하는 쉼터
공순영릉과 하니랜드 ● 224

자연이 준비한 억새축제의 현장으로 떠나요
산정호수와 명성산 ● 230

"바람의 소리를 들어라"
물길 따라 달리는 강변 드라이브의 진수
남한강변 드라이브 ● 238

낭만을 찾아나서는 당신에게
푸른 강바람이 부는 카페를 소개합니다
남한강변 카페순례 ● 244

새롭게 뜨고 있는 문화공간 운집소
몸도 마음도 쉬어가는 북한강변
북한강변 문화벨트 ● 250

사라진 여유가 곳곳에 숨어 있는
드라이브의 명코스
한터캠프와 백련사, 은곡사 길 ● 256

자유로에서 만나는 자유,
통일전망대에서 만나는 여유
자유로와 통일전망대 ● 262

젊음이 가득한 호반에서 즐기는
센티멘탈 드라이브
장흥국민관광지와 기산저수지 ● 268

책속부록 아니! 서울 근교에 이런 곳이 있었나?

'봄소풍처럼 가벼운 발걸음'
우리 가족 몸소 나서는

체험 나들이

운해 가득한 운길산을 넘어 대한민국 영화를 보러 가다
》》 운길산 수종사와 남양주종합촬영소

하루를 달려 닿은 그곳에서 별을 헤며 일상을 돌아보다
》》 중미산과 유명산 자연휴양림

향기 나는 숲 속에 마음의 집을 짓는다
》》 축령산 휴양림과 몽골문화촌

가는 곳마다 볼거리 풍성, 보는 것마다 배울거리 가득
》》 용인 이색박물관 순례

"우리 것을 다시 보자" 역사의 흔적을 돌아보는 여주나들이
》》 명성황후 생가와 도자기엑스포

부처의 향기를 느낄 수 있는 그곳, 생활 속 불교체험
》》 신륵사와 목아불교박물관

우리 소리, 우리 춤이 살아있는 곳, 전통 문화에 빠져봅시다
》》 너리굴 문화마을과 남사당 전수관

"내 안의 나를 깨워라" 활력 넘치는 레저관광의 명소
》》 송암미술관과 송도유원지

운해 가득한 운길산을 넘어
대한민국 영화를 보러 가다

운길산 수종사와 남양주종합촬영소

북한강을 따라가는 강변 드라이브는 낭만이 가득한 길을 따라 사랑하는 사람이나 편안한 가족들과 드라이브를 즐기기에 좋은 코스로 소문이 나 있다. 그리고 아름다운 풍광과 운해(雲海) 속의 일출을 볼 수 있는 수종사, 영화의 모든 것을 보고 즐길 수 있는 남양주종합촬영소가 있어 즐거운 시간을 보낼 수 있다.

▲ 수종사 앞마당에서 내려다 본 양수리 운해.

양수리가 건너다보이는 진중리 삼거리를 지나 대성리로 가는 45번 국도를 3km 정도 달리면 진중리 입구에 이른다. 이곳에서 좌회전, 시멘트로 포장된 길을 따라 마을 뒷산으로 2km 올라가면 운길산(610m) 중턱에 있는 〈수종사〉에 닿게 된다. 승용차로 수종사까지 올라갈 수는 있지만 승용차 2대가 겨우 교행할 수 있는 좁은 길인데다 경사가 심해 마을 입구에 있는 주차장에 차를 두고 걸어 올라가는 것이 좋다.

차량 통행이 뜸한 시간이나 새벽에는 절 입구까지 올라갈 수 있는데 입구에는 승용차 10여 대를 세울 수 있는 주차공간이 있다. 걸어서 수종사까지 가는 경우 경사는 가파르지만 힘들 때마다 몸을 돌려 양수리 '합수머리' 쪽을 돌아보며 발아래 펼쳐지는 '동국 제일의 풍광' 양수리를 감상할 수 있다. 길 중간에는 물안개가 피어올라 일출이 장관인 촬영 포인트가 있어 사진 애호가들이 즐겨 찾는 곳이다.

가슴을 탁탁 치는 숨결을 참아내며 산길을 오르면 손에 잡힐 듯이 수종사가 올려다보인다. 그 어름에 주차장이 있다. 주차장 입구에 난 두 갈래 길에서 오른쪽으로 난 울퉁불퉁한 돌계단을 따라 올라가면 바로 수종사가 나온다. 수종사

앞마당에 서면 산길에 시달린 몸을 일순에 달랠 수 있는 시원한 풍광이 눈앞에 펼쳐진다.

다른 절과 달리 수종사에는 해탈문이나 일주문이 없다. 대신 대웅보전 오른쪽에 불이문이 세워져 있다. 불이문을 나서면 세조가 식수(植樹)했다는 수령 500여 년의 아름드리 은행나무 두 그루가 버티고 서 있다. 6·25전쟁으로 타버린 대웅보전은 1974년 중건되었는데 단청이 퇴색한 꽃무늬문살이 단아하다.

수종사에서 다시 45번 국도로 나와 대성리 방향으로 10여 분 달리게 되면 〈남양주종합촬영소〉 입구에 이르게 된다. 수종사 입구에서 촬영소 입구까지 가는 길은 영화 속에도 자주 등장하는 환상의 드라이브 길이다. 곧게 뻗어 있는 길, 구릉 길 등이 이어져 있어 영화 속의 장소를 기억해내며 달리는 별스런 즐거움이 있다.

45번 국도를 버리고 좌회전해 오르막길을 제법 올라가다보면 남양주종합촬영소 정문이 나오고 100여 미터 정도 더 올라가면 매표소가 있다. 관람에 소요되는 시간은 2시간 정도. 개관시간은 하절기의 경우 오전 10시부터 오후 6시까지이며 오후 5시까지는 입장해야 관람할 수 있다. 동절기에는 오후 5시까지 문을 연다

(매주 월요일에는 휴관. 성인 3,000원, 중고생 2,500원, 어린이 2,000원).

우리 영화의 어제와 오늘을 가까이서 지켜볼 수 있다는 점에서 남양주종합촬영소는 신선한 체험을 할 수 있는 곳이다. 1994년 40만 평의 대지에 야외촬영장과 실내촬영스튜디오 등 영화스튜디오와 영상지원관, 영상관 등의 부대시설이 조성되었으며 2000년 5월 일반에게 공개됐다.

남양주종합촬영소에서 가장 큰 공간인 영상지원관 옥상 주차장에 차를 세우면 눈에 익은 세트들을 만날 수 있다. 《공동경비구역JSA》의 배경으로 등장한 판문점, 《신장개업》에서 인육이 들어간 자장면을 만드는 아방궁, 《은행나무침대》의 미단공주가 거처하던 궁궐 등이다.

이밖에도 시네밸리에는 극영화, CF, 이벤트 등 각종 대형 영상물 제작을 할 수 있는 제1스튜디오부터 특수촬영 전용인 제5스튜디오까지 다양한 스튜디오들이 있고 무료 영화를 관람할 수 있는 시네극장까지 있다.

 ### 다산(茶山)의 고향 '마현마을'을 둘러보자

북한강나들이의 첫 방문지인 마현마을은 조선시대의 유명한 실학자인 다산(茶山) 정약용 선생이 태어나 자라고 묻힌 곳이다. 남한강과 북한강이 만나 한강을 이루기 시작하는 양수리 호반가에 위치한 이곳은 산과 물이 하늘과 맞닿아 언제나 시원한 풍경을 만날 수 있으며 잘 정돈된 정약용 선생의 생가와 기념관, 묘소가 있어 조용한 휴일을 보내기에 제격이다.

정약용 선생의 생가인 여유당(與猶堂)은 단출하면서도 청빈한 양반집의 분위기가 물씬 풍기는 곳으로 가구 한 점 없는 방들마다 고인의 자취가 남아 있다. 여유당의 오른쪽 뒤에 자리 잡고 있는 사당에서도 고즈넉한 분위기를 느낄 수 있다. 생가 바로 뒤 언덕 위에 있는 다산의 묘소에서 내려다보는 팔당호반의 푸른 물은 도시생활인의 누적된 피로를 한꺼번에 씻어줄 것이다.

드라이브

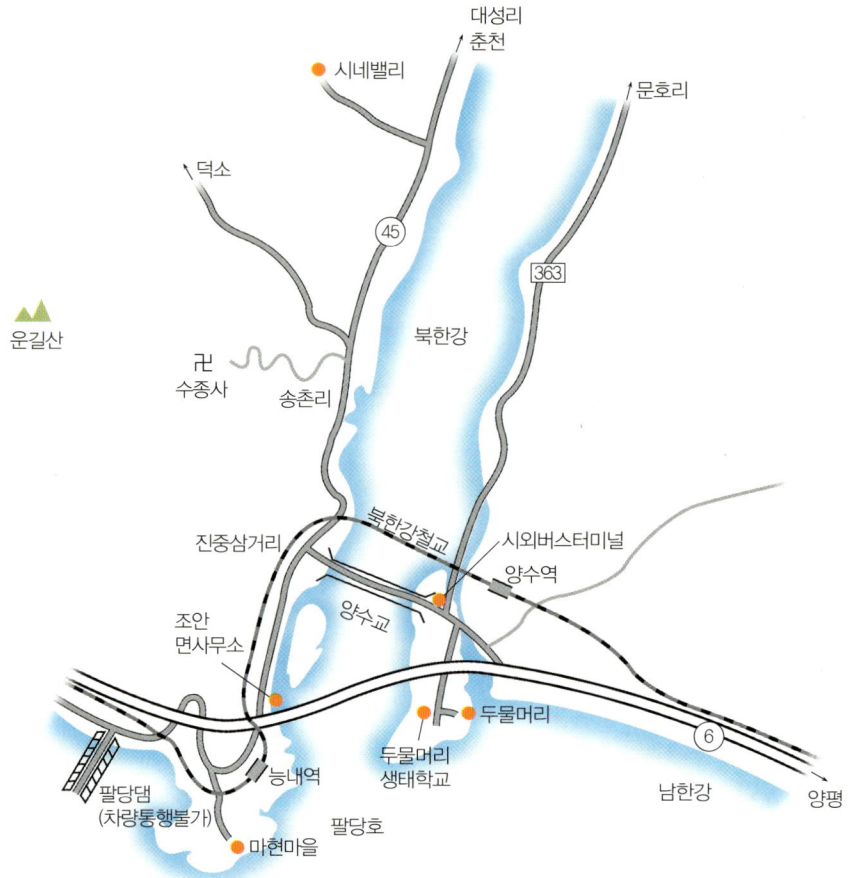

드라이브 메모

팔당대교에서 구도로를 이용 팔당댐을 거쳐 진중삼거리로 가는 방법과 새로 열린 4차선 터널 길을 이용하는 방법이 있는데 새도로는 자칫 진출입구를 놓쳐 양수대교를 건너는 실수를 할 수 있다.

진중 삼거리에서 수종사 입구인 송촌리까지 가는 길에서 중앙선 철교 아래 급커브 구간이 있으므로 주의한다.

송촌리에서 영화촬영소 입구까지는 과속하기 쉬운 길이다. 길이 넓지 않으므로 적당한 속도로 달리는 것이 좋다.

대중 교통 정보

청량리역 현대코아 앞에서 2228번 버스를 이용하거나 강변역에서 2000-1번 버스를 이용하여 진중삼거리에서 하차.

남양주종합촬영소 방면으로 15분 간격으로 운행되는 마을버스를 이용해 수종사 입구에서 내리거나 남양주종합촬영소 입구에서 내리면 된다. 버스하차 후 촬영소 정문까지 약 2km 정도는 걸어서 가야 한다.

여행 정보

지역번호 031

🍴 맛집
오동나무집(한식, 576-8254) 황토마당집(한식, 576-8087) 감나무집(한식, 576-8263) 산촌(화도읍 금남리, 매운탕·닭도리탕·해장국, 592-1610) 이화에월백하고(한정식, 592-3770) 예뫼터(모듬바비큐, 591-4334)

🏨 숙박 정보
하이마트모텔(591-2202) 리버사이드모텔(592-5746) 에메랄드모텔(591-2017) 힐탑파크모텔(591-2281) 에스앰장모텔(592-3077)

🚌 연계 관광 정보
남양주종합촬영소나들이에서 빼놓을 수 없는 곳이 영상지원관. 영화에 대한 다양

한 볼거리와 자료를 모아놓고 있다. 이곳에는 영화문화관과 영상체험관이 있는데 영화문화관은 영화·애니메이션의 제작원리와 영화의 발전사를 볼 수 있는 영화박물관이다. 이곳에는 초창기 한국영화에 쓰이던 기자재와 전단, 포스터, 시나리오가 전시돼 있다. 영상실에서는 단편영화를 상영한다. 영화관련 정보도 검색할 수 있다.

영상체험관은 영화에 등장하는 첨단기법을 직접 경험할 수 있는 공간이다. 3차원 입체영상을 관람하며 바람과 향기 등을 오감으로 느낄 수 있는 3D 입체오감극장, 영화합성장면을 체험할 수 있는 블루스크린, 착시현상을 경험할 수 있는 타임터널 등 신기한 볼거리가 많다. 영상원리 체험관에서는 사운드 믹싱 과정과 조명효과, 이미지 변경기법, 편집 등을 통해 영화에 쓰이는 특수효과와 제작원리를 배울 수 있다. 소품·의상·미술실에는 각종 영화와 CF에 쓰이던 의상과 소품 40만 점이 전시돼 있다. 영상체험관은 입장료를 따로 내야 한다. 어른 2,000원, 중고생 1,000원, 어린이 1,000원.

🎉 축제 및 행사 정보
매년 1월 〈새해맞이 하프마라톤대회〉가 열리고 10월에는 〈다산문화제〉가 열린다.

❓ 여행 문의처
- 남양주종합촬영소 : 579-0605 (www.kofic.or.kr)
- 남양주시청 문화관광과 관광담당 : 590-2474

하루를 달려 닿은 그곳에서
별을 헤며 일상을 돌아보다

중미산과 유명산 자연휴양림

새벽 물안개가 자욱이 피어나거나 해가 저물 무렵이면 물안개 위로 저녁햇살이 황홀한 낙서를 시작하는 곳. 그 아름다운 팔당호반에서 시작되는 중미산(833m)과 유명산(864m)나들이는 청계산을 꼭지점으로 시계 반대 방향으로 강변과 산을 지나는 즐거움을 맛볼 수 있다.

▲ 가볍게 삼림욕을
즐길 수 있는
중미산 휴양림.

양수리에서 국수를 거쳐 옥천에 이르는 길은 소문난 강변 드라이브코스다. 찰랑이는 남한강을 오른쪽에 두고 강이 흘러가는 곡선을 따라 부드럽게 드라이브를 즐길 수 있다. 드라이브를 마치고 나면 '향이 풍부하고 부드러운 카페오레 한 잔을 여유 있게 즐긴 느낌'을 받게 된다.

옥천이나 양평에서 시작되는 37번 국도는 유명산과 중미산을 바라보며 꾸불꾸불한 길을 오르는 산길 드라이브코스다. 그러나 예상과 달리 깨끗하게 포장된 넓은 길에서 제법 편안하게 운전을 할 수 있다. 원시림에 가까운 산을 감상하면서 오르는 언덕길은 마음의 평화와 여유를 가져다 준다.

경기도 양평군 옥천면 신복리에 있는 중미산은 용문산, 백운산, 유명산과 마주하고 있는데 산세가 좋고 숲이 울창하다. 10여 년 전까지만 해도 양평에서 유명산으로 넘어가는 37번 국도는 산이 험해서 접근하기 어려웠지만 도로포장을 마치면서 쉽게 다닐 수 있는 곳이 되었다. 옥천에서 한화양평콘도를 거쳐 농다치 고갯길을 한참 오르다보면 오르막 길이 끝나고 다시 내리막이 시작되는 언덕이 나오는데 이곳에 삼림욕장으로 소문난 중미산 자연휴양림이 있다.

▶ 유명산 입구.

▼ 유명산 자연휴양림의 통나무집.

〈중미산 자연휴양림〉이 있는 곳은 중미산에서 전망이 가장 좋은 곳이다. 휴양림 내에는 통나무집이 자연과 조화롭게 배치되어 있고, 휴양림에 있는 자연학습로에서는 산 체험을 할 수도 있다.

중미산 휴양림 관리동이 있는 곳에서 문호리로 내려가는 길로 1분 거리에 〈중미산 천문대〉가 있다. 밤하늘 가득 수놓은 은하수와 별똥별을 볼 수 있는 서울서 가장 가까운 천문대로, 별자리에 담긴 아름다운 전설을 들으며 자신만의 별을 찾아볼 수 있다. 천문대에서는 당일이나 1박 2일 프로그램을 진행하므로 별자리를 찾아가는 여행을 즐겨볼만하다.

중미산 휴양림에서 농다치 고개를 내려가면 유명산 계곡으로 들어가는 입구가 나타난다. 이곳에서 계곡 입구 쪽으로 걸음을 옮기면 쉽게 휴양림 입구를 찾을 수 있다. 오토캠프장으로도 유명한 〈유명산 자연휴양림〉은 야영장으로 이미 사용되어 온 터라 샤워장, 취사장이 잘 구비돼 있다.

휴양림 안에는 기암괴석과 계곡의 맑은 물을 따라 오르는 산길이 있어 가벼운 등산을 즐길 수도 있다. 2.6km의 순환도로와 주차장, 통나무집, 오토캠프장은 수도권에서 멀리 떨어지지 않는 곳인데도 불구하고 자연의 정취를 마음껏 느낄 수 있다. 또한 청소년들을 위해 마련된 임간수련장은 훌륭한 자연교육장으로 제공된다.

유명산 자연휴양림은 도롱뇽, 두꺼비, 토끼, 노루, 산돼지, 까치, 다람쥐, 꿩, 비둘기, 참새, 오소리, 청설모, 족제비, 수달, 딱따구리, 박새, 올빼미 등의 양서류, 파충류, 조류와 곤충류인 호랑나비, 말똥구리, 귀뚜라미, 여치 등 수많은 생물이 서식하고 있어 생태학습지로 제격이다.

유명산 휴양림에는 산막 1동, 야영데크 21개소(40명), 야영장 1개소(1천명), 오토캠프장 1개소(250명, 50대), 다목적광장, 캠프파이어 공간, 체력단련장, 삼림욕장 등의 시설과 취사장, 샤워장, 관리사 등의 편의시설이 마련되어 있다. 주차장은 2개소로 100여 대를 수용할 수 있다.

▲ 서울에서 가장 가까운 천문대인 중미산 천문대.

 ### 어비계곡(漁飛溪谷)을 아시나요?

유명산 휴양림으로 들어가는 길목에는 가일리 문화마을이 있는데, 위쪽으로 숨겨진 명소 어비계곡(漁飛溪谷)이 있다. 중미산과 유명산에 이어진 어비산(828m) 줄기에서 내려오는 계곡으로 물이 맑고 물고기가 많아 물고기가 펄쩍펄쩍 뛰는 모습이 마치 계곡을 따라 날아다니는 것처럼 보인다 하여 붙여진 이름이다. 지금도 이 계곡에는 산천어, 메기, 송어 따위의 물고기들이 은빛 비늘을 반짝이며 날아다닌다.

유명산 계곡의 유명세에 가려있어 생소한 계곡이지만, 찾아오는 이들이 많지 않아 여유 있는 계곡나들이를 즐길 수 있다. 문화마을 입구에는 계곡에서 내려오는 물이 제법 큰 내를 이루고 있는데 이곳에서 아이들과 함께 물놀이를 할 수 있다. 다만 물고기가 날아다니는 듯한 물방울을 구경하려면 어비계곡까지 가는 것이 좋다. 흐르는 물소리가 요란하지만 계곡 바위에 앉아 발을 담그면 그 시원함은 이루 말할 수 없이 청량하다.

드라이브

드라이브 메모

▶ 양수리에서 남한강을 따라 달리는 6번 국도로 옥천까지 온 다음 한화리조트로 가는 길로 2.4km 정도 가면 37번 국도와 합류하게 된다.

▶ 비교적 평탄한 4.2km 정도의 길을 달리면 갈림길이 나오는데 좌회전하면 한화리조트에 닿게 되고 산길로 오르면 중미산 휴양림에 이른다. 고개 마루 휴양림 입구에서 문호리 방향을 알리는 이정표를 따라 산길을 내려 오면 명달리계곡 입구를 지나 문호리에 닿게 된다.

▶ 유명산 휴양림은 설악면으로 가는 37번 국도를 내려가면 쉽게 입구를 찾을 수 있다.

대중 교통 정보

▶ 상봉터미널에서 15분 간격으로 운행되는 서울-양평 간 직행버스를 이용한다.

▶ 양평터미널에서는 중미산 천문대까지는 군내버스를 이용한다(오전 8시 20분, 오후 2시 2회 운행, 12월~3월 동절기 운행 중지).

▶ 양평까지는 중앙선 열차를 이용해도 된다. 양평에서 중미산 천문대까지 택시비는 보통 13,000원 선.

여행 정보

지역번호 031

🍴 맛집

둥굴레(서종면 수입리, 한정식, 774-0361) 나의 뜨락(서종면 수입리, 오리돌판구이, 772-1808) 해토II(서종면 노문리, 게장백반, 774-5413) 토방(서종면 수입리, 한식, 774-2521)

🏠 숙박 정보

콘도식 모텔 사랑터울(771-6681) 리버힐장여관(서종면 문호리, 772-4880) 리버싸이드여관(서종면 수입리, 774-1253) 양평한화리조트(양평군 옥천면 신복리, 772-3811) 애니타임(옥천면 용천리, 772-0770) 산수유 산장(옥천면 아신리, 774-4475) 중미산모텔(옥천면 신북리, 774-8282) 데이지팜펜션(옥천면 용천리, 772-2891) 숲

의 작은집(옥천면 용천리, 774-2446)

🌏 연계 관광 정보

해발 437미터의 중미산 자연휴양림 안에 있는 중미산 천문대는 맨눈으로도 약 3천여 개의 별을 볼 수 있는 중부지방 최대의 별 관찰 지역이다. 8인치 굴절망원경과 100mm 이중배율쌍안경, 12인치 반사굴절망원경 등을 관측장비로 갖추고 있으며 360도 회전하는 원형돔도 있다. 이곳의 별보기 프로그램은 태양과 행성, 은하와 우주에 대한 슬라이드 영상 교육이 진행된 후 돔에서 별 관찰이 이루어진다. 도중에 질문과 대답이 오가는 강의가 제법 흥미롭게 진행된다.

별 관측 프로그램은 당일 낮, 당일 밤, 1박 2일, 2박 3일 등 모두 네 가지가 있다. 낮 프로그램은 태양 관측과 숲 생태 체험이 진행되고, 밤에는 천체 관찰과 별자리 영상 교육이 이루어진다. 당일 프로그램은 주말은 3~4일 전, 평일은 반나절 전 예약을 해야 한다.

중미산 천문대 홈페이지(www.astrocafe.co.kr)에서 내용을 확인한 뒤, 전화로 예약하면 된다. 당일 밤 프로그램은 1인당 15,000원.

🎉 축제 및 행사 정보

6월에 〈맑은물사랑예술제〉가, 9월에서 10월 사이에 〈허수아비축제〉가 열린다.

❓ 여행 문의처

- 중미산 자연휴양림 관리사무소 : 771-7166
- 유명산 자연휴양림 관리사무소 : 589-5487
- 중미산 천문대 : 771-0306
- 양평시외버스터미널 : 772-2342
- 양평역 : 774-7878

향기 나는 숲 속에
마음의 집을 짓는다

축령산 휴양림과 몽골문화촌

마석에서 물골안계곡과 비금계곡을 지나 현리로 넘어가는 수동면 일대는 축령산, 천마산, 주금산, 상산, 안미산 등 크고 작은 산으로 둘러싸여 골이 깊고 수량도 풍부하다. 멀리서 보면 하얀 비단 띠처럼 가늘고 긴 계곡으로 이어지는 물골안계곡이나, 계곡이 깊어 항상 서늘함을 느낄 수 있는 비금계곡은 어느 곳이나 돗자리를 펴고 앉아 쉬다 갈 수 있는 곳이다. 잣나무 숲에서 즐기는 삼림욕으로 유명한 축령산 자연휴양림에서 색다른 즐거움을 맛볼 수도 있다.

축령산나들이는 마석에서 5.3km 들어간 수동유원지에서 시작된다. 수동유원지는 국민관광지로 지정되어 개발된 곳이기 때문인지 신선함이 덜하다. 수동면사무소가 있는 운수리를 지나면 입석리에 이른다. 이곳에는 입석캠프장이 있어 많은 청소년들이 찾아온다.

〈물골안계곡〉은 입석리를 지나면서 본격적으로 시작되는데 계곡 가운데는 경치가 뛰어나고 시원한 곳이 여럿 있다. 머물기 좋은 곳은 지곡서당 주변과 석고개 정류장에서 축령산 휴양림으로 접어드는 석바위고개 부근, 그리고 물골안계곡이 끝나고 비금계곡이 시작되는 너래바위 부근이다.

▲ 몽골문화촌의 상징처럼 보이는 몽골 전통가옥 겔(Ger).

석바위 부근에서 동쪽으로 올려다보면 축령산(879m)과 서리산(825m)을 양편에 둔 분지가 보이는데 이곳에 자리 잡은 〈축령산 휴양림〉은 깎아 세운 듯한 절벽과 맑은 물이 흘러내리는 계곡이 조화를 이루고 있다.

1995년에 문을 연 축령산 휴양림은 잣나무 숲으로 유명한 곳이다. 이곳에는 산림청이 조성한 인공림의 99%, 원래 들어차 있던 자연림의 45%가 잣나무일

▲ 축령산 휴양림의 분위기 있는 카페 〈달빛한줌〉.

정도로 잣나무 천국이다. 특히 관리사무소에서 축령산 정상으로 오르는 등산로 입구에 있는 잣나무 산책로는 하늘이 보이지 않을 정도로 우거져 있어 신비감마저 감돈다. 이곳에서 이어지는 축령산 정상까지의 산길은 중부지방 식물의 보고(寶庫)이다.

축령산 휴양림은 통나무 산막, 전망대, 휴게소, 야영장, 주차장 등 다양한 편의시설을 갖추고 있다. 이 가운데 '숲 속의 집'이라고 부르는 통나무 산막은 가족끼리 하룻밤을 보내기 적당하다.

휴양림이 들어서기 전까지 축령산은 등산코스로 유명한 곳이었다. 휴양림에서 시작되는 등산코스는 모두 3개. 제1코스는 관리사무소를 출발해서 수리바위-남이바위-철쭉동산을 거쳐 축령산 정상에 오르는 것으로 왕복 3시간 정도 걸린다. 제2코스는 물놀이 동산, 삼림욕장을 지나 서리산 정상을 오른 후 철쭉동산, 화채봉을 돌아 내려오게 되는데 이 코스도 왕복 3시간 정도 소요된다. 제3코스는 축령산에 오른 후 두 산을 잇는 능선을 따라 서리산에 들러 제2코스로 내려오는데 약 5시간 정도면 충분히 다녀 올 수 있다.

휴양림에서 석고개로 되돌아 나와 현리 방향으로 걸음을 옮기면 〈남양주 몽골문화촌〉을 찾을 수 있다. 한때 세계를 지배했던 칭기즈칸 후예들의 문화를 살필 수 있는 남양주 몽골문화촌에는 목장승이나 양가죽으로 지은 유목민 전통

가옥인 겔(Ger), 몽골문화 전시장을 갖추고 있다. 몽골문화촌 한쪽, 비금계곡 입구는 몽골말 일곱 필이 있는 마장. 가끔 마상무예 전문가의 갖가지 묘기도 구경할 수 있다.

몽골문화촌으로는 계곡의 시원함과 한적한 시골의 풍경을 함께 즐길 수 있는 비금계곡의 절경이 숨겨져 있다. 그리고 현리로 넘어가 청평 쪽으로 나가다 보면 〈아침고요수목원〉 입구를 찾을 수 있고 수목원 구경 후 청평으로 나와 다시 마석 쪽으로 발길을 돌리면 모란미술관에 들를 수 있다.

1990년 4월 개관한 〈모란미술관〉은 현대 미술 작품을 수집, 소장해 전시하는 종합 미술관으로 산자락에 위치해 상쾌한 공기를 마시며 작품을 감상할 수 있는 환경을 갖추고 있다. 모란미술관은 야외음악당을 비롯하여 자연환경과 조화를 이룬 문화 공간도 갖추고 있는 종합 전시장이라는 찬사도 받고 있다.

자연의 소리를 들을 수 있는 '아침고요수목원'

지난 1996년 경기 가평의 축령산 자락 4만여 평의 대지에 삼육대 원예학과의 한상경 교수가 조성한 원예수목원으로, 야생화정원·분재정원·한국정원 등 테마별로 나뉜 정원에서 철따라 다양한 꽃과 나무들의 자태를 감상할 수 있다. 산마루를 감싸고 잔디밭이 시원하게 펼쳐진 아침광장은 이국적 정취를 풍긴다. 에덴계곡의 시원한 물에 발을 담가볼 수도 있고 잔디놀이터에 들어가 뒹굴 수도 있다. 둘러보는 데 1시간 정도 걸린다. 연중무휴이며 개장시간은 3월까지는 오전 9시에서 오후 6시까지, 4월부터는 오전 8시에서 오후 6시까지다. 영화 《편지》 촬영지로 많이 알려지면서 주말엔 사람이 몰려 혼잡하다. 입장료는 어른 5,000원, 중·고생과 어린이 4,000원(문의 031-584-6702, www.morningcalm.co.kr).

드라이브

드라이브 메모

▶ 마석에서 물골안계곡으로 접어드는 362번 지방도로 입구에 마석시장이 있다. 이곳은 길이 좁고 지나는 사람도 많아 조심운전을 해야 한다. 마석읍내를 피해가는 우회도로를 이용하는 것도 한 가지 방법이다.
▶ 물골안계곡이 끝나는 곳부터 현리에 이르는 길은 환상의 드라이브 길이다. 내친김에 꼭 한번쯤 달려 보자.

대중 교통 정보

▶ 청량리에서 마석까지 운행하는 330-1, 1330번 좌석버스를 타고 마석종점에서 하차(1시간 소요)하거나 강변역에서 1115-2번 좌석버스로 마석초등학교까지 온 후 마석읍내 축령산행 버스를 이용하면 된다. 마석에서 축령산 버스종점까지는 약 40분 정도 소요되며 하루에 10회 정도 운행한다.
▶ 기차로는 청량리역에서 출발하는 경춘선 열차를 타서 마석역에서 내리면 된다. 마석읍내에서 축령산까지는 버스로 이동.

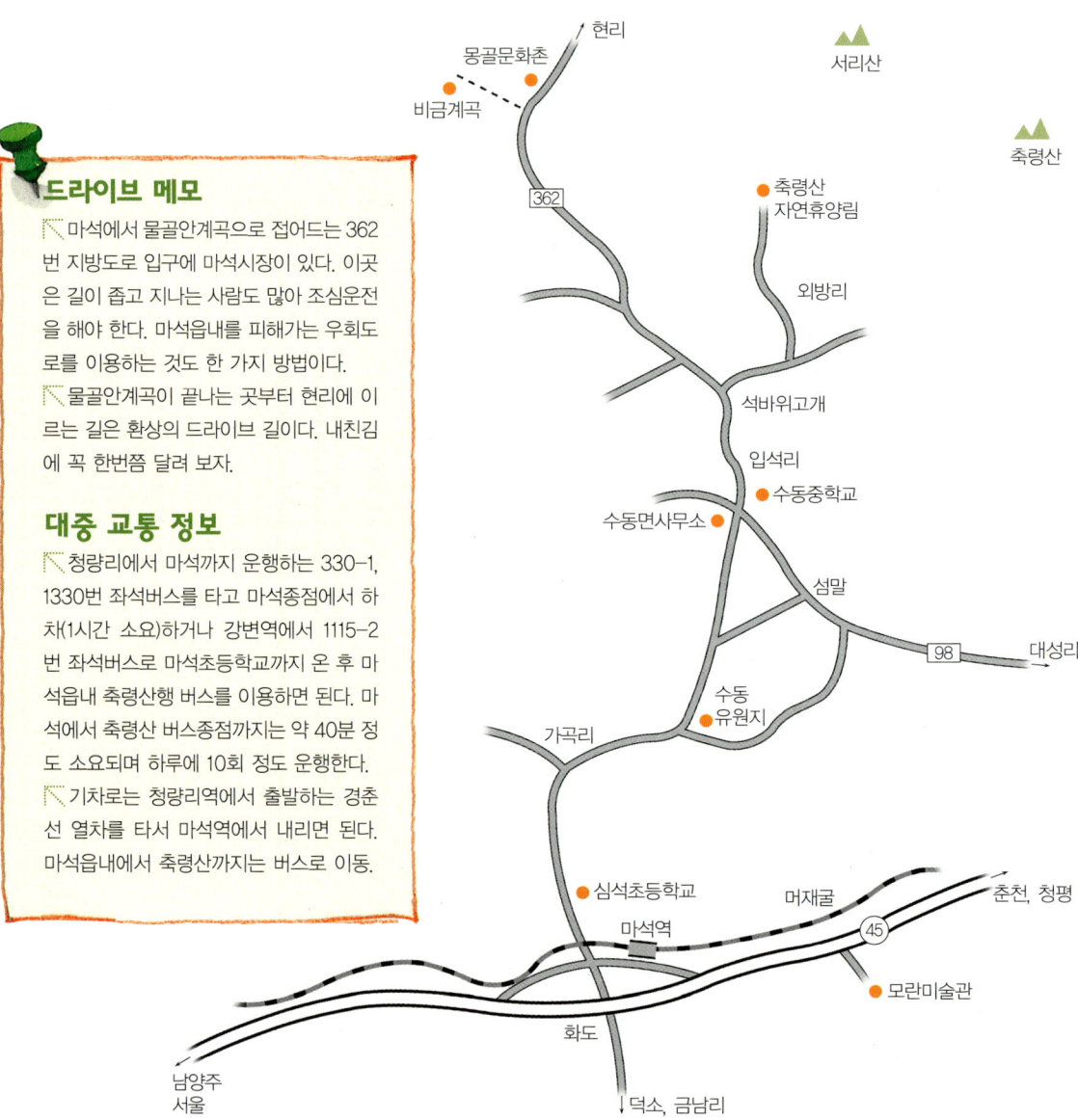

여행 정보

지역번호 031

🍴 맛집
수동관식당(수동면 운수리, 한식, 593-6163) 돌산멧돼지(화도읍 구암리, 한정식, 592-1054) 봉우리(화도읍 금남리, 한식, 592-9982) 선가든(화도읍 마석우리, 한식, 594-8258) 옛향기(화도읍 구암리, 한식, 591-5283) 수동맛깔촌(수동면 운수리, 한식, 594-1957)

🏨 숙박 정보
유니온호텔(남양주시 화도읍 구암리, 592-2233) 북한강호텔(남양주시 화도읍 금남리, 591-9377) 쉐르빌모텔(남양주시 수동면 내방리, 592-4294) 컨트리산장(남양주시 화도읍 금남리, 591-1521) 레인보우(남양주시 화도읍 구암리, 592-2739)

🚴 연계 관광 정보
숲 사이로 난 작은 길을 달리는 은륜의 행진. 달리는 이들이나 보는 이들의 마음을 시원하게 만든다. 산길에서 다리가 뻐근하도록 페달을 밟아 올라보자. 자전거와 함께하는 나들이는 새로운 즐거움이 새록새록 솟아난다.
축령산은 산세가 험하지는 않지만 자전거 코스로는 만만찮다. 초보자는 힘들지만 산악자전거의 매력을 흠뻑 느낄 수 있는 곳이다. 숲이 우거져 있어 달리는 느낌이나 길 상태는 좋은 편. 산자락에는 삼림욕장이 있어 쉬어가기에도 좋다. 축령산 뒤편에 있는 아침고요수목원으로 가는 길은 시멘트 포장이 돼 있어 사방의 경관을 살피며 산악자전거를 즐기기 적당하다. 산악자전거에 제격인 시기는 철쭉이 피는 5월. 수목원의 봄꽃도 볼 수 있다.

🎉 축제 및 행사 정보
10월에는 남양주시에서 〈강변노을축제〉가 열린다.

❓ 여행 문의처
- 남양주시 문화관광과 : 590-4244
- 축령산 자연휴양림 : 592-0681
- 몽골문화촌 : 590-2793
- 모란미술관 : 594-8001

가는 곳마다 볼거리 풍성,
보는 것마다 배울거리 가득

용인 이색박물관 순례

수도권의 가족여행지로 제격인 용인에는 전문 박물관이 여럿 있어 박물관 기행의 최적지다. 우리나라의 상업과 유통 경제의 발달을 한눈에 살펴볼 수 있는 〈한국상업사박물관〉부터 자동차를 주제로 한 〈삼성교통박물관〉, 등잔을 모아 놓은 〈한국등잔박물관〉 전국의 돌 조각 작품을 모아 놓은 〈세종옛돌박물관〉 등이 있고, 이 지역 박물관의 맏형이라 할 수 있는 〈경기도박물관〉도 있어 원없이 박물관 순례를 즐길 수 있다.

용인의 박물관 가운데 가장 남쪽에 있는 한국상업사박물관은 남사면 신세계백화점유통연수원 안에 있다. 국내 최초의 상업사 전문박물관인 한국상업사박물관은 삼한시대부터 현재까지 우리나라 상업과 유통산업의 발전사를 한눈에 볼 수 있는 다양한 전시물이 전시돼 있어 우리 경제의 변천 과정을 살펴볼 수 있다.

▲ 이 지역 박물관의 맏형이라 할 수 있는 경기도박물관.

고대부터 일제시대까지 상업 변천사를 보여주는 1층 '한국상업사실'과 광복 이후부터 지금까지의 근대 상업발달사를 다룬 2층 '유통상업사실' 2개 전시실로 구성돼 있다. 상업과 유통 관련 각종 유물, 자료 790여 점이 전시되어 있는데 고려시대 이후 사용했던 화폐와 홉, 저울, 자주판 등의 도량형, 상업 관련 문헌 등의 유물이 있다. 200여 개의 인형으로 재현한 조선시대 시골장터의 모습과 상업발전의 모습은 시대별 상업발전 양상을 일목요연하게 보여주고 있어 아이들에

▲ 다양한 돌 조각품을 모아 놓은 세종옛돌 박물관.

게는 교육적 효과도 크다.

용인 〈에버랜드〉 안에 있는 〈삼성 교통박물관〉은 자동차의 메커니즘을 이해할 수 있는 다양한 전시물과 세계의 명차(名車)를 한자리에 모아 놓은 곳이다. 박물관 안에는 국내외의 희귀하고 특색 있는 자동차 20여 대와 오토바이, 자전거, 마차 등 각종 교통수단의 실물과 모형, 관련 부품, 장식품, 용품, 기념품, 예술품 총 700여 점이 전시되어 있다. 자동차와 선박의 발달사를 한눈에 이해할 수 있도록 정리된 연표와 방문객들의 체험을 위한 다양한 작동전시물을 갖추고 있어 교육적으로 큰 도움이 된다. 이곳에는 교통 및 자동차 관련 서적 1만여 권을 소장하고 있는 자료실과 5개 선택 프로그램으로 신나는 가상 주행 체험을 즐길 수 있는 시뮬레이터도 준비되어 있다.

용인 북쪽에 있는 모현면 능원리에 있는 〈한국등잔박물관〉은 우리 삶의 모습을 지켜보다 역사의 뒤안길로 사라진 등잔들이 한 곳에 모여 있는 곳이다. 의료인이었던 김동휘 선생이 40여 년간 틈틈이 모은 자료들을 모아 1997년 9월에 개관했다. 이 박물관은 수원 화성 성곽의 이미지를 따서 건축되었는데 지하 1층, 지상 3층 가운데 지하층은 세미나 및 각종 공연을 위한 휴식공간으로 1, 2

층은 전시공간으로 활용하고 있다. 전시실에는 고대로부터 전기가 보급되기 전까지 우리 조상들이 불을 밝히는 데 사용했던 500여 점의 등잔이 테마별로 전시되어 있다. 이곳에는 800평 규모의 야외전시장이 있는데 자연석과 다양한 나무, 그리고 연못이 한데 어우러져 있다.

　용인시 기흥읍 상갈리에 있는 〈경기도박물관〉은 경기도의 역사와 고고, 미술, 민속자료를 모아 전시하고 있다. 자연사실, 고고미술실, 문헌자료실, 민속생활실, 기증유물실 등 6개의 상설전시실과 연중 2-3회 정도 유물이나 유적을 선보이는 기획전시실이 있다. 이곳의 야외전시장에는 백제온돌 주거지를 비롯하여 14개 전시물들이 있다. 부대시설로는 원형극장, 놀이마당을 갖추고 있다.

▲ 우리나라 상업과 유통경제의 발달을 한눈에 볼 수 있는 상업사박물관.

 자연스런 역사공부, 박물관 순례는 이렇게...

용인에 있는 여러 박물관 가운데 가장 규모가 큰 곳은 경기도박물관. 민속촌으로 가는 길목에 있어 찾기 쉽다. 따라서 〈경기도박물관〉부터 순례를 시작하는 것이 좋다. 수지에서 광주로 가는 43번 국도변에 있는 〈등잔박물관〉과 에버랜드 안에 있는 〈삼성교통박물관〉은 경기도박물관에서 비교적 가까운 거리에 있으므로 이 두 박물관을 차례로 방문하는 것이 좋다. 〈한국상업사박물관〉은 용인에서 안성으로 가는 45번 국도를 따라가다 이동면에서 오산으로 가는 302번 지방도를 이용하면 되는데 박물관이 신세계연수원 안에 있어 찾기가 어려운 점이 있다. 신세계연수원을 알리는 이정표를 참고하자.

드라이브

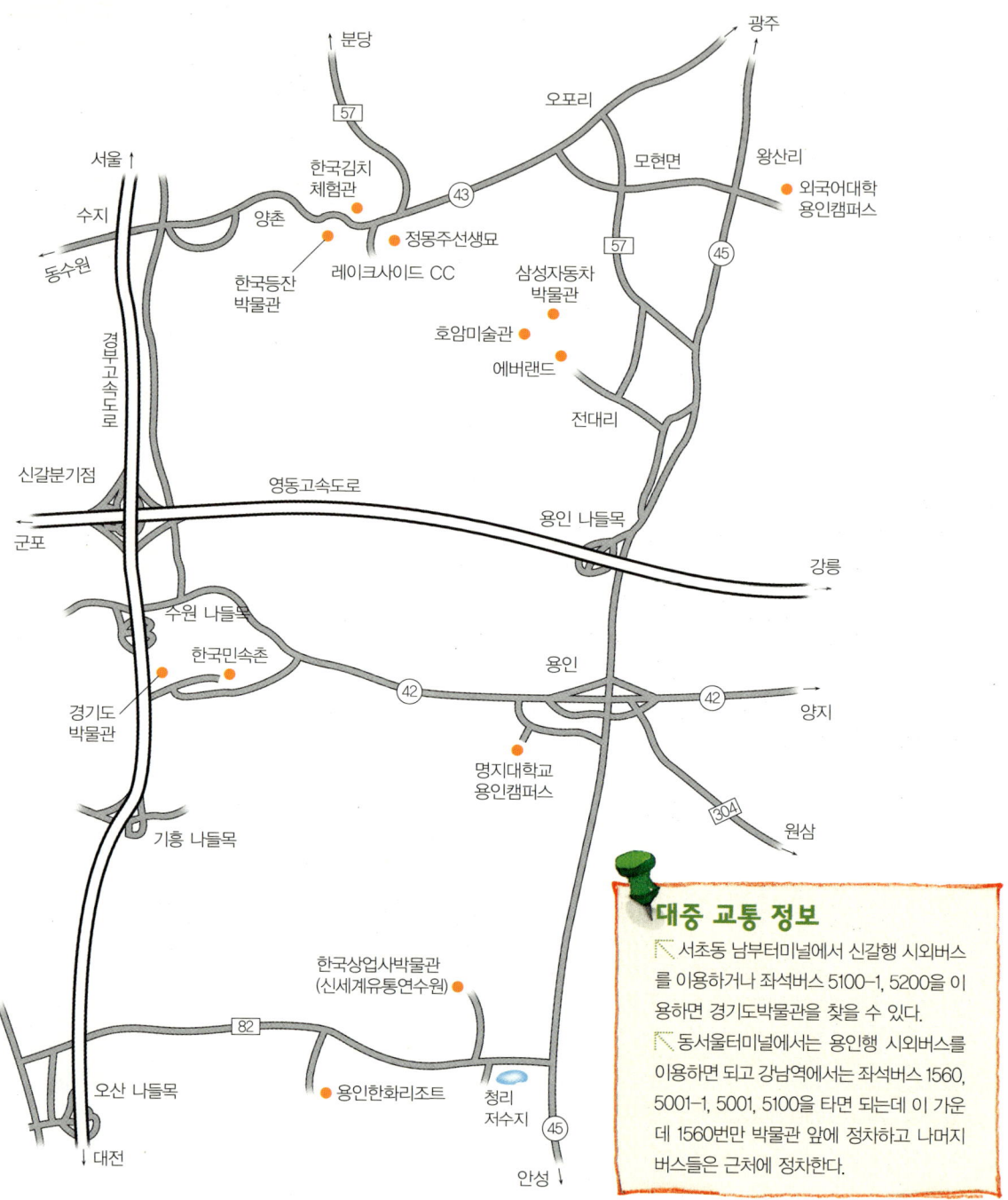

대중 교통 정보

서초동 남부터미널에서 신갈행 시외버스를 이용하거나 좌석버스 5100-1, 5200을 이용하면 경기도박물관을 찾을 수 있다.
동서울터미널에서는 용인행 시외버스를 이용하면 되고 강남역에서는 좌석버스 1560, 5001-1, 5001, 5100을 타면 되는데 이 가운데 1560번만 박물관 앞에 정차하고 나머지 버스들은 근처에 정차한다.

여행 정보

지역번호 031

🍴 맛집

용인은 세련된 분위기를 갖춘 전문 음식점이 비교적 많은 곳이다. 특히 가까이에 있는 수원 숯불갈비의 영향 탓인지 갈비를 전문으로 하는 음식점들이 비교적 많다. 간장으로 간을 하지 않고 소금으로 간을 맞추고 꺼져가는 숯불에 은근히 구워내는 수원 갈비는 용인에서도 맛볼 수 있는 별미이다.

장원갈비(포곡면 전대리, 갈비, 334-7804) 고향의 맛(포곡면 전대리, 한식, 334-9165) 동막골가든(포곡면 전대리, 생등심, 334-6834) 수림원갈비(기흥읍 보라리, 갈비, 286-0330) 금성식당(용인시, 손두부, 토종닭 338-3366) 수수꽃다리(용인시 역북동, 토속음식·손두부, 322-7742))

🏨 숙박 정보

한화리조트(남사면 봉무리, 332-1122) 양지파인리조트(양지면 남곡리, 338-2001)

홍덕장(기흥읍 신갈리, 286-2651) 민속장(기흥읍 상가리, 282-8783) 그린온(기흥읍 신갈리, 286-1814)

🌊 연계 관광 정보

규모면에서 국내 최대를 자랑하는 〈한택식물원〉은 백암면 옥산리에서 안성시 죽산면으로 넘어가는 군도를 사이에 두고 동

원과 서원으로 나뉜다.

이 가운데 일반인들이 방문하여 다양한 식물들을 감상할 수 있는 곳은 동원이다. 입구 매표소를 지나면 가장 먼저 만나게 되는 곳은 아이리스원. 이곳에서 환상의 식물나라여행이 시작된다. 자생 붓꽃과 꽃창포 등이 자라는 아이리스원을 지나면 자생 원추리 등 120여 품종의 원예종을 볼 수 있는 원추리원이 나타난다. 이어지는 자연생태원을 지나 해발 240m쯤 되는 전망대에 오르면 한택식물원을 내려다볼 수 있다.

연중무휴로 개관하며 관람 시간은 오전 9시부터 일몰 시각까지이다(문의 333-3558).

🎉 축제 및 행사 정보

1986년부터 매년 10월 초면 어김없이 열리고 있는 〈용구문화예술제〉는 우리 고유의 민속놀이를 계승, 발전시키는 축제 한마당이다. 용인 공설운동장과 문예회관 등에서 펼쳐지는 문화예술제는 시민장기자랑 한마당, 민속 경연대회, 전시회, 한복맵시대회, 전국 궁도대회 등 다양한 행사가 진행된다.

❓ 여행 문의처

- 용인시 문화공보 담당관실 : 333-1751~8
- 용인시외버스터미널 : 321-3182
- 상업사박물관 : 339-1234
- 한국등잔박물관 : 334-0797
- 삼성교통박물관 : 320-9900
- 경기도박물관 : 285-2011

"우리 것을 다시 보자"
역사의 흔적을 돌아보는 여주나들이

명성황후 생가와 도자기엑스포

여주는 한 번의 여행으로는 보고 싶은 것들을 모두 돌아볼 수 없을 정도로 관광자원이 넉넉한 곳이다. 최근에는 미디어를 통해 자주 소개되는 명성황후 관련 자료들을 모아 놓은 〈명성황후 생가〉가 새로 단장돼 많은 사람들이 찾고 있다.

영동고속도로 여주톨게이트를 벗어나 여주 시내 쪽으로 우회전하면 바로 명성황후 생가를 알리는 표지판을 찾을 수 있다. 이곳에서 800미터를 더 달리면 명성황후 생가다. 누구나 들른 것을 후회하지 않을 정도로 잘 정돈되어 있다.

명성황후 생가는 여느 반가(班家)와 크게 다르지 않다. 경기도 유형문화재 제46호인 이 건물은 명성황후가 태어나 황후로 책봉되던 16세까지 살던 집으로 숙종 13년(1687)에 건립되었다. 현재 남아 있는 안채는 1975년과 1976년에 다시 손본 것이고 건립 당시에는 행랑채, 사랑채가 있었으나 지금은 남아있지 않다고 한다.

▲ 명성황후 기념관은 학생들의 체험학습장으로도 널리 이용된다.

생가 안에는 다양한 시설들을 설치해 놓은 점이 눈에 띤다. 문명의 이기 덕에 생가 곳곳에서 버튼만 누르면 자세한 설명을 스피커를 통해 들을 수 있다. 황후의 옷과 노리개 등을 비롯해 일제의 만행도 자세히 설명해 준다. 집안 곳곳에는 마네킹이 있어 생생함을 더한다. 생가 옆에는 1904년 건립된, 고종이 직접 썼다고 전해지는 '명성황후탄강구리비(明成皇后誕降舊里碑)'가 있는데 이 비가 서 있는 자리는 명성황후가 글공부를 하던 곳이었다고 한다.

▲ 도자기의 고장 여주를 알리는 데 큰 몫을 했던 〈세계도자기엑스포장〉.

생가를 나오면 명성황후의 좌상이 있고 그 뒤로 기념관이 있다. 기념관에 들어서면 고종황제와 명성황후의 도자기 벽화를 구경할 수 있다. 명성황후는 일생동안 사진 한 장 남기지 않았기 때문에 이 벽화는 후손의 도움으로 그렸다고 한다. 기념관 안에 있는 다양한 전시물을 통해 황후의 아름다움과 인생역정을 엿볼 수 있다. 사료도 많아 명성황후를 이해하는 데 도움이 된다.

도자기의 고장 여주를 널리 알리는 데 큰 몫을 했던 〈세계도자기엑스포〉 여주행사장은 신륵사 바로 입구에 있다. 명성황후 생가에서 나와 여주읍내로 들어가면 오른쪽으로 우회로가 있다. 이 길을 통해 남한강을 건너면 바로 신륵사 국민관광지가 나타나는데 이 안에 여주행사장이 있어 쉽게 찾을 수 있다.

여주행사장의 세계생활도자관은 크게 네 부분으로 나누어 볼 수 있다. 세계적 명성의 도자업체들과 도자 디자이너들의 창작품들로 구성된 '세계도자디자인전', 도자기엑스포에서 공개되어 호평을 받은 바 있는 원주민의 생활토기들로 구성된 '원주민토기전', 〈제1회 세계도자비엔날레 국제공모전〉 생활부문 수상작들로 구성된 '한국생활도자전' 그리고 과거와 현대옹기작가들의 작품이 함께 어우러진 '옹기전'에서 세계 생활도자의 실용미와 예술미를 감상할 수 있다.

여주에서 도자기의 백미를 발견할 수 있는 다른 곳은 〈석봉도자미술관〉이다. 석봉도자미술관은 현재 여주에서 도자기를 만들고 있는 석봉 선생이 세운 미술관으로 세계 기네스북에 오른 백자접시와 도자기 만드는 과정을 모형을 통해 볼 수 있다. 석봉 선생의 작품 외에 다른 나라의 유명한 도자기도 감상할 수 있다. 신륵사 국민관광지를 나와 37번 국도를 타고 양평 쪽으로 1km 남짓 직진하면 오학사거리가 나오는데 여기서 좌회전하면 석봉도자미술관에 이르게 된다.

▲ 직접 도자기를 만들어 볼 수 있는 도자기체험장.

남한강 물결타고 기분 좋은 크루징을...

여주는 한민족의 젖줄이라 불리는 한강과 한강의 상류지방인 남한강을 끼고 있는 고장이다. 또한 조선시대 4대 나루였던 마포, 광나루, 이포, 조포나루 가운데 이포와 조포가 있는 곳이기도 하다. 아직도 여주에 가면 옛날 나루터에서 운행하던 황포돛배를 타볼 수 있다. 황포돛배는 말 그대로 누런 포를 돛에 달고 바람의 힘으로 강을 가르던 배로 물자를 수송하는 일을 주로 했다. 지금은 남아있지 않는 대표적인 서민층의 문화재라고도 할 수 있다. 여주군에서는 한강 상류지방의 전통 황포돛배의 모양과 규격을 그대로 살리고 안전구간과 엔진실까지 겸비한 황포돛배를 띄우고 있는데 관광객을 태우고 수시로 운항하고 있다.

한 번에 12명 정원인 황포돛배는 신륵사 관광지 조포나루 황포돛배 선착장으로 출발해 조포나루 –영월루–여주나루 사이를 30분 정도 운항한다. 승선요금은 어른 5,000원 어린이 3,000원.

드라이브

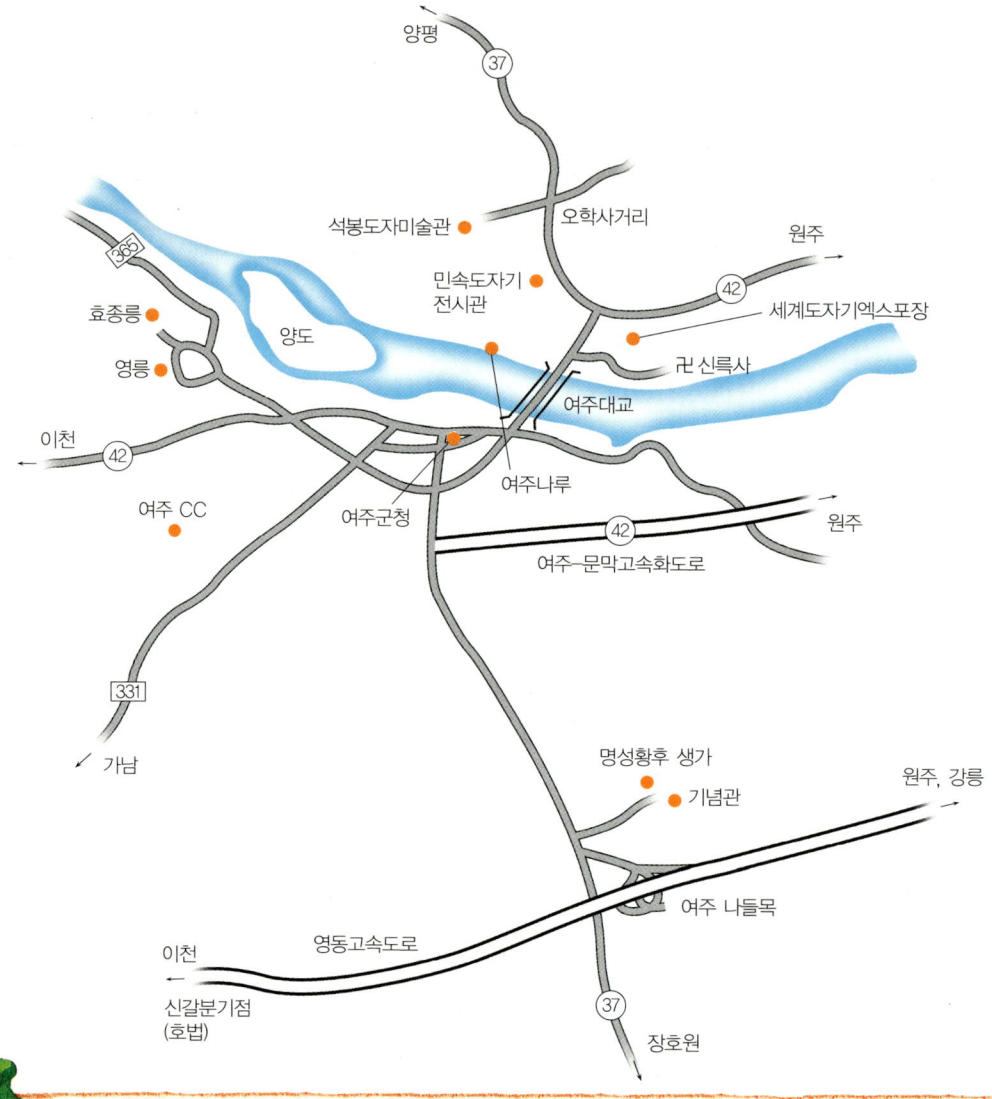

드라이브 메모

▷ 영동고속도로 여주 나들목을 나와 여주시내쪽으로 우회전하면 길 오른편으로 명성황후 생가 입구가 있고 이곳에서 800m 정도 더 가면 생가와 기념관에 이른다.

▷ 생가에서 되돌아 나와 여주시내 방향으로 6.2km 정도 달리면 여주대교를 건너게 되고 이내 신륵사 입구에 닿는다.

여행정보

지역번호 031

🍴 맛집

여주 남한강의 수심이 깊은 곳에서 자란 잉어, 쏘가리 등은 다른 곳에서 자란 생선보다 맛이 뛰어나다. 특히 잉어는 옛날부터 임금님께 진상하였던 음식으로 여주에는 많은 매운탕집이 있다. 여주군청 뒤에 여주선을 비롯한 강변도로, 신륵사 관광지, 흥천면, 금사면, 대신면 등 남한강 주변에 매운탕 집이 산재해 있다.

매운탕집으로는 굴암매운탕(강천면 굴암리, 882-0094) 복대매운탕(흥천면 복대리, 883-0792) 상백매운탕(흥천면 상백리, 883-0906) 늘푸른횟집(여주읍 상리, 884-4454) 어희횟집(여주읍 상리, 886-0220) 여주선집(여주읍 상리, 884-2616) 등이 있으며 이밖에도 여주쌀밥집(여주읍 상리, 돌솥밥, 884-3578) 초원가든(여주읍 창리, 돌솥밥, 882-5252) 용궁식당(신륵사 관광지내, 민물매운탕, 885-2436) 벽절궁(신륵사관광지내, 민물매운탕, 885-4203)에서도 깔끔한 음식을 즐길 수 있다.

🏨 숙박 정보

일성남한강콘도(북내면 천송리, 883-1199) 아비송파크(북내면 천송리, 886-4700) 세종파크(북내면 천송리, 883-8888) 조이텔(북내면 오학리, 885-6500) 남강모텔(북내면 천송리, 886-0132)

🚌 연계 관광 정보

여주군에서 추천하는 하루코스여행지는 명성황후생가를 들러보고 세종대왕릉과 신륵사를 거쳐 고달사지까지 다녀오는 것으로 유적지 중심이다.

고달사지는 정확한 창건에 대한 기록은 남아있지 않지만 신라 경덕왕 23년(764)에 창건되었다고 전해진다. 지금은 절터만 남아 있지만 웅장했던 과거의 영화는 터만 둘러보아도 상상할 수 있다. 부도 등 남아 있는 유물은 모두 국보나 보물급이다.

1박 2일코스는 명성황후생가-세종대왕릉-영월공원-신륵사(강변관광지)-목아불교박물관-고달사지-파사성지로 이어지는데 여주의 볼거리가 대부분 포함되어 있다. 영월공원은 여주에서 가장 경관이 좋은 곳으로, 마암이라는 정자가 깎아지르는 듯한 바위 정상에 있다. 그리 높지 않은 위치임에도 신륵사와 남한강 유원지, 남한강변 전체와 여주시내를 한눈에 담을 수 있다. 풍류가 그리운 이들이 자주 찾는 곳이다.

파사산성은 해발 250m 정도의 파사산 정상을 중심으로 축조된 산성이다. 천서리 막국수촌에서 약 30분 정도면 정상에 오를 수 있고 정상에서 여주군 전지역을 내려다볼 수 있다.

🎉 축제 및 행사 정보

여주땅의 별미인 '천서리 막국수'를 널리 알리기 위한 축제가 매년 9월 중순경에 여주군 대신면 천서리에서 열린다.

남한강변에 자리 잡고 있는 테마 음식촌들이 벌이는 〈천서리 막국수 축제〉에는 식전행사로 길놀이와 사물놀이, 불꽃쇼 등이 벌어지고 본격적인 축제가 시작되면 민속 닭싸움대회, 풍물장터, 막국수 반죽 만들기, 막국수 빨리 먹기, 행운의 막국수 찾기 등 다양한 행사가 이어진다. 주최는 천서리 막국수촌 축제 추진위원회.

❓ 여행 문의처

- 여주군청 문화관광과 문화팀 : 880-1064~7
- 여주군청 문화관광과 관광팀 : 880-1068~9
- 여주문화원 : 883-3563
- 신륵사 : 885-2505
- 여주향토사료관 : 880-1852
- 명성황후 생가 및 기념관 : 880-1881~2
- 명성황후 생가 문화해설 서비스 : 880-1879
- 신륵사 문화해설 서비스 : 881-6817
- 석봉도자미술관 : 885-7711

부처의 향기를 느낄 수 있는 그곳, 생활 속 불교체험

신륵사와 목아불교박물관

여주를 여행하다보면 역사 깊이 뿌리 박혀있는 불교와 우리가 매우 가까이 있다는 것을 쉽게 알 수 있다. 깊은 산이 아닌 경관 좋은 강변에 자리 잡고 있는 〈신륵사〉에 가면 불교가 생활 속에 들어와 있음을 느낄 수 있고 신륵사에서 멀리 떨어지지 않은 〈목아불교박물관〉을 돌아보면 불교가 우리 생활 깊숙이 자리잡고 있다는 느낌을 확인할 수 있다. 그리고 절터만 남은 〈고달사지〉에 가면 예전의 여주 땅에 펼쳐졌을 불교의 영화를 어렴풋이 짐작할 수 있다.

여주대교를 건너자마자 이정표를 따라 우회전하면 바로 신륵사국민관광지가 나온다. 봉미산(鳳尾山) 남쪽기슭에 자리 잡고 있는 신륵사까지 남한강을 내려다보며 강변을 따라 산책하듯 걷다보면 이내 신륵사 입구 일주문에 이르게 된다. 신륵사의 일주문은 고목 두 그루로 기둥을 세워 큰 지붕을 받치게 만든 것이 퍽 인상적이다. 창건 연대는 기록이 남아 있지 않지만 신라 말, 고려 초일 것으로 추정된다.

나옹화상이 아홉 마리 용에게 항복을 받고 그들을 제도하기 위해 지었다는 '구룡루'를 지나면 아미타불 도량인 극락보전이 나온다. 정면 3칸, 측면 2칸의 다포양식으로 조선 후기 건물이다. 극락보전은 목조 아미타부처를 모시고 있다. 앞마당에는 다층석탑(보물 제225호)이 있고 금당 왼편에는 조사당(보물 제180호)이 자리 잡고 있다. 조사당은 신륵사에서 가장 오래된 건물로 대들보가 없는 팔작지붕으로 정면 1칸 측면 2칸 건물인데 가운데 기둥을 세우지 않아 대들보가 없는 것이 특징이다.

신륵사는 고려 말부터 '벽절' 이라는 이름

▼ 나옹화상이 아홉 마리 용에게 항복을 받고 그들을 제도하기 위해 세웠다는 구룡루.

▲ 강월헌에 올라서면 남한강의 넉넉함을 감상할 수 있다.

으로 불렸다. 절내 다층전탑이 있기 때문인데 완성된 형태로 남아있는 국내 유일의 전탑이다. 탑은 도도히 흐르는 물을 바라보며 드넓은 여주 평야를 지키고 있다. 그 자체로 여주에 풍요를 전달한다.

다층전탑 앞에는 신륵사에서 가장 전망이 좋다는 곳, 강월헌이 있다. 앉아서 흐르는 강물을 내려다보기만 해도 넉넉함을 느낄 수 있는 곳이다. 강월헌 옆의 3층석탑도 있다. 신륵사와 가장 인연이 깊은 인물은 역시 목은 이색과 나옹화상이다. 두 역사적 인물은 이곳에서 교류했다는 기록이 있다.

신륵사에서 나와 원주로 가는 국도를 따라 15분만 가면 〈목아불교박물관〉 입구에 이른다. 길가에 박물관 주차장이 있다. 차로 움직일 경우 차는 주차장에 세우고 길을 건너 100m 정도 걸어야 한다. 목아박물관은 중요 무형문화재 제108호인 목아 박찬수 선생이 설립한 사설박물관이다. 이곳은 보물 3점과 6천여 점의 불교 관련 유물을 소장하고 있다.

목아박물관 뜰에는 다양한 불교 관련 조각품들이 전시되어 있는데 이 작품들은 대부분 전통미술과 현대미술이 조화를 이루고 있다. 장승과 솟대, 백의관음 그리고 옹기까지 전시되어 있다. 큰말씀의 집(대장전)은 고려 주심포 팔작지붕으로 예천 용문사 보물 윤장대를 실측으로 재현하고 있다. 한얼울늘집(개천궁)은 단군을 중심으로 환인과 환웅을 모신 건물이다. 마음의 문(사천왕문)은 동서남북

사방에서 불법을 지키는 사천왕을 모시는 공간이다.

　　박물관에서 가장 볼만한 곳은 담쟁이 넝쿨이 아름다운 불교미술품 전시장이다. 이 건물 3층은 불교목조각실, 여기서는 목아박물관 주인이자 인간문화재인 박찬수의 목조각 세계에 빠져보면 좋다. 불경에 나오는 신들, 부처의 수인, 협시 보살 등이 작품을 통해 자세히 묘사돼 있다. 2층은 5년간 16종의 나무로 제작됐다는 오백나한이 모셔져 있다. 유물실에는 탱화를 비롯한 불교 유물이 가득하다. 1층은 불교 물품을 파는 매장과 아름다운 동자승의 순수함을 볼 수 있는 곳이 있다. 지하는 명부전, 지장보살을 중심으로 명부시왕이 모셔져 있다.

▲ 목아박물관 뜰에는 전통미술과 현대미술 작품이 조화를 이루고 있다.

옛 불교의 영화가 희미하게 남아 있는 '고달사지'

불교박물관에서 여주로 돌아오다 금당교를 건너 우회전, 331번 지방도를 따라 양평 방면으로 올라가다 보면 고달사지를 찾을 수 있다. 여주군 북내면 상교리 411번지 일대에 위치하고 있는 고달사지에는 우리나라에서 가장 큰 석불대좌(보물 제8호)와 강렬함을 간직하고 있는 원종대사 부도비 귀두와 이수(보물 제6호), 비교적 온전히 보존된 원종대사 부도(보물 제7호) 등이 있다. 고달사는 정확한 창건 기록은 남아있지 않지만 신라 경덕왕 23년(764)에 창건되었다고 전해진다. 고달원이라고도 하는데 신라 이래의 유명한 삼원 중의 하나로 고려시대에는 국가가 관장하는 대찰로 왕실의 비호를 받았다. 현재 이곳에는 국보 제4호, 보물 제6·7·8호가 있다.

드라이브

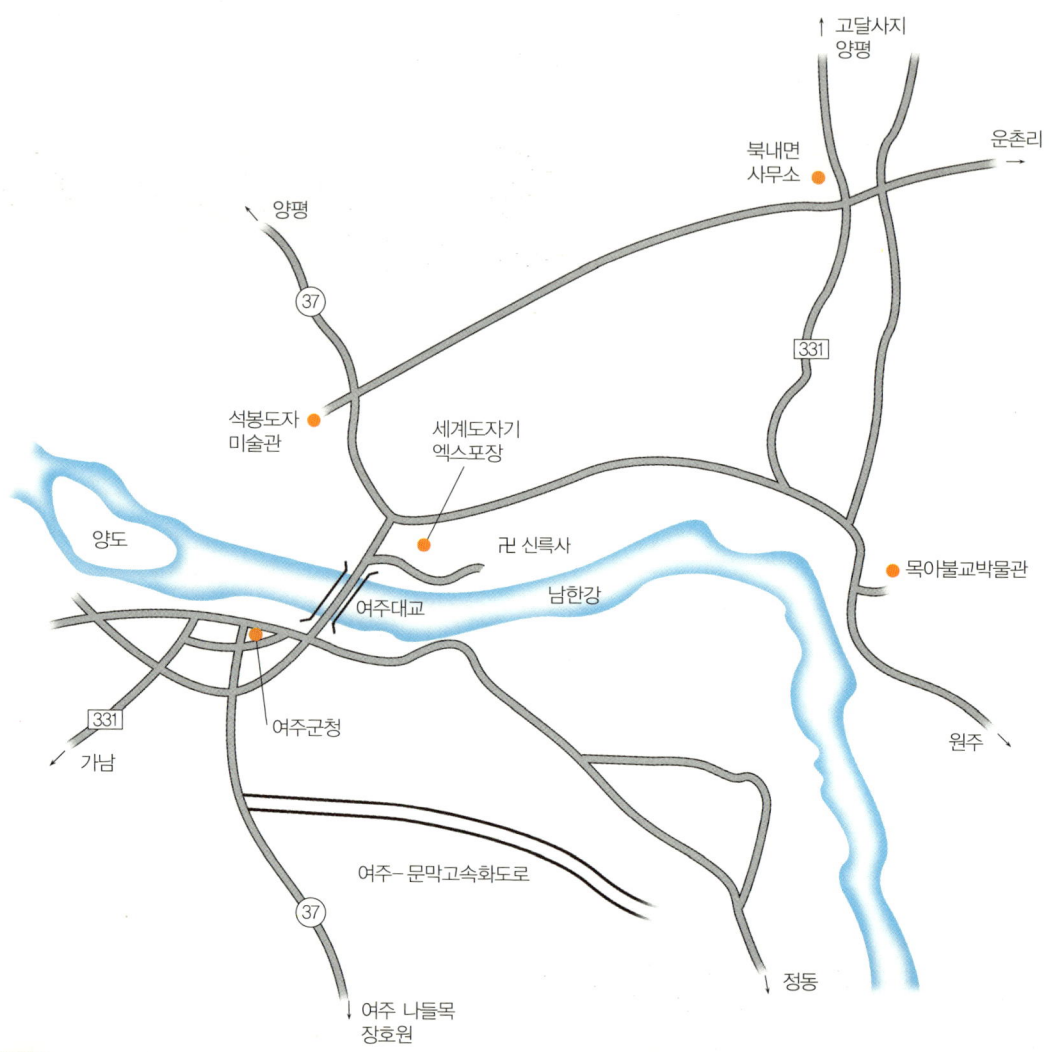

드라이브 메모

여주읍내에서 여주대교를 건너 신륵사 입구를 지난 후 원주 방향 42번 국도를 4.1km 정도 달리면 목아불교박물관을 찾을 수 있다.

목아박물관에서 고달사지로 가려면 양평방향 331호 지방도를 달려 북내를 지난 다음 주암리 사거리에서 좌회전해 88번 지방도를 따라 2.8km 달리면 닿는다.

여행 정보

지역번호 031

🍴 맛집

여주가 자랑하는 향토음식인 천서리 막국수는 순도가 높은 메밀을 주원료로 매콤한 양념을 가미해 독특한 맛을 자랑한다. 막국수와 함께 즐길 수 있는 편육도 그 맛이 뛰어나 미식가들에게 사랑받고 있다. 여주읍내에서 양평방향 37번 국도를 이용하여 이포대교 입구까지 가면 쉽게 찾을 수 있다.
강계봉진막국수(882-8300) 천서리막국수(883-9799) 홍원막국수(882-8259) 봉천막국수(884-0471) 초계탕막국수(884-7709) 춘천막국수(883-5474) 봉황막국수(883-3369) 천명막국수(883-6380) 호정막국수(882-8802) 예안막국수(882-6279)

🏨 숙박 정보

일성남한강콘도(883-1199) 아비송파크(886-4700) 조이텔(885-6500) 남강모텔(886-0132) 삼일장여관(886-2153) 신륵여관(885-2508) 한양여관(885-2662) 대성여관(885-2309)

🌊 연계 관광 정보

여주군에서 추천하는 1박 2일코스는 명성황후 생가–세종대왕릉–영월공원–신륵사(강변관광지)–목아불교박물관–고달사지–파사성지를 다녀오는 코스로 여주의 중요한 볼거리를 대부분 포함하고 있다.
영월공원은 여주에서 가장 경관이 좋은 곳으로, 마암이라는 정자가 깎아지는 듯한 바위 정상에 있다. 파사산성은 해발 250m 정도의 파사산 정상을 중심으로 축조된 산성이다. 천서리 막국수촌에서 약 30분 정도면 정상에 오를 수 있고 정상에서 여주군 전지역을 내려다볼 수 있다.

🎉 축제 및 행사 정보

쌀과 밤고구마 등 여주의 진상품이었던 농산물의 우수성을 알리는 〈여주진상명품전〉이 매해 10월 초순 신륵사 입구 도자기박

람회 행사장에서 열린다. 고려와 조선시대부터 수백 년간 임금님께 진상된 여주쌀과 고구마 외에 전국의 우수 특산품을 고증하여 실물 전시하는 진상명품관이 열린다. 우수한 농특산물인 쌀, 땅콩, 고구마, 벌꿀, 버섯, 화훼, 축산물 등이 전시되고 세계 각국의 다양한 고구마 품종과 고구마 요리작품도 전시된다.
이밖에도 여주밤고구마 캐기에 참여하면 저렴한 가격에 고구마를 구입할 수 있고 행사장에 설치된 간이연못에서 진행되는 미꾸라지 잡기대회에 참여하면 자녀들과 함께 살아서 펄펄 뛰는 미꾸라지를 잡을 수도 있다(문의 880-3711~2).

❓ 여행 문의처

- 여주군청 문화관광과 문화팀 : 880-1064~7
- 여주군청 문화관광과 관광팀 : 880-1068~9
- 여주문화원 : 883-3563
- 신륵사 : 885-2505
- 신륵사 문화해설 서비스 : 881-6817
- 여주향토사료관 : 880-1852
- 석봉도자미술관 : 885-7711
- 목아불교박물관 : 885-9952
- 고달사지 안내 : 880-1064

우리 소리, 우리 춤이 살아있는 곳
전통 문화에 빠져봅시다
너리굴 문화마을과 남사당 전수관

안성은 '안성맞춤'의 고장답게 찾는 여행객들의 입맛에 꼭 맞는 다양한 문화예술 프로그램과 여행지들을 묶고 있어 최근 문화탐방여행지로 뜨고 있다. 남사당패나 태평무전수관의 주말상설공연과 철마다 이어지는 문화 공연 등은 가족여행이나 데이트, 효도여행 등 어느 것이라도 잘 어울리는 여행지로 각광을 받고 있다.

▲ 토요상설공연이 한창인 남사당 전수관 야외공연장.

아테네 올림픽 기간 동안 그리스에서 우리나라를 알리는 문화사절단으로도 활약했던 남사당패 공연은 안성나들이에서 빼놓을 수 없는 볼거리다. 경부고속도로 안성나들목에서 안성시내를 우회하는 38번 국도를 따라 달리다 비봉터널을 지나 나타나는 입체교차로에서 387번 지방도로 내려서면 바로 〈아트센터 마노〉와 〈남사당 전수관〉으로 가는 입구를 찾을 수 있다.

거꾸로 서 있는 듯한 이색적인 건물인 아트센터 마노는 생활 속에서 발견할 수 있는 평범한 것들이 예술작품으로 승화되어 생활의 중요한 부분이 될 수 있음을 발견하는 곳이다. 미술관에서는 다양한 전시회가 열리고 세미나실, 방갈로, 야외 레스토랑 등의 부대시설과 앙증맞은 생활자기 등을 판매하는 아트숍도 있어 주말나들이 장소로 제격이다.

아트센터 마노 뒤편에 있는 남사당 전수관 야외공연장에서는 안성의 자랑 남사당놀이가 토요상설공연으로 진행된다. 매년 4월 10일부터 10월 30일까지 매주 토요일 저녁 6시 30분부터 약 2시간 30분 내외로 벌어지고 남사당놀이 후에는 관객들과 함께 어울리는 흥겨운 뒤풀이가 있어 주말 저녁이 즐겁다.

▲ 남사당공연 중간에 돌리기 묘기를 체험할 수 있다.

　　남사당은 조선 후기 전문 공연예술가들로 만들어진 우리나라 최초의 대중 공연 단체로 지금까지 풍물, 줄타기, 땅놀이, 탈놀이, 돌리기 묘기, 인형극으로 여섯 마당이 전해지고 있다. 토요상설공연에서는 여섯 마당을 모두 공연하기도 하고 형편에 따라 한두 마당을 건너뛰는 경우도 있지만 내용이 충실해 언제나 관객들의 갈채를 받는다.

　　남사당 전수관에서 보개면 소재지로 다시 나와 고삼저수지 방향 387번 지방도를 10분 정도 달리면 〈너리굴 문화마을〉 입구에 이르게 된다. 너리굴 문화마을은 20여 년 전 엄마목장으로 시작해 1999년 청소년 문화시설로 바뀌었다. 현재는 미술 작품이 가득한데 중앙건물의 깨진 도자기 벽화, 숙소동의 외벽과 건물 곳곳에 붙어있는 금속 작품, 수영장 바닥에 그려진 그림 등 작은 벤치에서도 예술혼을 느낄 수 있다. 이러한 풍경들이 이곳을 문화마을이라 이름 붙인 이유이기도 하다. 예술향기 가득한 이곳은 야영, 심성훈련, 산행, 모험놀이, 지도력 개발 등 청소년들이 즐겁게 참여할 수 있는 다양한 프로그램과 숙박 시설까지 갖추고 있어 항상 청소년들로 북적인다.

또 하나 안성나들이에서 빼놓을 수 없는 것이 〈태평무 공연〉. 38번 국도의 대덕터널과 비봉터널 사이에 있는 교차로에서 용인으로 가는 70번 지방도를 따라 5분 정도 가다보면 길 오른편에 태평무 전수관 입구를 알리는 이정표가 보인다. 태평무는 풍년과 태평성대를 기원하는 의미에서 왕과 왕비가 춤을 추는 내용을 담고 있는데 화려한 의상과 춤사위, 다양한 장단 등으로 보는 사람들의 넋을 빼앗는다. 우리나라 전통 춤 가운데 가장 기교적이라는 평가를 받고 있는 이 춤은 매주 토요일 오후 3시에 상설공연으로 볼 수 있다.

▲ 예술의 향기가 가득한 너리굴 문화마을.

 ## 안성 최고의 드라이브코스 '청룡사 가는 길'

봄에 안성을 찾게 되면 화사하게 피어나는 배꽃이 펼치는 장관을 감상할 수 있다. 안성 시내 남쪽에서 진천방향으로 열려 있는 57번 지방도 주변에 배꽃이 한창이다. 서운면을 지나 청룡사 입구 청룡저수지까지 가다보면 목화솜을 주렁주렁 달아놓은 듯한 배꽃이 따라온다. 무르익는 봄의 풍경은 청룡사 드라이브를 더욱 특별하게 만든다.

수상스키, 모터보트 등 수상 스포츠를 즐길 수 있는 청룡저수지에서 2km 정도 올라가면 아담한 절 청룡사가 나타난다. 등 굽은 노송이 받치고 있는 대웅전과 아담한 경내 분위기는 찾는 이들의 마음을 차분하게 가라앉힌다.

절 주변은 안성 남사당패의 본거지이기도 했던 불당골로 유명하다. 당시 남사당패는 봄부터 가을까지는 전국을 돌면서 공연을 하고 겨울에는 돌아와 기예 수련을 했다고 한다. 들뜬 마음으로 시작했던 봄길 드라이브를 편안한 휴식이 있는 청룡사에서 차분히 정리하는 것도 좋다.

드라이브

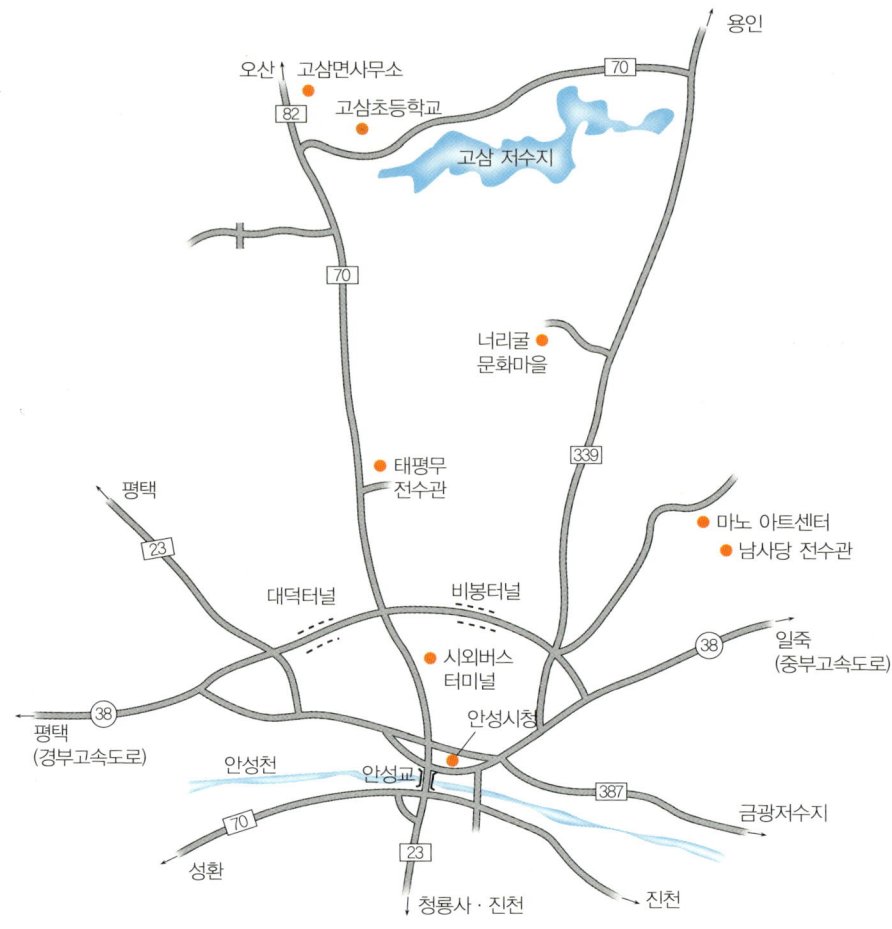

드라이브 메모

▶ 남사당 상설공연과 태평무 공연은 축제 기간을 제외하고는 항상 토요상설무대로 진행하므로 주말 정체를 염두에 두고 여유 있는 일정을 잡는 것이 중요하다.

▶ 경부고속도로 안성 나들목을 나와 38번 국도를 달리면 대덕터널을 지나게 된다. 태평무전수관을 먼저 찾으려면 터널을 나와 오산으로 가는 70번 지방도를 이용하면 된다.

▶ 너리굴 문화마을은 비봉터널을 빠져나와 용인 방향 339번 지방도를 달리면 쉽게 찾을 수 있지만 남사당전수관으로 가는 길은 초행길에 입구를 찾기가 만만찮다. 입체화된 38번 진출구를 나와 용인방향으로 좌회전 한 다음 다시 남사당전수관으로 가는 샛길로 우회전해야 하므로 서행하도록 한다.

▶ 남사당전수관으로 가는 길은 도로 폭이 넓지 않으므로 천천히 달리면서 반대편에서 오는 차를 배려하는 양보운전이 필요한 구간이다.

여행정보

지역번호 031

🍴 맛집

안성의 별미 가운데 하나는 여름철 건강식이라는 민물새우매운탕. 민물새우와 민물우렁을 민물고기와 함께 끓이는데 씹는 맛과 얼큰하면서도 진한 맛이 일품이다. 시원한 꽃게탕과 비견될 정도로 비린내가 나지 않으며 매콤하고 시원하다. 끓는 매운탕에 손으로 뚝뚝 떼어 넣은 밀수제비 맛도 그만이다.

민물새우탕집은 청룡호수 부근의 남한산성(674-5923) 호반가든(672-9090) 자연가든(674-3590) 등에서 맛볼 수 있으며 금광호수의 고려회관(673-3737) 석이네가든(674-0592)도 유명하다.

🏠 숙박 정보

아트센터마노(보개면 복평리, 676-7815) 소피텔(금광면 한운리, 673-9814) 샤넬파크(안성시 금석동, 677-7373) 무궁화모텔(일죽면 월정리, 676-5584) 킹덤프라자모텔(금광면 신양복리, 675-2636) 금강파크모텔(금광면 금광리, 674-8227) 모텔호반(원곡면 칠곡리, 654-7271) 베르사이유(양성면 동항리, 671-1115) 쉐르빌(양성면 동항리, 672-6445) 헐리우드모텔(금광면 오흥리, 674-0810) 금강파크장여관(금광면 금광리, 674-8277)

🚌 연계 관광 정보

신명나는 토요상설 〈안성문화여행〉은 매주 토요일(5월 15일부터 10월 30일까지) 서울 서초구민회관(양재역)에서 오후 1시 30분에 출발한다. 일정은 양재역 출발-안성맞춤박물관-태평무 공연관람-저녁식사-안성 유기체험장-남사당 야외공연관람(우천시 실내공연)-서울 출발지로 진행된다. 참가비는 1인당 15,000원(석식-안성맞춤쌀밥정식, 기념품, 교통비, 여행자보험 포함)이며 참가신청은 안성문화관광 홈페이지에서 하면 된다(문의 안성문화관광 정보센터, 673-0824 / 수신자 부담전화 080-673-0824).

🎉 축제 및 행사 정보

매년 10월 중순경이면 〈바우덕이 축제〉가 열린다. 안성의 대표적인 지역축제인 〈바우덕이 축제〉는 남사당 문화를 널리 알리면서도 역동적인 프로그램이 인상적인 축제다. 남사당놀이와 세계 각국에서 온 줄타기 명인들의 묘기, 마당놀이, 풍물경연대회, 타악연희단의 신명풀이, 청소년 음악제 등 다양한 공연이 펼쳐지며 마을민속 한마당 등의 민속프로그램도 함께 진행된다. 주로 안성종합운동장에서 열린다(문의 676-4601).

❓ 여행 문의처

- 안성시 문화공보실 : 673-8200
- 안성시 관광안내 솟대 : 673-0497
- 안성시외버스터미널 : 674-7686
- 안성고속버스터미널 : 673-2510
- 남사당 전수관 : 675-3925
- 태평무 전수관 : 676-0142
- 너리굴 문화마을 : 676-2171

"내 안의 나를 깨워라"
활력 넘치는 레저관광의 명소
송암미술관과 송도유원지

40대 이상의 중년들은 희미한 추억 속으로 사라진, 앞사람과 무릎을 맞대고 앉아 유난히 심하게 흔들리며 가는 수인선(水仁線) 협궤(狹軌)열차를 기억할 것이다. 마지막 운행 때까지 수인선 열차가 인천 쪽에서 출발했던 곳이 바로 송도역. 때문에 바닷가를 따라가는 수인선을 타고 데이트를 즐기던 연인들이 모여 들던 곳이 바로 〈송도〉다.

인천의 오래된 유원지 가운데 하나인 송도는 지금 한창 개발의 바람이 불고 있다. 송도 신도시가 건설되고 나면 송도 일대는 첨단정보산업도시로 거듭나고 송도유원지도 도시 기반 시설로 중요한 역할을 맡게 될 것으로 보인다.

▲ 청학산 바로 아래 자리잡고 있는 인천상륙작전 기념관.

송도유원지 주변은 인천상륙작전 기념관 및 시립박물관, 송도 신도시 홍보관이 있어 체험학습관광의 적격지다. 유원지로 들어가는 입구에는 비행기, 배 모양의 레스토랑이 있으며 왼쪽에 시립박물관과 인천상륙작전 기념관이 있다. 아암도는 바닷물을 직접 접해볼 수 있는 시민들의 휴식처로도 유명하다.

〈송도유원지〉는 다양한 볼거리와 여러 가지 놀이시설, 보트장, 방갈로, 해수욕장, 풀장 등을 갖추고 있어 레저 중심 관광을 즐길 수 있는 인천의 대표 관광지다. 사계절 휴양지인 송도유원지 입구에 들어서면 20여 종의 동물을 구경할 수 있는 동물원이 있다. 유원지 안에는 두 사람이 동시에 뛰어내릴 수 있도록 설계된 T형 번지점프대가 있고 공기총사격장, 전자사격장, 탁구장, 양궁장이 있어 즐거운 한때를 보낼 수 있다. 그리고 송도유원지에는 퍼블릭 골프장과 물썰매장, 눈

▲인천상륙작전 기념관에서 내려다본 송도유원지.

썰매장이 있어 사철 놀이공간으로 이용할 수 있다.

송도유원지에서 나와 동쪽으로 눈길을 돌리면 청학산 바로 아래 자리 잡고 있는 〈인천상륙작전 기념관〉이 보인다. 걸어서 5분 거리에 있는 기념관은 1950년 9월 15일 벌어진 인천상륙작전을 기념하기 위해 세워진 곳이다. 인천상륙작전 기념관 뜰에는 6·25전쟁 때 썼던 남북한 군사장비와 미군트럭이 있으며 영상실에서는 영화를 감상할 수 있다. 한 가지 덤으로 기념관 계단에서는 송도 일대를 한눈에 내려다볼 수 있다.

인천상륙작전 기념관 옆에는 〈인천시립박물관〉이 나란히 서서 송도를 내려다보고 있다. 1946년 자유공원에서 문을 열었다가 1990년 지금의 자리로 옮겨 온 인천시립박물관은 고미술품 4천3백여 점을 소장하고 있는 실속 있는 박물관이다. 제1전시실은 선사시대부터 고려시대에 이르기까지의 청동유물, 도자기류, 금속공예품, 생활용구류 등을 전시하고 있고 제2전시실은 조선시대부터 근대까지의 도자기공예품, 불교조각품, 민속품, 화폐류, 무기류 등을 전시하고 있다. 제3전시실에는 조선시대의 회화와 서예 작품 및 전적류(典籍類) 등이 전시되어 있다. 그리고 박물관 뒤쪽 뜰에 있는 야외 박물관에는 문인석, 조계석 등을 전시하고 있다.

박물관에서 북서쪽 방향으로 자동차로 5분 거리에 있는 〈송암미술관〉은 개인 미술관이지만 국보급 유물까지 보유하고 있으며 도자기, 고서화, 서적류, 불교용품, 민속용품, 중국 유물 등 8천여 점의 유물이 있다. 특히 광개토왕비를 실물 크기로 재현

한 작품도 볼만하다.

송암미술관에서 나와 송도유원지로 되돌아오는 길목에 〈능허대〉가 있다. 백제가 한강 유역과 요서, 산동반도에 이르는 길을 연결하려고 인천에 설치했던 항구가 한나루인데 그 한나루터 입구가 능허대다. 지금은 100척 이상 솟아올라서 나루라 부르기는 힘들지만 널리 바닷가가 보이는 곳에 있어 나루터였음을 짐작할 수 있다.

예전에는 반도 모양의 돌출된 언덕으로 육지까지 둑이 나 있어 방파제 구실을 했다. 꼭대기에는 정자가 있어 이곳을 통해 중국을 오가는 사신들이 배를 기다렸던 곳으로 전해진다. 그러나 지금은 앞쪽 바다가 매립되고 능허대터를 알리는 비(碑)와 새로 지은 정자만이 외로이 서 있어 세월의 무상함을 보여주기도 한다.

 ### 송도에서 시티투어를 즐겨보자

시티투어버스로 송도를 찾는 것은 시간 절약, 돈 절약의 알뜰여행 방법이다. 경인전철 종착역인 인천역에서 출발하여 인천항-상륙작전기념관-아암도 해상공원-송도신도시 홍보관-소래포구-해양탐구 자연학습장-인천대공원-인천도호부 청사-월드컵문학경기장코스로 운행된다. 일요일에만 운행되며 운행시간은 오전 10시 30분부터 출발한다. 총소요 시간은 7시간이고 상황에 따라 운행하지 않는 경우가 있으므로 미리 운행여부를 확인하는 것이 좋다(문의 청송관광, 032-469-6060). 승차요금은 4,000원이고 어린이는 50% 할인요금이 적용된다(입장료와 중식비 미포함).

드라이브

드라이브 메모

- 제2경인고속도로 남동나들목에서 남동공단 방향으로 진행한 후 첫 사거리에서 우회전하면 선학역 사거리에 이른다.
- 선학역사거리에서 좌회전하여 동춘역 사거리에서 우회전하면 인천상륙작전 기념관과 인천시립미술관을 쉽게 찾을 수 있다.
- 주차는 인천시립미술관 주차장을 이용하면 된다.
- 기념관 앞으로 곧게 뻗은 길을 내려와 유원지 앞에서 인천항방향으로 우회전하면 능허대와 송암미술관을 들를 수 있다.

대중 교통 정보

- 경인전철 부평역에서 동막행 인천지하철로 갈아타 동춘에서 내린 다음 도보로 20여 분 걸으면 송도유원지에 이르게 된다.

여행정보

지역번호 032

🍴 맛집

송도의 국제화의 물결 탓인지 지구촌 대표 음식들을 맛볼 수 있는 다양한 음식점들이 차례차례 문을 열고 있다. 한정식부터 북한음식, 일식, 프랑스와 이태리 음식점, 중식당, 퓨전 레스토랑 등 약 300여 개의 음식점이 개성 있는 메뉴를 갖추고 송도를 찾는 사람들을 유혹하고 있다. 얼마 전에는 중앙아시아의 우즈베키스탄 전통 음식을 내는 〈아미르 티무르〉라는 레스토랑도 오픈했다.

송도 유원지의 소문난 음식점

하동 재첩마을(재첩국, 831-1117) 송도갈비(갈비, 832-2222) 경복궁(한식, 831-7676) 동경(일식, 833-0999) 나고야(일식, 832-7722) 심샤브샤브(샤브샤브, 833-5581) 본토중화요리(중국요리, 832-8888) 북경(중국요리, 831-2277) 시카고(양식, 833-3287) 치치포포(양식당, 816-7788)

인천시가 추천하는 '맛이 있는 집'

이어도횟집(꽃게찜, 833-0587) 송도갈매기(갈매기살, 732-0010) 경기식당(게장백반 819-0100) 한양정(한방오리백숙, 833-5665) 등나무집(생통삼겹살, 833-3222) 김가네 제주물회(갈치 고등어, 833-3015) 아리아리랑(산채정식, 833-0587)

🛏 숙박 정보

썬앤문 송도비치호텔(830-2231) 서해호텔(885-9981) 팔레스장모텔(833-0044) 힐탑호텔(834-3500) 프린스모텔(814-7940)

🚌 연계 관광 정보

아암도는 예전에는 섬이었지만 송도신도시가 만들어지면서 해안공원으로 다시 태어난 곳이다.
인천 앞바다에서 들어 온 바닷물에 발을 담글 수 있는 〈아암도해안공원〉은 폭 10-12m, 길이 1.2km의 계단식 공원으로 계단에 앉아 송도 신도시를 바라볼 수 있고 물이 빠지면 개펄로 나가 산책을 즐길 수도 있다. 그리고 자전거나 인라인 스케이트 등을 즐길 수 있는 너른 공간도 있어 젊은이들이 많이 찾는다.

🎉 축제 및 행사 정보

'인천' 이라는 이름을 쓰기 시작한 날을 기념해 매년 10월 15일에 열리는 〈시민의 날 축제〉는 인천도호부청사에서 시작된다. 시민과 함께 하는 거리 축제와 경축음악회, 불꽃놀이 해상 퍼레이드 등 다양한 행사가 펼쳐진다(문의 440-3241). 인천상륙작전 기념관에서는 주말 등을 이용해 다양한 영화를 무료로 상영한다(문의 832-0915).

❓ 여행 문의처

● 인천시청 관광진흥과 :
　427-0095
● 인천시 중구 개발과 :
　760-7520
● 인천시 관광협회 :
　884-4590
● 인천종합 관광안내소 :
　777-1330
● 송도유원지 : 832-0011
● 송도 신도시 홍보관 : 834-3581
● 인천상륙작전 기념관 :
　832-0915
● 인천시립박물관 : 832-2570
● 청송관광(시티투어버스) :
　469-6060

'맛따라 멋따라' 하루코스로 즐기는 웰빙여행

마음을 가다듬는 산책로에서 좋은 사람과 조우하다
≫ 세마대와 용주사, 융건릉

물 좋고 땅 좋은 도자기의 고장에서 즐기는 웰빙여행
≫ 이천 온천나들이와 설봉사 산행

우리나라 속의 다른 나라, 송탄 문화의 거리로 초대합니다
≫ 송탄관광특구

**대한민국 자장면의 고향,
차이나타운에 남은 근대사의 풍경들**
≫ 자유공원과 차이나타운

**맑은 물소리와 파란 하늘,
조용한 숨소리로 답하는 숲 앞에 서다**
≫ 광릉과 국립수목원

꽃축제, 자전거타기, 삼림욕까지 일석삼조의 대문 밖 나들이
≫ 인천대공원

뛰고 구르고 넘어지고 다음은? 온천에 몸 담그며 쉬는 거지!
≫ 베어스타운과 포천온천

허브의 향을 마음으로 마시며 몸의 피로를 날려 보내자
≫ 허브아일랜드와 신북온천

마음을 가다듬는 산책로에서
좋은 사람과 조우하다

세마대와 용주사, 융건릉

먼 옛날의 역사가 얼룩져 돌이끼처럼 군데군데 남아 있는 돌성. 성곽을 따라 흐르는 오솔길을 덮은 색바랜 잡초. 발아래 속세를 내려다보는 산사. 떡갈나무 잎으로 이불을 덮고 있는 정자. 거칠 것 없는 산성의 꼭대기에서 내려다보는 세상은 너무 맑고 깨끗해 보인다. 날씨가 좋은 휴일에는 탁 트인 산정(山頂)에서 마음을 가다듬고 함께 찾아간 사람들과의 우의를 다지면 좋을 법하다. 정갈한 마음으로 나를 둘러싼 사람들을 돌아볼 수 있는 곳, 오산시 지곶동의 세마대(洗馬臺)는 가족나들이 장소로 제격인 곳이다.

〈세마대〉가 꼭대기에 앉아 있는 독산(180.8m)은 평야 지대에 불쑥 솟아 있다. 백제 때 이 독산에 성을 쌓았는데 독산성 혹은 독산산성이라고 불렀다. 통일신라 때부터 중요한 군사적 요충지였던 이곳은 권율 장군이 왜적을 맞아 싸웠던 격전지이다. 역사를 거슬러 올라가면 세마대에 얽힌 권율 장군의 일화가 전해지는데 결론부터 이야기하자면 권율 장군 덕에 '말을 목욕시킨 곳'이란 뜻의 '세마대'라는 이름이 이곳에 붙여졌다.

임진왜란 당시 권율 장군은 독산성에서 왜장 가토 기요마사(加藤淸正)가 이끄는 3만 대군에 의해 포위되었다고 한다. 왜군은 독산성에서 버티고 있는 아군을 포위하고 식수가 떨어지기를

▼ 쌀로 말을 목욕시켜 성안에 물이 많이 있는 것처럼 보이게 했던 권율장군의 기지가 번뜩이는 〈세마대〉.

기다렸다. 이 때 권율 장군은 새벽녘에 말 수십 필을 독산성 정상에 놓고 흰쌀을 바가지로 퍼 말에게 끼얹어 말을 목욕시키는 것처럼 보이게 했다. 이를 지켜 본 가토 기요마사는 물이 충분한 상태인데 장기전을 펴는 것은 무리라 여겨 포위망을 풀었고 권율 장군은 이동하는 왜적을 추격해 행주에서 크게 이겼다고 한다.

한편 세마사는 백제 때 독산성을 쌓은 후 전승을 기원하기 위해 지은 절로 알려져 있지만 중건 연대는 확실하지 않다. 조선의 22대 임금인 정조가 가까이에 있는 용주사를 건립할 당시 지은 것으로 알려진 약사전이 있었지만 1987년 이를 헐고 대웅전을 세웠다. 지금의 이름은 임진왜란 이후에 지어진 것이다.

세마대는 정면 3칸 측면 2칸의 단층 누각으로 이승만 대통령의 휘호 현판이 걸려 있다. 세마대 뒤편에는 독산성과 작고 아담한 세마사가 있어 들러 볼만

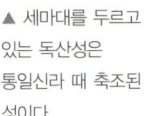

▲ 세마대를 두르고 있는 독산성은 통일신라 때 축조된 성이다.

하다. 누각을 둘러싼 전나무와 떡갈나무 숲은 한폭의 병풍 같다.

세마대가 있는 독산성은 가벼운 하이킹코스로도 적당하다. 독산성이 빤히 올려다보이는 산성 주차장에 차를 세운 후 어른 키 높이의 솔밭을 헤치며 산길을 오르면 언제나 바람이 신선하게 불어온다. 사방이 트인 정상에 오르면 천하가 내려다보인다. 바람에 하늘대며 금방 사라질 것 같은 잡초가 산성 틈에서 단단하게 뿌리박고 있는 모습을 돌아보면 인생사 불안한 마음이 조금씩 날아간다.

▲ 용주사는 정조의 효심이 남아있는 절이다.

 ### 정조의 효심이 생생히 남은 '용주사'

용주사는 신라 때 지어졌으나 고려 광종 때 불에 타 없어졌다. 조선 정조가 부왕인 사도세자의 능을 이곳 가까이 옮기면서 자복사라는 이름으로 재건하려 하였으나 정조의 꿈 한번으로 이름이 용주사로 바뀌었다. 정조는 낙성식날 용이 여의주를 물고 하늘로 오르는 꿈을 꾸었다고 한다. 정조의 효성이 남아 있는 용주사 대웅전에는 부모의 10가지 은혜를 그린 김홍도의 후불탱화가 있어 눈길을 끈다.

절을 두르고 있는 숲이 아름다워 공원 같은 분위기의 용주사에서 자동차로 5분 정도 서쪽으로 가면 뒤주 속에 갇혀 죽은 비운의 왕세자 사도세자가 묻힌 융릉과 정조의 능인 건릉이 나타난다. 사도세자는 영조 38년(1762) 창경궁 앞뜰에서 부왕인 영조의 명에 따라 28세의 나이로 뒤주 속에 갇혀 질식사했다. 사도세자 사건은 조선시대의 당파싸움에서 비롯된 것으로 볼 수 있는데 그 후 사도세자의 아들인 정조가 즉위하면서 양주에 있던 능을 이곳으로 옮기고 장헌세자로 책봉했고 광무 3년(1899) 장조(莊祖)로 추대되었다.

서녘으로 기우는 저녁햇살을 받은 잔디가 반짝여 가족나들이를 조용히 마무리하기에 적당한 곳이다.

드라이브

드라이브 메모

▶ 국도를 이용할 경우 1번 국도를 타고 수원을 지나 오산 입구 외삼미리에서 306번 지방도로로 우회전, 2.2km를 달리면 닿는다.

▶ 고속도로 이용의 경우 오산 나들목에서 시내로 들어 온 다음 수원 쪽으로 거슬러 올라오는 것이 편하다.

▶ 세마대 입구까지는 아스팔트 포장길이라 자동차로 오를 수 있지만 가파르고 꼬불꼬불하기 때문에 조심운전을 해야 한다.

▶ 용주사와 융건릉으로 가려면 세마교에서 우회전, 송산리까지 간 후 좌회전하면 된다.

여행정보

지역번호 031

맛집
무진장(오산시 내삼미동, 한식, 373-7500) 참맛돌솥시골밥상(오산시 내삼미동, 한식, 376-3050) 독산성가든(오산시 세교동, 한식, 372-9290) 뿌리깊은나무(오산시 세교동, 한식, 372-5161) 신화산식당(화성시 태안읍 안녕리, 생갈비·등심, 222-2895) 능안가든(태안읍 안녕리, 등심, 222-9695)

숙박 정보
그린피아관광호텔(태안읍 안녕리, 222-2070) 그린파크여관(태안읍 송산리, 234-0030) 삼삼장여관(태안읍 진안리, 232-3336) 백로장(태안읍 안녕리 234-0032)

연계 관광 정보
효원(孝原)의 고장 수원과 화성나들이는 용주사나 융건릉에서 시작되어 정조가 사도세자 참배길에 묵었다는 화성행궁에서 마무리된다. 융건릉에서 수원시로 들어오면서 여러 유적을 볼 수 있는데 이 가운데 수원시 인계동에 있는 효원공원은 어린이들에게 효에 대한 마음을 일깨우기 위해 각종 조각상을 설치하여, 공원을 한바퀴 돌면 효행에 대한 마음을 기릴 수 있도록 하였다.

수원시에서는 매년 4월 말 수원문화원이 주관하는 〈효의 성곽 순례〉를 벌이고 있는데 조선 정조의 효심을 이어 받아 자라나는 청소년들에게 효의 근본을 일깨우고 우리 문화유산의 우수성을 알리기 위한 행사이다. 신풍초등교-팔달문-서장대-화서문-장안문-화홍문-연무대를 순례하게 된다(문의 244-2161~3).

축제 및 행사 정보
오산시에서는 매년 9월 중순에 〈독산성 문화예술제〉를 개최한다. 전시회로는 국제교류자매도시 작품 전시회, 오산천 야생화 사진표본 전시가 있고 문화행사로는 미술 사생대회, 기념백일장, 실내악공연, 선소리 산타령공연 및 오산국악제 사이버 축제, 조형예술제, 민속놀이마당, 청소년 종합예술제 등이 있으며 〈독산성 전국 하프마라톤대회〉도 열린다(370-3066).

충효예의 고장으로 알려진 화성시에서는 매년 5월이면 〈화성 효(孝) 마라톤대회〉를 연다. 가족간의 효사상을 확산시키기 위해 마련된 이 행사는 수원대학교에서 출발해 융건릉까지 달리게 된다. 주요 종목으로는 하프마라톤, 10km 단축마라톤, 5km 건강달리기 등이며 한 해 약 1만 5천여 명이 참가한다(369-2144).

여행 문의처
- 화성시 문화관광과 : 369-2063
- 융건릉 관리사무소 : 222-0142
- 용주사 : 234-0040

물 좋고 땅 좋은
도자기의 고장에서 즐기는 웰빙여행

이천 온천나들이와 설봉사 산행

쌀, 도자기, 온천의 고장 이천. 넉넉함과 풍류가 넘쳐흐르는 곳이다. 〈동국여지승람〉에 "넓고 기름지다"라고 쓰여 있는 곳으로 땅만 밟아 보아도 기름진 것을 쉽게 알 수 있다. 도로변에서 성업 중인 음식점의 밥맛을 보아도 그렇고 한 집 건너 있는 도자기 집을 보아도 그렇다. 원래 물 좋고 땅 좋은 곳에만 도자기를 굽는 가마가 열리는 법인데 가마가 골짜기마다 자리 잡고 있는 곳이니 두 말해 무엇 하겠는가.

▲ 광주에서 이천으로 이어지는 3번 국도변에는 도자기를 판매하는 곳이 여럿 있다.

예전에 이천이 쌀의 고장으로 유명했다면 지금은 도자기의 고장으로 더 유명해졌다. 도자기의 원료가 되는 '고령토'와 가마불을 지피는 데 쓰이는 '화목'이 넉넉한 탓에 해방 이후부터 가마터가 하나, 둘씩 열렸다. 초기에 고려청자와 조선백자의 모조품을 구워내는 데 그쳤던 이천 가마터는 1970년대 일본 관광객들과 국내 도자기 수집가들이 몰려들면서 작품성을 추구하는 도요지로 변모해 갔다. 그 결과 지금은 가마만 해도 200곳이 넘는 국내 최대의 도자기 생산지로 자리 잡았다.

이천시 안흥동 일대에 있는 이천온천은 지금부터 약 200년 전부터 '온천배미'라 불리어 오다가 약수로 발견된 것은 지금으로부터 약 150년 전, 근처에서 눈병을 앓고 있던 농부가 사철 솟아나는 더운 샘물에 세수를 하고 앓고 있던 눈병이 완치됐다는 데서 시작됐다고 한다. 이 말을 전해들은 인근 각 처의 안질과 피부병 환자들이 찾아와 효험을 보고 입소문이 돌았다.

한때 초라하고 낡은 건물의 온천호텔이 있었으나 화재로 없어지고 지금은 그 곁에 설봉호텔과 미란다호텔이 문을 열면서 온천의 명맥을 잇고 있다. 수온이 27도밖에 되지 않는 냉천수를 가열해 쓰고 있는 이천온천은 나트륨이 많이 함유된 단순천으로 피부병과 신경통, 부인병에 효능이 있다고 알려져 있다. 이천온천에 있는 설봉호텔은 국제규격의 실내온천수영장을 갖추고 있어 사시사철 수영을 즐길 수 있으며 특히 늦가을이나 한겨울에도 온천욕을 겸한 물놀이를 즐길 수 있어 인기다.

작은 고장이지만 자랑거리가 많고, 볼거리도 많은 이천은 서울에서 성남을 지나 충주로 이어지는 3번 국도를 따라 명물들이 산재해 있다. 광주를 지나 이천

▼ 이천사람들의 휴식처로 자리잡은 설봉호수.

으로 들어오는 '넓고개'를 넘어서면 도예촌과 이천쌀밥집들이 반갑게 맞는다. 행정구역상으로는 이천군 신둔면. 유명한 〈해강 도자기 미술관〉과 〈이조요〉 등도 이곳에 있다.

 이천 시가지로 접어들면 길 왼편에 관고저수지와 설봉산(394m)이 기다리고 있다. 설봉산은 겨울에 더 아름다운 산으로 산책길과 등산로가 있어 이천시민에게 사랑 받는 곳이다. 설봉산 아래에는 〈2001세계도자기엑스포〉를 통해 새롭게 조성된 설봉공원, 시립박물관 등 유익한 볼거리와 즐길거리가 있다.

▲ 이천에 가면 도자기 가마를 쉽게 구경할 수 있다.

 ### 이천 시가지를 내려다보며 등산을…

이천 시가지를 북동방향과 남동방향으로 둘러싸고 있는 설봉산은 이천의 진산으로 산세는 험하지 않으나 힘이 있고 삼형제바위, 연자바위, 희망바위 등 기암괴석이 많은 곳이다. 맑은 물이 샘솟는 약수터가 8개소나 있고 신라의 김유신 장군이 삼국통일을 위해 작전을 세웠다는 설봉산성(남천정지)과 신라 문무왕 때 의상대사가 창건한 것으로 전하는 영월암도 있다. 영월암에는 절벽에 스님상을 새긴 마애조사상이 있어 땀 흘리며 찾아가 볼만하다. 영월암에 오르면 이천 시내가 한눈에 내려다보인다. 설봉산 등산은 모두 5개의 코스가 있는데 이 가운데 제1주차장-호암약수-설봉산성-설봉산 정상-화두재-구암약수-주차장으로 이어지는 4.5km, 90분코스와 대형주차장-숲속교실-삼형제바위-영월암-부학루-구암약수-주차장으로 이어지는 3.5km, 60분코스가 인기다.

드라이브

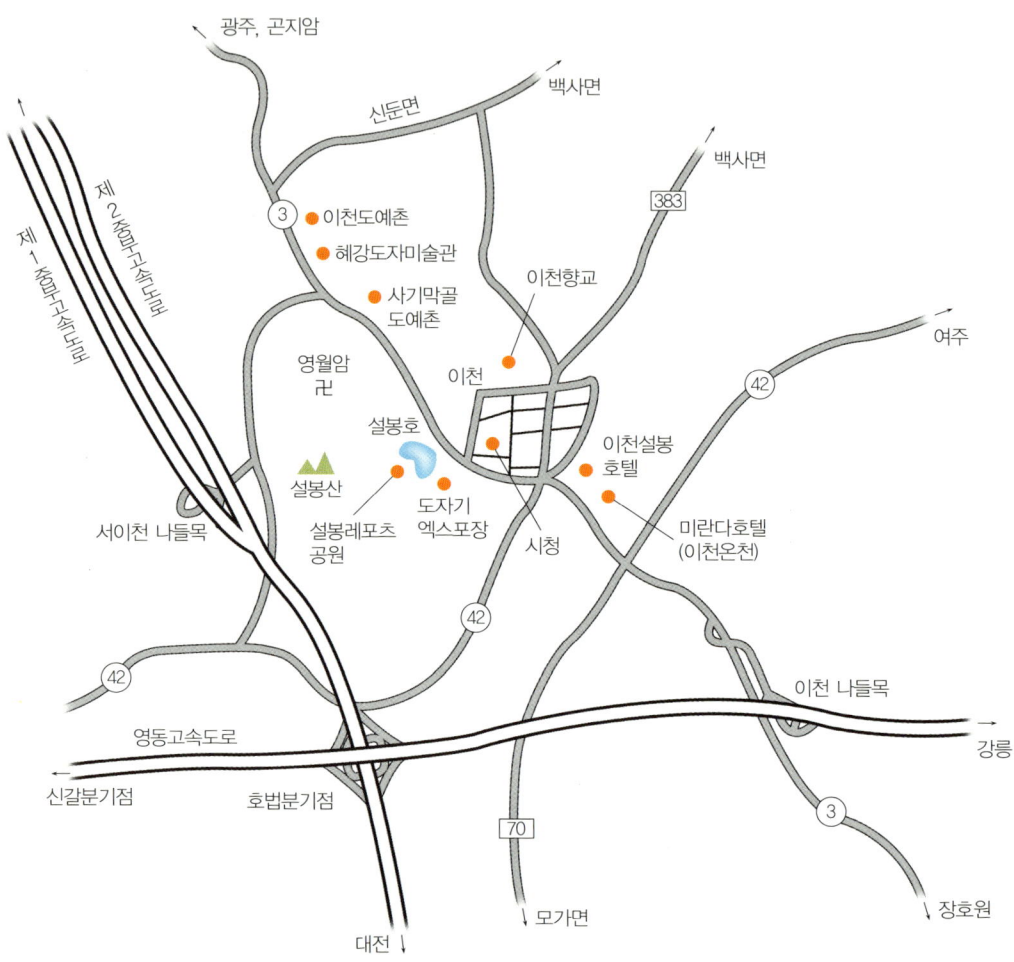

드라이브 메모

중부제1고속도로 서이천 나들목을 나와 3호 국도와 합류되는 지점까지 약 3.2km를 달린 다음 이천시내 방향으로 우회전하면 설봉공원과 도자기엑스포 행사장을 찾을 수 있다.

이천온천을 먼저 들르려면 영동고속도로 이천 나들목을 이용하는 것이 편하다.

여행정보

지역번호 031

🍴 맛집

예로부터 임금의 밥상에 올린다는 진상품으로 유명한 이천쌀은 '자채쌀' 이라고도 불린다. 이 쌀로 밥을 지으면 밥이 희어서 마치 청백색 도자기 같았다고 하는데 너무 차지기 때문에 처음 먹어 본 사람은 설사를 할 정도였다고 한다. 이러한 명성 때문에 다른 지방 쌀이 이곳으로 옮겨져 이천 쌀로 둔갑하는 일도 종종 있다. 이천쌀로 지은 밥집이 많아 밥맛 하나는 끝내주는 곳이다.

고미정(신둔면, 634-4811) 놀부집(호법면, 638-0106) 본가한정식(호법면, 637-5217) 설봉쌀밥집(사음동, 634-9889) 송월한정식(신둔면, 632-7033) 옛날쌀밥집(사음동, 633-3010) 이천관(사음동, 631-2250) 이천돌솥밥(신둔면, 632-2300) 이천쌀밥집(신둔면, 634-4913) 임금님쌀밥집(신둔면, 632-3646)

🛏 숙박 정보

호텔미란다(안흥동, 633-2001) 설봉호텔(안흥동, 633-6301) 지산메이플콘도미니엄(마장면, 644-1261) 실버호텔(창전동, 635-1050) 로얄호텔(창전동, 633-7373) 호텔셔블(부발읍, 637-4500) 하이원호텔(진리동, 637-3100) 뉴욕모텔(대월면, 638-6382) 덕평수련원(호법면, 638-9631) 유네스코문화원(호법면, 638-9051)

🚌 연계 관광 정보

예로부터 '사기말골' 로 불리는 이천 도예촌에는 이천시 사음동, 신둔면 수광리 일대 약 300여 도예업체가 모여 있다. 40여 개의 전통장작가마(등요)에서 생산된 전통기법 그대로 구운 도자기는 국내뿐만 아니라 외국에서도 가치를 인정받고 있다. 이천의 도예촌에서는 도자박물관 관람, 도예교실 체험이 연중 가능하여 가족, 친구, 직장 단위의 전통문화체험 장소로 인기가 높다. 현재 도예 체험 교실을 운영하고 있는 업체는 약 25개로 예약을 통해 쉽게 이용할 수 있다.

들꽃마을(만들기·그림그리기, 요금 1만 5,000원, 631-6832) 한국도요(초벌구이한 상태에서 그림이나 글씨 넣기, 2-4만 원, 638-7037) 동해도요(흙 kg당 1만 원, 634-4998) 해강요(3-5만 원, 632-7017) 대광도요(붓그리기 5,000원·못으로 새기기 7,000원·물레 1만 원, 633-5686)

🎉 축제 및 행사 정보

매년 9~10월 경 설봉공원 엑스포 단지에서 개최되는 이천 <도자기축제>는 이천 시민들에게는 화합의 장이며, 관광객들에게는 축제의 주인공이 되는 체험의 장이다. 매년 국내외 관광객이 대거 유입되어 환상적이고 역동적인 축제의 한마당이 펼쳐

진다. 특히 매년 호기심을 채워줄 수 있는 테마를 준비해 세계 각국의 전통적인 문화와 아름다운 예술 작품들을 다양하게 감상할 수 있다. 도자기축제는 도예가의 작품전은 물론 도자기 할인시장 운영, 도예교실 개설, 전통가마 불지피기 및 꺼내기 공연 등 문화 행사가 계속 이어져 다양한 볼거리와 풍성한 가을 분위기를 느낄 수 있다(635-7976).

❓ 여행 문의처

- 이천시청 문화공보담당관실 : 644-2091~6
- 설봉공원 관리사무소 : 644-2681
- 설봉관광 안내소 : 644-2020~1
- 이천시립미술관 : 644-2068~9
- 이천세계도자센터 : 631-6507
- 호텔미란다 스파플러스 : 633-2001
- 설봉호텔 : 633-6301

우리나라 속의 다른 나라, 송탄 문화의 거리로 초대합니다

송탄관광특구

분단이 가져온 부산물 중 하나가 기지촌. 예전에는 이런 곳들이 향락산업 밀집지역으로 손가락질을 받았으나 지금은 한국 속의 이색공간으로 자리 잡았다. 특히 서울의 이태원이나 송탄의 신장동 같은 곳은 미군기지 주변에 발달된 독특한 분위기의 레스토랑, 상점 등이 많아 여행객들이 자주 찾는 곳이다.

송탄관광특구는 기지촌의 여운과 쇼핑몰의 활력이 공존하는 곳으로 이곳에 미군이 주둔하기 시작한 것은 1952년 6·25전쟁 중이었다. 신장동은 경부선 철길을 경계로 숯고개와 나뉜다. 이 철길은 동네와 미군부대지역, 옛 농촌지역을 나누는 경계이기도 했다.

당시 생경한 느낌의 부대주변과 옛 지역의 연결고리는 신장육교였다. 근래 들어서는 신장육교보다 큰 고가도로가 여러 개 생겼지만 척박했던 1960~70년대 신장육교는 경이로운 볼거리였다. 이 육교를 건너면 농촌풍경은 사라지고 외국인과 이국적인 풍경이 눈길을 끌었다. 신장동은 신장육교를 중심으로 북쪽은 1동, 남쪽은 2동이다. 1동은 옛 마을들이 대부분이라면 2동은 6·25전쟁 후 새로 생긴 마을이다.

▲ 송탄관광특구는 이국적인 분위기로 가득하다.

평택의 신장동 지역은 1997년 5월 관광특구로 지정되면서 갖가지 편의시설과 상가, 관광호텔, 음식점 등이 자리를 잡았다. 관광특구 지정을 계기로 보다 많은 관광객을 유치하기 위해 문화관광특구로 발전시켜 나가고 있다.

송탄관광특구는 평택시 신장1·2동, 지산동, 송북동, 서정동 일원이 포함되어 있는데 주한미군 주둔지인 K-55기지를 거점으로 성장해 연간 23만 명의 내외국 관광객이 찾아오고 있다. 특히 K-55기지 정문 앞부터 부대 철도교차점까지 쇼핑몰을 조성해 쇼핑과 문화예술을 공유한 국제관광거리로 정착되고 있다.

현재 신장 1동에는 K-55미군기지를 중심으로 외국인들이 밀집되어 있으며, 외국관광객을 위한 쇼핑 및 위락업소가 밀집되어 있다. 특히 1998년 완공된 신장동 쇼핑몰은 송탄관광특구의 중심지이다. K-55기지 앞에서 부대 철도변까

▼ 송탄관광특구의 중심지 신장쇼핑몰 앞.

지 275m의 보행자 전용도로는 쇼핑과 휴식을 동시에 만족할 수 있는 도시 공원으로 개발되어 있다. 이곳에서는 매년 5~6월 중에 송탄관광특구 지정 기념행사가 열려 흥을 돋우기도 한다.

봄에 송탄관광특구를 찾았을 경우 서정동 문화의 거리도 한번 찾아가 봄직하다. 송탄출장소 앞에 있는 이 거리는 벚나무들이 가득해서 벚꽃이 만개하면 도심 속의 공원으로 변하고 각종 문화행사도 벌어진다. 인근에 있는 부락산은 산세가 높지 않고 자전거 전용도로도 있어 많은 사람들이 휴일에 산책로로 찾고 있다.

▲ 봄이면 화사하게 피어나는 서정동 문화의 거리.

하루 가족여행지 '평택호국민관광지'를 소개합니다

평택에서 안중을 거쳐 아산만으로 내려가는 길목에 있는 〈평택호국민관광지〉는 피크닉장, 산책로, 조경 및 편의시설 등 충분한 휴식공간과 요트장, 유람선 등의 놀이공간을 갖추고 있어 가족단위 하루 관광코스로 각광을 받고 있다.

평택호는 2,564m에 이르는 방조제를 따라 만들어진 인공담수호이다. 이 호수 주변에는 잔디밭과 솔밭, 오솔길 등 휴식장소가 있어 즐거운 한때를 보낼 수 있다. 주변 횟집에서 싱싱한 회와 장어구이, 꽃게요리 등 먹을거리를 즐길 수도 있다. 방조제 사이의 도로에서는 요트와 유람선이 오가는 호수의 풍경을 감상할 수 있다.

평택호에 가면 〈평택호예술관〉을 그냥 지나칠 수는 없다. 2001년 12월 4일 문을 연 평택호예술관은 이국적인 피라미드 외형을 자랑한다. 피라미드는 3천 년 이상을 유지해온 지극히 단단하면서도 기하학적 단순성을 지닌 문명의 초기 모습으로 그 속에는 굳건한 생명력과 질서, 규칙, 엄정성이 있다. 1층은 미술관, 2층은 전문 공연장, 3층은 명상의 공간이다.

드라이브

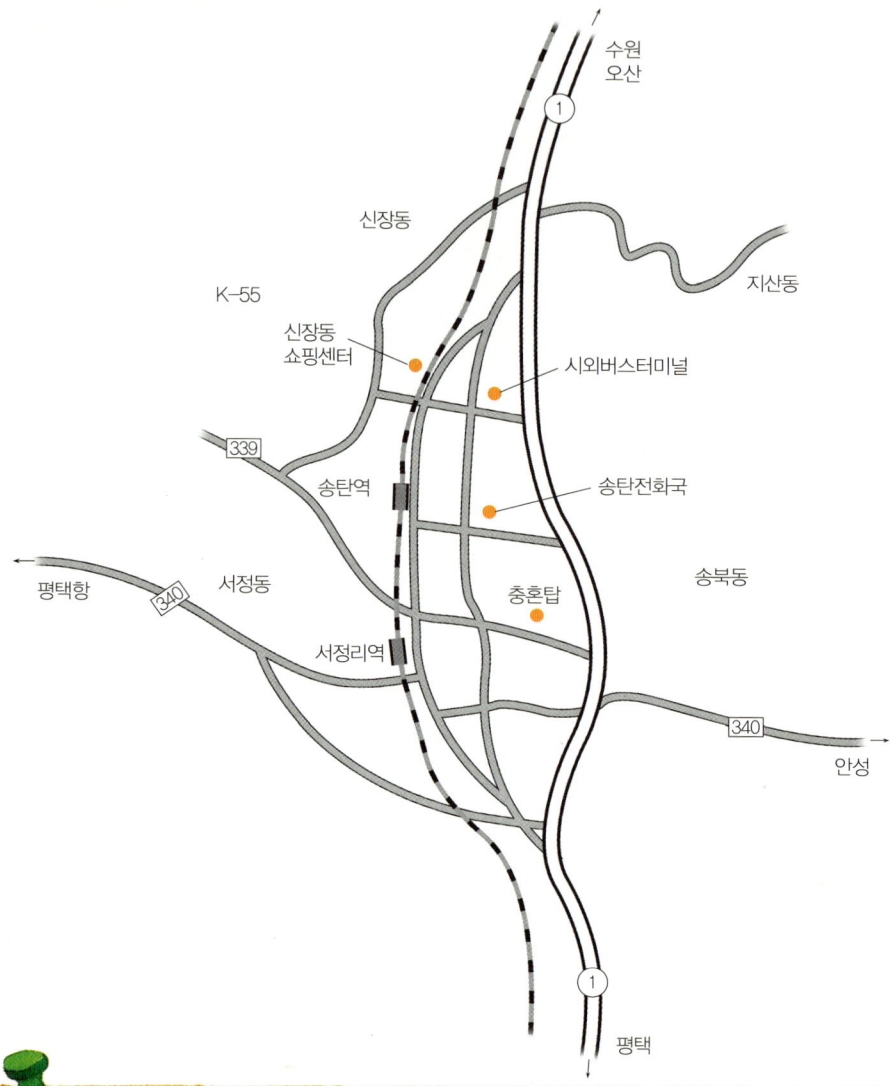

드라이브 메모

경부고속도로 오산 나들목을 나와 평택방향 1번 국도를 7.7km 정도 달리면 송탄특구의 중심지라고 할 수 있는 신장동 입구에 이른다.

시외버스터미널을 지나면서 우회전해 경부선철길을 건너면 K-55 정문에 이르게 된다. 신장동 쇼핑센터 부근에 대규모 주차장이 있어 쉽게 주차할 수 있다.

여행정보

지역번호 031

🍴 맛집

평야가 발달된 평택의 특산물은 단연 평택쌀이다. 평택시는 이 쌀을 전문적으로 조리하는 음식점을 선정해 홍보하고 있다. 평택쌀 전용 음식점으로 지정된 곳은 청송가든(평택시 비전2동, 영양돌솥밥, 651-1414)과 돌담가든(평택시 이충동, 갈비류, 668-9090) 등이다.
이밖에 평택시가 지정한 모범음식점은 고박사집(평택시 평택동, 냉면 한식, 652-1199) 양반촌(평택시 장안동, 오리요리, 663-4069) 파주옥(평택시 평택동, 탕류, 655-2446) 청기와집(평택시 지산동, 한식, 662-1160) 내고향횟집(현덕면 권관리, 생선회, 681-8079) 수정궁(포승면 신영리, 일식, 682-4777) 등이다.

🛏 숙박 정보

송탄관광호텔(평택시 신장동, 666-5101) 영천관광호텔(평택시 신장동, 663-4001) 프린스관광호텔(평택시 신장동, 611-6000) 오산관광호텔(평택시 신장동, 664-8960) 대영장여관(현덕면 권관리, 682-

5494) 별장파크호텔(현덕면 권관리, 682-6590)

🌿 연계 관광 정보

사철 내내 아름다운 꽃과 식물을 만나볼 수 있는 〈자연테마식물원〉은 생생한 체험학습장 및 휴식공간이다. 평택시 농업기술센터 안에는 수목류, 초화류, 양치식물, 허브식물 등이 있는 자생식물관과 아열대식물, 다육식물 등이 있는 열대관에 161종 5천2백 본의 식물이 식재되어 있다.
경부고속도로 평택(안성) 나들목에서 서쪽 방향으로 29km 지점, 서해안고속도로 서평택나들목에서 동쪽방향으로 14km 지점에 있다. 입장료는 무료이며 연중 내내 개관한다(문의 농업기술센터 원예작물과 화훼특작팀, 659-4833).

🎉 축제 및 행사 정보

매년 봄 또는 가을에 〈송탄관광특구지정기념행사〉가 치러진다. 송탄출장소 앞 도로와 신장쇼핑몰에서 열리는 이 축제는 사물놀이, 비나리, 국악가요, 부채춤, 경기민요, 오케스트라 공연, 모델콘테스트, 치어걸 공연, 패션쇼, 태권도 시범, 소프라노 공연, K-55 그룹사운드 및 보컬그룹 공연, 농축산물 홍보 및 전시판매, 명사초청 고유음식전, 미술전 등 다양한 행사가 펼쳐진다(문의 659-5068).

❓ 여행 문의처

- 신장동 관광특구 안내 : 659-5068
- 평택호국민관광지 : 659-4138
- 평택호 자동차극장 : 682-0410
- 평택시청 관광체육과 관광팀 : 659-4134
- 자연테마식물원 : 659-4833

대한민국 자장면의 고향,
차이나타운에 남은 근대사의 풍경들

자유공원과 차이나타운

인천은 서구문물이 일찍 들어 온 항구도시라 관심을 갖고 살펴보면 이국적인 분위기를 찾을 수 있다. 우리나라 최초의 서구식 공원인 자유공원도 그렇고 국민적인 먹을거리가 된 자장면의 발상지 차이나타운도 그렇다. 인근에는 일제 강점기의 유물인 옛 건물들도 몇몇 남아 있어 근대사의 흔적도 더듬어 볼 수 있다.

▲ 차이나타운과 자유공원나들이의 출발점 인천역.

동인천역 광장에서 10분 거리에 있는 〈자유공원〉은 인천의 상징이라 말할 수 있을 정도로 다양한 의미를 담고 있다. 이곳에서는 역동적인 모습의 인천항을 한눈에 내려다볼 수 있고 근현대사에 있어 격랑의 회오리로, 지금은 떼어낼 수 없는 관계에 있는 미국과의 질긴 연(緣)을 확인하는 상징물도 접할 수 있다. 그리고 무엇보다 1880년대에 인천항을 통해 들어 온 서양인들이 조성한 우리나라 최초의 서구식 공원이라는데서 공원 방문의 의미를 찾을 수 있다.

자유공원은 영화 《파이란》이나 SBS의 전파를 탄 드라마 《피아노》의 촬영지로도 잘 알려진 곳이다. 자유공원 한가운데는 너른 광장이 있는데 이곳에서는 인천 시내는 물론이고 인천 앞바다에 떠 있는 섬까지 건너다 볼 수 있다. 광장 부근에는 이 공원의 상징물이 된 '맥아더 동상'과 '한미수교 100주년 기념탑'이 있다.

공원에서 인천항을 내려다보던 방향으로 언덕길을 내려가면 단장이 한창인 차이나타운을 만날 수 있다. 인천의 명물로 자리 잡고 있는 차이나타운은 세계 어느 곳에서나 만날 수 있는 차이나타운과 별반 차이가 없다.

인천의 차이나타운은 중화풍(中華風) 영화 배경의 1번지이다. 이곳에는 소림권법의 한국 총본산이라는 쿵푸도장과, 중국 전통의상, 도자기, 장신구 등을 파

▲ 차이나타운의 상징물인 패루.

는 잡화상이 있다. 또한 이곳의 이국적인 풍경은 《북경반점》, 《고양이를 부탁해》와 같은 영화의 주요무대가 되기도 하였다.

차이나타운은 자장면의 고향이다. 자장면은 19세기 말 산동성에서 인천으로 이주해 온 중국인들에 의해 만들어졌다는 게 정설이다. 자장면의 고향 인천 선린동 차이나타운은 50년 전 모습 그대로 퇴락한 뒷골목 풍경으로 멈춰 있다. 이러던 곳이 영화 《중화반점》을 계기로 세인들의 주목을 받기 시작했다.

이 곳 차이나타운 거리의 중화요리는 가격도 저렴할 뿐 아니라 그 양도 남자 어른이 혼자 먹기에 푸짐한 편이다. 맛은 당연히 뛰어나다. 1년에 한 번 정도 〈자장면 축제〉가 열리기도 하는데 이 때 차이나타운을 방문하면 자장면 한 그릇을 단돈 1,000원에 맛볼 수 있다.

붉은색을 경사스럽게 생각하는 중화인들은 생활 주변의 곳곳을 붉은색으로 칠해 놓기를 좋아한다. 기둥도, 외벽도, 경조사에 보내는 부조금 봉투도 온통 붉은색이다. 그 붉은색이 이국적인 풍경을 연출해 낸다.

화풍으로 단장한 중화요리집 앞에서 사진이라도 찍으면 대만이나 홍콩의 분위기를 내는 데는 그만이다. 요즘은 중국 전통 레스토랑도 점점 늘어나고 있어 중국식 레스토랑과 중국서점, 중국도자기 판매점, 중국 농수산물 전문점, 중국빵집 등이 들어서면서 점차 활성화되어 가고 있다.

차이나타운 거리를 통과해 인천항 쪽으로 발길을 옮기면 근대사의 중요한 흔적들을 발견하게 된다. 중구청 앞의 이면도로에는 일본에서 모든 자재를 들여 만들었다는 후기 르네상스 양식의 제일은행 건물이 서있다. 인천광역시 유형문화재 제7호이기도 한 이 건물 앞에 서면 과거로의 시간여행을 실감하게 될 것이다.

중구청 인근에 있는 신포동은 개항 이후 오늘날까지 시장과 상업지역의 중심지 역할을 하고 있다. 특히 재래시장인 신포시장은 19세기 말 이곳에 자리 잡은 일본인, 중국인, 서양인들을 상대로 고급 채소를 파는 푸성귀전에서 유래했다고 하는데 비교적 저렴한 가격으로 다양한 물건을 구입할 수 있다.

신포동 일대는 인천의 명동이라 불릴 정도로 번화하다. 젊은이들이 많이 모이는 이곳은 인천의 약속 1번지와 패션 1번지로 소문이 나 있다. 그리고 외항선이 들어오는 곳이라 러시아나 필리핀 사람들을 상대로 한 상점들이 들어서 있어 이국적인 분위기를 느낄 수 있다.

▲ 한미수교 100주년 기념탑.

 ## 인천역에서 출발하는 자유공원나들이

외지 사람이 자유공원나들이에 나섰을 때 가장 편하게 찾아가는 방법은 경인전철의 인천방향 종착역인 인천역을 이용하는 것이다. 역 광장 건너편에 차이나타운을 알리는 중국풍의 패루가 있어 쉽게 찾을 수 있다. 중국 위해시에서 기증 받은 이 패루는 이제 차이나타운을 알리는 상징으로 자리 잡았다. 패루를 지나 차이나타운을 구경한 후 자유공원에 오르는 코스를 이용하면 비교적 쉽게 길을 찾아갈 수 있다.

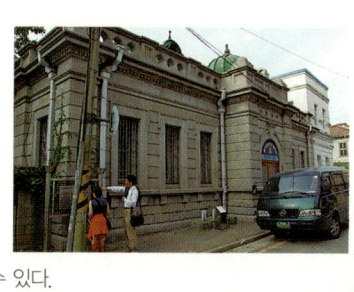

인천역-차이나타운-중구청 일대 근세 건물 탐방-신포 패션거리와 시장 나들이-자유공원 순으로 구경하고 동인천역에서 경인전철을 이용해 돌아오는 방법을 권한다.

드라이브

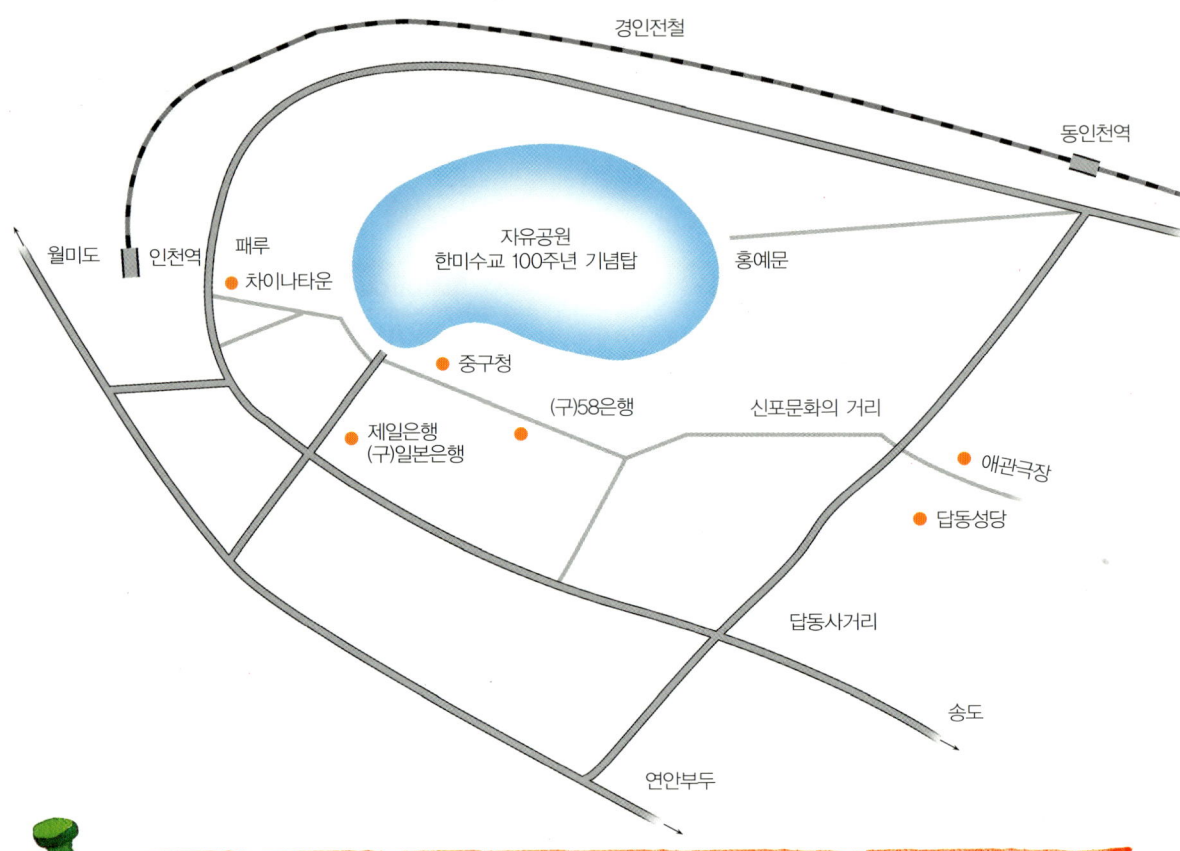

드라이브 메모

- 경인고속도로나 제2경인고속도로를 이용해 종점까지 온 후 우회전하면 동인천이나 월미도 방향 이정표를 발견할 수 있다.
- 월미도 방향으로 달리다 신흥동 사거리에서 좌회전, 올림포스호텔까지 오면 경인전철 인천역 앞 차이나타운을 찾을 수 있다.
- 경인국도를 이용할 경우 간석오거리에서 주안역 방향으로 직진하면 쉽게 동인천역 앞 광장에 도착하게 된다.
- 동인천역 앞에서 좌회전해 언덕을 하나 넘어서면 신포문화의 거리로 들어설 수 있으며 계속 진행하면 인천 중구청 부근의 유서깊은 건물도 구경할 수 있다.

대중 교통 정보

- 서울역에서 경인전철을 이용하면 동인천까지 65분 걸린다. 동인천역에서 종착역인 인천역까지는 2분. 동인천역이나 인천역 어느곳에서나 도보로 10분 거리에 자유공원이 있어 쉽게 찾을 수 있다.

여행정보

지역번호 032

🍴 맛집

차이나타운에는 원조 자장면과 오향장육 등 귀에 익은 중국요리를 맛볼 수 있는 전문 중국음식점들이 여럿 있어 입이 즐겁다. 동인천역 부근의 화평동 일대에서는 세숫대야 냉면을 즐길 수도 있고 부근에 인천시가 지정한 '맛이 있는 집'도 여럿 있어 맛을 찾아가는 나들이코스로도 적당하다.

차이나타운의 소문난 중국요리집
자금성(761-1688) 태화원(766-7688) 공화춘(763-5395) 상원(762-0684) 풍미(772-2680) 대창반점(772-0937) 주경루(764-0307) 태림봉(763-1688)

인천시가 추천하는 '맛이 있는 집'
인현삼계탕(삼계탕, 772-8487) 예전(경양식, 772-2256) 토촌시골밥상(한식, 762-1921) 월미떡갈비(돼지떡갈비, 766-0799) 돈비어천가(돼지갈비, 772-4395) 유래식당(민어탕, 761-2999) 방호정(굴밥, 765-0100) 금촌집(곱창전골, 772-9324)

🏨 숙박 정보

파라다이스 올림포스호텔(중구 송월동, 762-5180) 상제리에(중구 북성동1가, 773-9955) 스위스(중구 북성동1가, 761-0095) 방림장(중구 북성동1가, 761-2711)

🚌 연계 관광 정보

인천역에서 출발하는 시티투어버스 시내코스를 이용하면 편하게 인천 시내관광을 즐길 수 있다. 인천역—월미산 입구—월미도—인천항 갑문—연안여객터미널—종합시장—아암도—송도 신도시—송도유원지—상륙작전 기념관—능허대—동인천역—화도진공원—인천역 순으로 운행되는 코스의 승차요금은 1,000원. 청소년 이하는 50% 할인된다. 오전 11시부터 오후 4시까지 탑승할 수 있으며 배차간격은 1시간이다. 서울에서 인천을 찾아 시티투어를 이용할 경우에는 경인전철 인천역에서 시작하는 것이 가장 편하다.

🎉 축제 및 행사 정보

4~5월에는 월미도 문화의 거리에서 〈월미축제〉가 열린다(문의 760-7133). 5월이면 인천에서는 전국 규모의 〈해양축제〉가 벌어진다(문의 440-3492). 5월 22일이면 화도진공원에서도 한미수호 통상조약을 기념하는 〈화도진 축제〉가 열리는데 이 부근 특색거리인 냉면골목에서는 냉면먹기대회가 열리기도 한다(문의 770-6104).

❓ 여행 문의처

- 인천시청 관광진흥과 : 427-0095
- 인천시 중구 개발과 : 760-7520
- 인천시 관광협회 : 884-4590
- 인천종합 관광안내소 : 777-1330
- 청송관광(시티투어버스) : 469-6060

맑은 물소리와 파란 하늘,
조용한 숨소리로 답하는 숲 앞에 서다

광릉과 국립수목원

언제나 숲은 아름답다. 여름이면 주택가의 기온은 30도까지 올라가지만 숲 안의 기운은 청량하다. 마치 세속을 버리고 입산하는 느낌이다. 가을의 스산한 바람에도, 겨울의 시린 삭풍에도 숲은 숲을 찾은 사람들을 포근히 감싸준다. 그 따스함에 굳은 몸이 풀리는 느낌이다. 이런 별스런 즐거움과 함께 할 수 있는 수목원을 한번 찾아가 보자. 숲나들이 길을 마친 후에는 가까이 있는 고모리 카페마을에서 여유 있는 시간을 보낼 수 있다.

▲ 산책하기 좋은 육림호. 늦가을 풍광이 가장 뛰어나다.

〈광릉〉 내에서 수목원으로 향하는 길은 아름드리나무들이 숲터널을 만들며 하늘을 가려 감동을 선물한다. 그 길을 천천히 지나 도착하는 곳이 광릉. 세조와 왕비였던 정희왕후 윤씨의 능인 광릉을 찾기 전에 봉선사를 지나게 된다. 봉선사는 고려 광종 20년(969)에 법인국사가 창건한 사찰로 세조의 명복을 빌기 위한 광릉의 원찰 구실도 했으나 임진왜란과 6·25전쟁 중 소실되는 아픔을 겪었다.

봉선사를 지나 광릉으로 가는 길은 숲그늘이 짙어 그 아래로 뚫려있는 터널 같은 느낌이다. 사적 197호인 광릉은 세조 14년(1468)과 성종 14년(1483)에 축조된 세조와 왕비 정희왕후의 능이다. 세종의 둘째 아들인 세조는 어린 단종의 왕위를 찬탈하였으나 만년에는 왕위 찬탈의 번뇌로 불교에 귀의하고 1468년 예종(睿宗)에게 왕위를 물려주고 52세에 죽었다.

광릉과 봉선사 등이 포함된 숲인 광릉 숲에는 〈국립수목원〉이 자리 잡고 있다. 이곳은 지난 500년간 훼손되지 않은, 국내에서 가장 잘 보존된 자연림으로 꼽힌다. 광릉 숲이 오늘날까지 잘 보전된 연원을 거슬러 올라가면 조선 세조 시대에 닿는다. 세조는 생전에 이곳을 직접 찾아와서 묘역을 정한 다음 경작은 물론 풀 한 포기 뽑는 것조차 금지시켰다고 한다. 일제강점기 중 많은 산들의 임산자원이 수탈당했지만 이곳만큼은 그런 봉변을 당하지 않았고 6·25전쟁 중에도 묘하게 피해를 면했다. 이런 역사가 있어 광릉 숲은 우리나라 중부지방의 최대 산림지가 되었다.

국내 유일의 천연학술보존림인 소리봉 일대의 울창한 숲을 중심으로, 이곳에는 천연기념물인 크낙새·올빼미·수리부엉이·장수하늘소 등을 비롯한 1663종의 동물과 895종의 식물이 살고 있다. 예전에는 흔히 광릉수목원으로 불렸으나 1999년 5월 24일부터 국립수목원으로 명칭이 바뀌었다.

▼ 광릉으로 가는 숲길. 숲그늘이 시원하다.

침엽수원·활엽수원·수생식물원·습지식물원 등 15분야로 나뉜 전문수목원(100ha)과 천연수목원(400ha)에서 각종 식생대를 관찰할 수 있고 곳곳에 통나무를 깔아 길을 낸 생태관찰 산책로가 설치돼 편안히 깊은 숲의 정취를 맛볼 수 있다. 꾀꼬리·뻐꾸기·꿩들의 해맑은 울음소리는 도시의 소음에 찌든 귀를 말끔히 씻어준다. 시간이 있다면 굵직한 피라미떼들이 노니는 인공호수 육림호 주변을 한없이 게으르게 거닐어볼만하다. 여기저기 약수터도 마련돼 있다.

수목원은 주중 오전 9시 개장한다. 입장객은 하루 5천 명으로 제한한다. 토·일요일과 공휴일에는 문을 닫으며, 평일에도 적어도 5일 전에 예약(031-540-

1114)을 해야 한다. 예약 시 방문자 성명, 주소, 연락처를 명기해야 하며 개장시간은 오전 9시부터 오후 5시까지다.

숲향기에 취한 후 수목원을 나와 의정부 방향으로 나가면 〈고모리 카페마을〉로 가는 이정표를 발견할 수 있다. 고모산과 주엽산을 좌우에 거느린 고모리 산성 문화거리 입구에서 고모리저수지까지 30여 개의 카페들이 밀집해 있다. 고모리 카페마을 입구에는 미술관이 자리 잡고 있으며 갤러리를 겸한 카페, 시낭송을 하는 전통 찻집, 연극과 각종 이벤트가 준비된 레스토랑이 모여 있다. 광릉 숲 근처에 자리 잡고 있는 탓인지 카페 분위기도 차분하다.

이 마을 왼편 고모산(380m) 정상을 둘러싼 고모리 산성은 396년 한강유역 진출을 꾀한 고구려 광개토대왕이 이 지역을 점령한 후 쌓았다는 전설의 현장으로 지금은 성곽 대부분이 붕괴되고 우물과 연못터만 남아있다.

▲ 잘 관리된 광릉은 세조의 묘다.

 ### 미니 스피드를 즐기는 '기리나 모형자동차 경주장'

고모리에 있는 〈기리나 모형자동차 경주장〉은 무선조종 모형자동차를 즐길 수 있는 이색공간이다. 모형자동차 경주장은 국제규격이 따로 정해져 있지 않지만 국내 동호인 대회를 치를 수 있도록 약 500여 평의 부지에 관리동과 레이스장이 마련되어 있다. 무선조종 모형자동차는 실제 자동차 경주를 방불케 하는 흥분과 속도감을 즐길 수 있어 성인들의 취미생활로도 인기다. 주행가능한 차량은 포장길을 달릴 수 있는 모형자동차 전차종으로 모형차를 손보고 출발시킬 수 있는 피트 공간이 30여 개가 준비되어 있다(문의 031-542-0783).

드라이브

드라이브 메모

퇴계원을 거쳐 이동으로 가는 47번 국도를 달려 광릉내 입구에서 광릉내와 국립수목원으로 가는 길을 알리는 이정표를 보고 나와 토끼굴을 이용해 98번 지방도로 들어선다.

봉선사를 지나면서 본격적인 광릉 숲 드라이브코스를 만날 수 있다. 좁은 길과 갈래 길이 이어지고 있어 속도를 낼 수 없는 구간이므로 서행운전을 한다.

고모리 카페촌은 광림유스호스텔을 지나 소홀읍으로 가는 오른쪽 길을 택하면 쉽게 찾을 수 있다.

대중 교통 정보

청량리 우체국 건너편에서 7번 또는 707번 버스를 타고 퇴계원을 경유 광릉 내 종점에서 하차한 다음 의정부행 21번 버스를 이용하면 된다.

의정부 쪽에서 올 경우는 종로5가에서 1018번 버스를 타고 의정부 구시외버스터미널에서 하차한 다음 광릉행 21번 버스를 타면 된다.

여행정보

지역번호 031

맛집
사랑방가든(한식, 542-1981) 갈비나라(숯불구이, 543-7957) 용문궁(한식, 544-3233) 신수원가든(숯불구이, 542-7722) 수원가든(한식, 532-1563) 기와골(한식, 531-6295) 천년후에도(한식, 532-2541) 몽마르트언덕(경양식, 541-4560)

숙박 정보
호수궁전(542-5553) 고모리성모텔(542-8000) 푸른산장(531-8992) 수목원파크(532-0934) 유로호텔(542-9966) 힐타운(534-9500) 큐파크모텔(533-5141)

연계 관광 정보
포천시가 추천하는 코스 가운데 젊은이들을 위한 핑크코스가 있다. '연인과의 사랑을 키워주는 코스'라는 부제가 붙어 있는 이 코스는 영그린하우스-산사원-웨스턴밸리-고모리 카페마을을 다녀오는 일정

이다.
체험농장인 〈영그린하우스〉를 먼저 방문하는 것으로 시작되는 이 일정은 산사춘으로 유명한 배상면 주가가 설립한 〈술박물관〉을 들러 보는 것으로 이어진다. 그 이후에는 클레이사격장과 스파시설이 있는 휴양레저시설 〈웨스턴밸리〉에서 즐거운 시간을 보낸 다음 저녁 무렵 낭만 넘치는 고모리 카페마을을 찾는 것을 권하고 있다.
아침 9시에 서울을 출발하는 것을 가정했을 때 오전 11시에 영그린하우스에 도착하

고 오후 2시에 산사원을, 오후 3시에 웨스턴밸리를, 오후 6시에 고모리 카페마을을 찾는 일정을 제안하고 있다.

축제 및 행사 정보
고모리 저수지 일원에서 열리는 〈죽엽산 얼음축제〉는 1월에 열린다. 얼음 썰매타기, 얼음축구, 얼음피구 등 얼음을 주제로 한 다양한 놀이와 동장군 선발대회, 팽이치기, 제기차기 등 추억 어린 행사들이 펼쳐진다.

여행 문의처
- 국립수목원 : 540-1114
- 포천군청 문화관광과 : 530-8067

꽃 축제, 자전거 타기, 삼림욕까지
일석삼조의 대문 밖 나들이
인천대공원

인천에는 바다만 있는 것은 아니다. 도시 생활에서 척박해지기 쉬운 마음을 포근하게 감싸 안는 시민의 공간 〈인천대공원〉이 있어 흙과 꽃과 돌과 자연을 만나고 위안을 얻을 수 있다. 인천대공원은 전체가 놀이동산이고 축제마당이고 전시장이다. 이곳에서는 봄이면 〈벚꽃축제〉 등 다양한 꽃 축제가 열리고, 여름이면 호수주변에 앉아 시원한 바람을 즐기고, 가을이면 등산 등 다목적광장에서 체력단련을 한다. 그리고 겨울에는 눈썰매장이 있어 동심의 세계로 빠져들어 간다.

▲ 인천의 새로운 가족 나들이 명소로 자리잡고 있는 인천대공원.

인천대공원에는 입장료가 따로 없다. 다만 자동차 주차료나 식물원에 들어갈 때 입장료가 필요하다. 입구에는 너른 공원을 일주하는 거북이열차와 토끼열차가 기다리고 있고 이어 수석공원이 나타난다. 수석공원은 200여 점의 수석을 전시해 놓고 있는데 조각공원과 함께 자연을 닮은 예술품들의 아름다움을 감상할 수 있는 곳이다.

조금만 더 올라가면 길은 두 갈래로 갈라지는데 왼쪽 길을 택하면 장미원과 식물원을 찾을 수 있다. 6월이면 장미원으로 발걸음을 옮겨보자. 장미원에는 다양한 장미 6천여 그루가 도발적인 자태를 뽐내고 있다. 그 무렵이면 〈장미축제〉가 화려하게 펼쳐진다. 바로 옆 야외식물전시장도 한껏 물이 오른 식물들로 가득하다. 투명한 유리 속에 꾸며진 온실식물원은 비록 규모는 작지만 야자수 같

▲ 대공원 안에는 사진촬영 포인트가 많다.
▲▲ 관모산 아래 둥지를 틀고 있는 인천대공원.

은 아열대 식물을 비롯해 300여 종 6천5백여 그루의 희귀한 식물들이 둥지를 틀고 있다.

오른쪽 길을 택하면 활동파들을 부추기는 다양한 이벤트가 기다리고 있다. 상쾌함을 즐기려면 자전거광장이 좋겠다. 누구나 자전거를 가지고 오면 신나게 페달을 밟을 수 있다. 미처 준비하지 못한 이들에게는 대여도 해준다. 사람들은 자전거광장 바로 옆 다목적광장에서 자리를 펴고 앉기도 하고 배드민턴을 치기도 한다. 그 맞은편으로는 축구장과 배구장, 테니스장, 농구장, 배드민턴장, 게이트볼장이 옹기종기 모여 있다.

여름에 인천대공원에 가면 숲의 시원함을 몸으로 느낄 수 있다. 대공원이 둥지를 틀고 있는 관모산은 곳곳이 삼림욕장으로 그린 샤워를 즐길 수 있다. 나무가 만들어 주는 그늘에 누워 낮잠을 즐기면 그렇게 시원할 수가 없다. 다목적광장에서 숲으로 난 길은 9km에 이르는 산책로의 시작이다. 관모산 등산로의 출발지점이기도 하다. 산 정상을 향해 올라가는 길에는 야외무대가 있고 야유회장, 야영장이 나온다. 더 깊숙이 산속으로 들어가면 인공암벽이 나온다. 관모산 정상까지는 어른 걸음으로 약 30분 정도 소요되며, 정상에는 전망대가 있다.

▲ 인천대공원은 데이트코스로도 훌륭하다.

겨울에는 눈썰매장이 제격이지만 인공호수의 물이 얼면 썰매장과 스케이트장도 문을 연다. 추억의 샘을 자극하는 썰매는 대공원에서 무료로 빌려준다. 스케이트는 개별적으로 가지고 와서 타야 한다.

신나는 레저 천국으로 오세요!

자전거타기는 대표적인 유산소 운동으로 하체가 튼튼해지고, 허리가 좋아져 요통도 없어지고, 다이어트 효과도 뛰어나다. 칼로리 소모량은 걷기와 속보의 중간 정도지만 지루함이 없어 장시간 즐길 수 있고 관절에 부담도 적다. 차를 타고 다닐 때는 발견할 수 없는 주변 경관의 소소한 아름다움까지 만끽할 수 있어 가벼운 여행길 동반자로 그만이다.

자전거타기의 천국은 인천대공원이지만 조금 더 눈을 높여 장거리 자전거여행을 즐겨보자. 인천대공원-소래-시화지구의 왕복 30km가 추천코스다. 30분 정도 달리면 소래포구가 내려다보이는 소래다리에 도착하는데, 다리를 건너면 시화지구를 연결하는 새로 난 도로가 직선으로 쭉쭉 뻗어 있어 속도감을 만끽할 수 있다. 큰 힘을 들이지 않고 시원스레 달릴 수 있고 1시간 30분 정도면 충분히 다녀올 수 있다.

드라이브

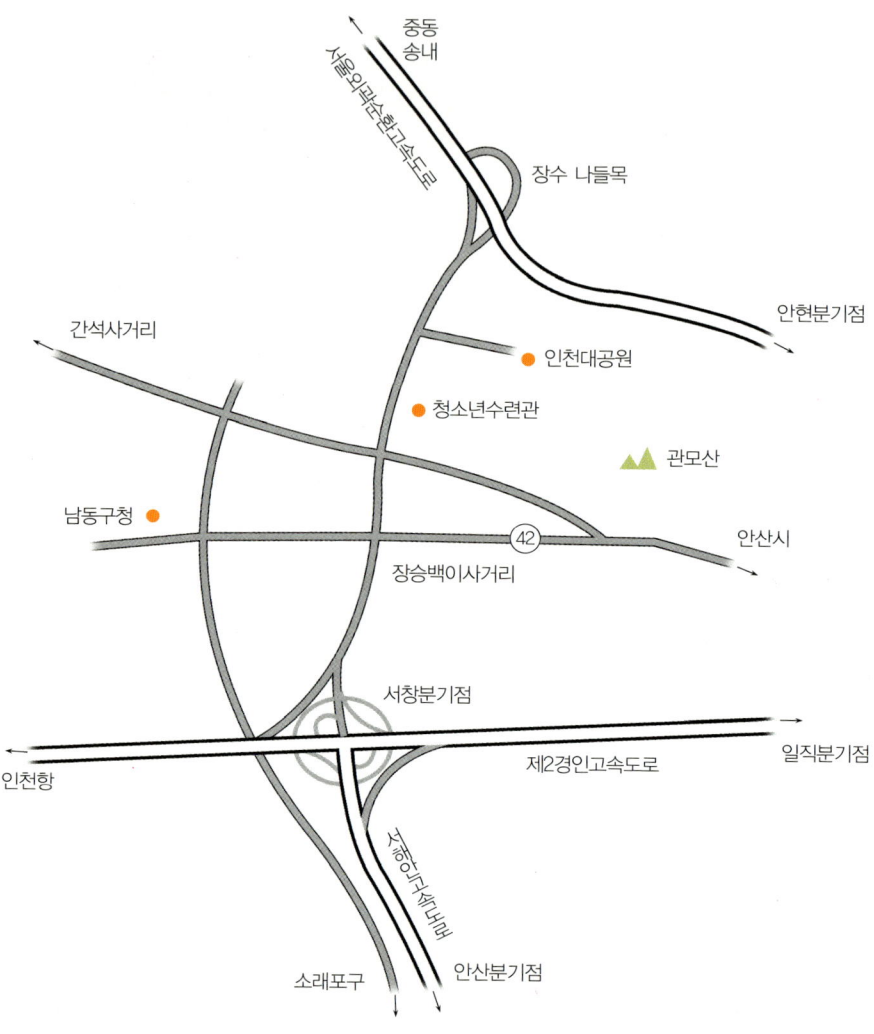

드라이브 메모
　서울외곽순환고속도로 장수 나들목에서 나와 서창분기점 방향으로 1km 정도 내려오면 인천대공원 입구에 닿게 된다.
　제2경인고속도로를 이용할 경우 남동나들목에서 나와 남동구청 앞을 거친 다음 장승백이 사거리에서 좌회전하면 된다.

대중 교통 정보
　송내역에서 인천대공원 입구까지는 약 4km 정도 떨어져 있다. 송내역에서 15, 16, 30번 시내버스와 103번 좌석버스를 타고 인천대공원 정문 앞에 하차(배차간격은 약 10분 간격)하면 된다.

여행정보

지역번호 032

맛집

인천대공원에는 식사를 해결할 수 있는 시설이 없다. 매점도 많지 않아 간단한 먹을거리는 미리 준비해 가는 것이 좋다.
대공원 부근의 남구 일대에서 깔끔한 음식점은 천마식당(소머리국밥, 441-7766) 삼화장(생등심, 433-5959) 장수곰돌구이 (한정식, 461-6963) 수림공원가든(남동구 간석4동, 한정식, 424-4444) 금학일식(남동구 간석3동, 일식, 424-9229) 등이다.

숙박 정보

로얄호텔(421-3300) 갤럭시(421-9111) 카프리모텔(427-2004) 마르샤모텔(439-4959) 티파니모텔 (438-6001)

연계 관광 정보

인천대공원에서 서쪽으로 4km 정도 떨어진 곳에 〈종합문화예술회관〉이 있다. 인천의 신시가지로 부상한 이곳에는 대규모 백화점과 할인점 등이 있으며 월드컵 16강 신화의 디딤돌이 된 문학경기장이 있어 2002년 월드컵의 감동도 추억할 수 있다.
조선시대의 유교 교육기관이었던 〈인천향교〉와 〈인천도호부청사〉도 구경할 수 있다. 인천향교는 우리나라와 중국의 성현을 모시는 제사를 지냈던 곳으로 지방학생들을 가르치는 기능을 했던 곳이다. 인천도호부청사는 조선 초기 인천의 행정을 총괄했던 관청 건물로 객사 5간과 내동헌 9간이 남아 있다.
한편 인천종합문화예술회관에는 대공연장과 소공연장, 야외공연장 등이 있으며 각종 전시공간도 있어 언제 가더라도 볼거리가 있다(문의 427-8401~5).

축제 및 행사 정보

인천대공원에서는 4월이면 〈벚꽃축제〉가 벌어진다. 대공원 후문에서 호수공원으로 이어지는 벚꽃 터널이 장관이다. 5월 초순부터 6월까지는 유채꽃이 1만 5천 평 꽃밭을 노란색으로 물들인다. 그리고 장미의 계절인 6월이 되면 장미원에서는 37종에 달하는 장미 6천 그루가 그 자태를 뽐내는 〈장미축제〉가 벌어진다. 그리고 그 즈음이면 5천 평 규모의 밀밭과 보리밭이 고향의 모습을 만들어 낸다. 8월에는 〈무궁화축제〉, 10월에는 〈국화축제〉가 열려 봄부터 가을까지 꽃으로 인천대공원을 장식한다(문의 440-6533).

여행 문의처

- 인천시청 관광진흥과 : 427-0095
- 인천시 중구 개발과 : 760-7520
- 인천시 관광협회 : 884-4590
- 인천종합 관광안내소 : 777-1330
- 인천시 남동구 문화공보실 : 453-2103
- 인천대공원 관리사무소 : 466-7282
- 청송관광(시티투어버스) : 469-6060

뛰고 구르고 넘어지고 다음은?
온천에 몸 담그며 쉬는 거지!

베어스타운과 포천온천

겨울만의 본격 레저 스포츠인 스키는 그 짜릿함과 싱싱함이 매력이다. 그러나 본격적인 스키를 즐길 수 있는 스키장은 대부분 수도권에서 멀리 떨어져 있어 계획을 세우고 시간을 내지 않으면 좀처럼 짬을 내기 쉽지 않다. 그러나 포천의 〈베어스타운〉은 수도권에서 1시간 거리에 있어 가벼운 마음으로 다녀올 수 있다. 스키를 마치고 차가운 겨울바람에 굳어질 즈음이면 몸을 풀 수 있는 온천을 이용하는 것도 좋은데 포천에는 온천도 여럿 있어 스키와 온천욕을 함께 즐길 수 있다.

베어스타운은 경기권에 있는 스키장 가운데 가장 규모가 커 11면의 슬로프를 갖추고 있다. 서울 강북권에서는 40분 정도면 접근할 수 있기 때문에 야간 스키 명소로 인기다. 수도권의 다른 스키장들에 비해 난이도와 변화를 보여줄 수 있는 슬로프가 많은 것도 베어스타운의 자랑이다.

겨울철에는 스키와 눈썰매장을 이용할 수 있고 실내수영장, 골프장, 관광리프트, 사우나 등 다양한 부대시설도 갖추고 있어 사계절 휴양지로도 적당하다. 특히 연습사격, 서바이벌 게임, 깃발탈취전 등 3개 교장에서 동시에 300명이 즐길 수 있도록 준비된 서바이벌 게임장은 동호회나 연수 장소로 인기가 높다.

베어스타운에서 일동방면으로 47번 국도를 이용해 25분 정도 달리면 용암유황천이

▼ 스키장에서 골프장으로 변신한 베어스타운의 여름.

▲ 배상면 주가에서 설립한 전통술 박물관 〈산사원〉.

나타나는데 이곳 주차장에는 자동차전용극장인 빅시네가 있다. 규모 4천7백 평에 420대가 동시에 주차해서 영화를 감상할 수 있는데 입장료는 자동차 1대당 받는다. 따라서 4인 가족이 갈 경우 매우 저렴한 요금으로 최신 영화를 감상할 수 있다. 보통 상영시간은 계절에 따라 다르지만 오후 8시부터 1일 3회 정도 상영한다.

일반적으로 자동차 극장의 특징은 탁 트인 야외에서 밤하늘의 별을 보면서 영화를 감상할 수 있다는 점으로 연인이나 아이를 둔 가족에게는 실내극장보다 몇 배 선호도가 높다. 또한 연중무휴이며 눈비가 와도 상영한다는 장점이 있다.

포천은 수도권 북부의 최고 온천 지역. 특히 〈일동온천지구〉에는 소문난 온천들이 모여 있어 온천욕만을 위해 찾아가는 이들도 많다. 거리로 볼 때 서울에서 55Km, 45분 거리에 있는 온천인데다 뜨거운 유황온천이 네 군데나 되므로 언제 찾아가도 편안한 온천욕을 즐길 수 있다. 온천물은 피부병과 신경통에 효과가 있어 치료를 위해 찾는 사람도 많다.

　일동온천지구에 있는 온천장은 각각 시설이 약간 다르긴 하지만 황토, 맥반석, 옥 등 한국 특유의 재료를 사용하여 만든 사우나, 한증막, 탕, 실내수영장 등을 갖추고 있다. 유리 천장 아래서 선탠을 할 수 있는 대욕장을 갖춘 업소도 있어 온천욕과 일광욕을 함께 즐길 수 있다.

▲ 편안한 온천욕을 즐길 수 있는 제일유황온천

온천욕 제대로 즐기는 팁팁팁!

　온천욕 효과를 제대로 보려면 식사 후 1시간 정도 지난 뒤 온천욕을 해야 한다. 온천은 대개 큰맘 먹고 찾기 때문에 '본전' 생각에 뜨거운 탕 속에 오래 머물곤 한다. 그러나 이는 신체에 무리를 줄 수 있어 피하는 것이 좋다. 10~15분 정도 입욕했다가 30분~1시간가량 쉬는 것을 반복한다. 절대 한 번에 20분을 넘기지 않는 것이 좋고 바로 뜨거운 물에 들어가는 것보다 미지근한 물에 먼저 들어간 후 차츰 뜨거운 물로 옮겨가는 것이 바람직하다. 온천욕은 광물질 흡수를 막는 비누·샴푸·린스 등 세제는 가능한 한 적게 쓰는 것이 좋다.

　입욕 순서는 먼저 온천물로 아랫배와 가슴을 적시고 머리로 옮겨가며 5~10회 정도 물을 뿌려 혈압의 급상승을 막아 준다. 허약·고령자, 고혈압환자 등은 가슴 이하 부위만을 물에 담그는 침욕(寢浴)으로 심장 부담을 줄이는 게 현명하다.

　효과가 좋다고 알려진 '냉온교대법'도 온탕과 냉탕 수온 차이 20도를 넘어서면 신체적응 능력에 무리가 온다. 고혈압이나 심장기능이 좋지 않은 사람은 42도가 넘는 온천에는 들어가지 말고 비만·요통·어깨통 환자는 폭포탕을 이용하면 좋다. 증기탕은 신경증·류머티즈·비만·피로회복 등에 도움이 되지만 고혈압과 심장이 좋지 않은 사람은 되도록 피하는 게 좋다.

　온천욕 효과를 보기 위해선 체질이나 앓고있는 질환의 증세 등을 고려해야 한다. 고혈압·동맥경화가 있는 사람은 유황천, 순환기질환을 지닌 사람은 탄산천, 소화기질환에는 식염천, 당뇨병에는 탄산천·중조천 등이 효과가 있다. 창상은 식염천, 피부질환은 유황천요법이 좋다. 외상 중 악성종양일 때는 온천욕을 해서는 안 된다.

드라이브

드라이브 메모

▶ 47번 국도를 따라 이동 방향으로 달리게 되면 광릉내, 내촌을 지나 베어스타운에 닿게 된다. 일동으로 가는 국도와 나란히 가는 구도로변에 산사원이 있으므로 화현면에서 빠져나와야 한다.

▶ 본격적인 온천나들이는 일동에 들어서면서 시작된다. 일동에서 성동리로 가는 왕복 2차선 길에 일동용암천과 일동사이판이 있다.

대중 교통 정보

▶ 베어스타운은 상봉터미널에서 일동 방면 직행버스 이용, 내촌에서 하차한다.

▶ 일동온천지대는 서울 상봉시외버스터미널에서 일동행 버스를 이용 일동터미널에서 하차하면 된다. 각 업소별로 셔틀버스가 운행되기도 한다.

여행정보

지역번호 031

🍴 맛집

터(토종백숙, 011-532-8649) 장원숯불이동갈비(533-3335) 오대감갈비(534-1872) 멍석갈비(536-5050) 향토이동갈비(536-3263) 연지이동갈비(531-0171) 싸리채이동갈비(536-9445))

🏨 숙박 정보

온천장(536-6000) 발렌타인(536-7240) 기산그린파크(536-7818) 서암장(562-6215) 애성장(532-3478) 힐탑파크(536-1344) 스위스모텔(535-2912)

🚢 연계 관광 정보

〈산사원〉은 산사춘으로 유명한 배상면주가에서 1996년도에 설립한 전통술박물관이다. 전통술에 관한 다양한 자료와 고서적, 누룩틀, 술독, 술 담글 때 쓰이는 전통도구 등 1천 점을 전시하고 있다. 1층에는 시음장과 시식장이 있어 아직 멸균 처리를 하지 않은 신선한 전통주나 계절주 5가지를 시음할 수 있으며 구입도 가능하다. 물론 술에 어울리는 다양한 안주도 있으며 술 찌꺼기를 이용한 감초엿, 다식, 약과, 술 튀김과자, 술잼, 상화만두, 가자미식혜 등 다양한 전통 음식도 선보이고 있다. 관람 가능한 시간은 오전 9시부터 오후 6시까지 입장료는 무료(문의 531-9300)이다.

🎉 축제 및 행사 정보

포천시 이동면 도리돌 한방마을에서는 11월 하순경 〈한방김치축제〉가 열린다. 이 마을 슬로우푸드 체험관(도평3리 마을회관)에서 열리고 풍물놀이, 전통음식 만들기, 고유전통 민속놀이 등이 펼쳐진다. 한방김치 담그기 체험은 한참 인기를 얻고 있다.

❓ 여행 문의처

- 베어스타운 : 532-2534
- 일동제일유황온천 : 536-6000
- 일동사이판 : 536-2000
- 일동하와이 : 536-5000
- 일동용암천 : 536-4600
- 포천 빅시네 자동차극장 : 532-7400

허브의 향을 마음으로 마시며 몸의 피로를 날려 보내자

허브아일랜드와 신북온천

허브 향기 가득한 허브 농원에서의 즐거운 하루! 아름다운 계절을 느끼기 최적의 여행지가 있다. 다양한 풀과 꽃으로 피어나는 포천〈허브아일랜드〉는 세계각지의 대표적인 허브 100여 종을 수집해 재배하는 곳이다. 계절의 향기를 만끽할 수 있는 허브아일랜드 주변에는 여행의 피로를 씻어낼 수 있는 신북온천과 봄을 노래하는 열두개울의 물소리가 있어 여행이 한층 다양해진다.

허브아일랜드에서는 허브가 고이 간직하고 있는 특유의 향기를 그대로 느낄 수 있다. 관람객들은 9천여 평의 넓은 대지위에 조성된 허브 단지를 산책하면서 허브 잎을 직접 손으로 문지른 후 향을 맡아보면 그동안 쌓인 피로가 이내 시원함으로 바뀌어 삶의 여유로움이 느껴진다. 여행객이 허브를 직접 확인하고 맛도 볼 수 있는 곳이니 눈과 코, 입이 모두 즐거워지는 여행지라 하지 않을 수 없다.

자그마한 언덕 위에 있는 허브아일랜드는 '향을 맡는 곳'과 '향을 먹는 곳', '향을 마시는 곳' 그리고 '향을 사는 곳'으로 나뉘어져 있다. 향을 맡는 곳은 허브농장으로 갖가지 허브가 늘어서 있는 길을 따라 산책하듯 구경할 수 있다. 허브, 야생화, 약초 등이 자라고 있는 이곳을 사랑하는 이들과 손을 잡고 걸어보자. 미처 몰랐던 허브의 이름을 비교해 가며 배워가는 재미가 쏠쏠하다.

야외에 펼쳐진 농장에서 바람에 실려 오는 허브 향기를 맡은 후에는 비닐하우스에서 종류별로 모아놓은 식물을 감상하는 색다른 즐거움으로 옮겨가 보자. 허브식물원이라고도 할 수 있는 비닐하우스에는 언제나 허브를 가꾸는 이가 있어 이곳을 찾는 사람들에게 허브에 대한 설명을 곁들여준다. 사철 다양한 허브들이

▼ 허브의 향기가 가득한 허브아일랜드.

▲ 사철 다양한 허브들이 재배되고 있다.

재배되고 있어 계절에 관계없이 진한 허브 향을 맡을 수 있다.

허브식물원 바로 곁에 있는 하얀 나무집은 허브를 사는 곳이다. 이곳에서는 갖가지 허브로 만들어진 다양한 물건들을 구입할 수 있다. 신을 벗고 들어서면 위장병, 두통, 감기, 신경통, 치통에 효과가 있다는 향긋한 '페퍼민트차'를 무료로 대접받고 '페퍼민트 에센셜 오일'을 목뒤에 두어 방울 축여주는 서비스도 함께 받을 수 있다. 그리고 허브로 만든 초, 샴푸, 비누, 인형, 식초, 빵, 향수, 화장품 등 다양한 물건들도 구입할 수 있다.

향을 먹는 곳은 허브나라에서 운영하는 음식점, 향을 마시는 곳은 찻집이다. 이곳의 별미는 허브비빔밥으로 몇 가지 향초를 듬뿍 얹은 밥에 비빔장을 얹어 비벼 먹는데 그 맛이 특별하다. 이밖에도 허브돈가스, 허브스파게티, 해물파전 등도 맛볼 수 있다. 허브를 맛보는 곳에서 조그만 정원을 건너가면 향을 마시는 허브 찻집에 들를 수 있다. 정다운 사람과 허브향이 가득한 차를 마시며 나누는 담소는 두고두고 추억거리가 된다.

허브아일랜드에서 나와 열두개울 방향으로 4km 남짓 달리면 포천의 명소 〈신북온천〉에 이르게 된다. 여느 온천지대와는 달리 차분하면서도 한적한 이 온천의 분위기는 허브아일랜드에서의 그윽했던 느낌과 잘 어울려 한번 들러 갈만한 곳이다.

신북온천은 1992년 12월 온천지구로 지정되어 1994년 4월에 개장한 후 최근에 '신북온천환타지아'로 이름을 바꿨다. 피부미용, 노화방지, 피로회복, 각종 성인병에 효과가 있다는 알칼리성 중탄산나트륨 성분의 온천수가 지하 60미터에서 용출된다는 이 곳에는 저냉탕, 헬스탕, 수중안마탕, 아이템탕, 족탕 등 다양한 테마의 온천탕이 있다. 장작을 때서 열기를 만드는 재래식 불한증막과 온천욕 중 바로 이용할 수 있는 야외 휴게실 같은 부대시설이 있어 편리하다. 온천수를 이용한 각종 질병의 예방, 요양, 건강증진을 목적으로 개발된 휘트니스용 시설인 '바데풀'과 총길이 110미터의 '유수풀', 해변 같은 느낌이 드는 '파도풀' 등이 있어 온천욕과 물놀이를 한 곳에서 즐길 수 있다.

▲ 온천수로 몸을 다스릴 수 있는 신북온천

봄에는 온천 부근에 있는 낮은 산에서 진달래, 철쭉과 함께 산행을 즐길 수 있고 여름에는 인근 덕둔리의 열두개울 및 포천으로 연결되는 삼정리 약수터에서 더위를 식힐 수 있으며 가을에는 소요산의 단풍산행을 즐긴 후 온천욕을 즐길 수 있어 사철 언제 찾아도 좋은 곳이다.

한여름 더위를 식혀주는 '열두개울'

경기도 연천군 청산면 초성리에서 포천군 신북면 덕둔리로 이어지는 산내천을 보통 열두개울이라고 한다. 선녀바위, 무장소, 보안소, 만장바위, 평바위, 도라소, 돌목소, 봉바위, 쌍무소, 용수골소 등의 명소가 10리에 걸쳐 펼쳐지는 맑고 깨끗한 이 계곡은 다리가 없었던 시절에 동두천 법수동에서 포천 덕둔리로 가려면 열두 차례나 개울을 건너야만 했다는 데서 그 이름이 붙었다. 지금은 5개의 다리가 놓이고 도로도 잘 포장되어 교통이 편리해졌지만 '열두개울'이라는 이름은 여전히 남아 있다. 수량도 제법 많고 물도 알맞게 차가워 여름 피서객들이 즐겨 찾는 곳이다.

드라이브

드라이브 메모

허브아일랜드는 포천읍을 거쳐 가는 길과 동두천을 지나 초성리에서 들어가는 방법이 있다. 포천으로 가는 방법은 의정부에서 43번 국도를 타고 포천으로 들어선 뒤 325번 지방도로를 타고가다 다시 344번 지방도로로 좌회전해 가면 된다.

동두천을 지나가는 방법은 3번 국도를 타고 동두천을 빠져나와 소요산 관광단지 앞에서 2km쯤 더 가면 초성리 삼거리가 나온다. 오른쪽으로 344번 지방도로를 타고가다 신북온천을 지나 5분 정도 더 가면 길 왼쪽으로 허브아일랜드 표지를 만난다. 이곳에서 좌회전해 400미터만 더 가면 된다.

대중 교통 정보

신북온천부터 들르는 일정일 경우 상봉터미널에서 연천방면 직행버스를 이용, 초성리에서 하차한 후 법수동 방면 버스를 이용하면 된다.

기차를 이용하고 싶다면 의정부 전철역에서 경원선 국철(신탄리행)에 탑승 초성리역에서 하차(소요시간 35분) 초성리역에서 57번 시외버스(소요시간 10분)를 이용하면 된다.

허브아일랜드를 먼저 찾게 되는 경우 포천까지 시외버스를 이용한 후 덕둔리행 버스를 타면 된다.

여행정보

지역번호 031

맛집
법수가든(숯불구이, 835-6020) 만선가든(한식, 531-4531) 깊은산초가집(한식, 533-1187) 신북설렁탕(설렁탕, 536-2064) 호장미농원(장어구이, 533-6174)

숙박 정보
동두천관광호텔(862-7171), 유림관광호텔(865-2101), 동백장여관(862-4600), 다래파크(864-4235)

연계 관광 정보
'몸이 행복해지는 그린코스'라는 포천시가 추천하는 여행코스가 눈길을 끈다. 오전 9시경 서울을 출발하면 오전 11시경에 포천 동쪽에 있는 청계산에 도착할 수 있다. 비교적 산세가 가파르지 않은 청계산에서의 가벼운 산행을 즐긴 다음 오후 1시에 백운동계곡이나 약사동계곡에서 휴식을 취한다. 오후 3시경에는 국내 최고의 중탄산나트륨 온천으로 대온천탕, 유수풀, 바데풀 등 시설이 잘 갖춰진 신북온천 환타지움에서 온천욕과 사우나로 피로를 푼 후 오후 6시경에 풍혈산 순두부촌에서 100% 우리콩과 천연 간수로 만든 순두부로 마무리하는 건강을 찾아가는 일정이다.

축제 및 행사 정보
포천에서는 매년 정월대보름이면 〈정월대보름 맞이 한마당잔치〉가 크게 열린다. 전통놀이, 대동굿, 강강술래 등으로 흥겨운 놀이마당을 만들어 가고 지신밟기, 달집태우기, 횃대사르기, 연날리기 등 전통행사도 벌인다.

여행 문의처
- 허브아일랜드 : 535-6494
- 신북온천 : 535-6700

'문만 나서면 어느새 바다'
푸른 낭만을 찾아 나서는

바다여행

**서해의 새벽을 깨우는 사람들,
풍성한 '바다 먹을거리' 가 있는 곳**
>>> 연안부두와 해수탕

이번 주말 좋은 사람들과 바닷가에서 회 한 접시 어때요?
>>> 소래포구와 해양생태공원

섬 아닌 섬으로 향하는 배에 낭만을 함께 실어보자
>>> 월미도에서 용유도까지

**"바다를 달려 아름다운 섬으로"
가족들과 백색 스크린 속으로 풍덩**
>>> 무의도와 실미도

낙조의 아름다움을 감상하며 갈매기와 데이트를 즐긴다
>>> 강화 외포리와 석모도 보문사

**일상과 다리 하나만큼의 거리를 두고
바다를 즐기는 여행지**
>>> 제부도와 대부도

서해의 새벽을 깨우는 사람들, 풍성한 '바다 먹을거리'가 있는 곳

연안부두와 해수탕

인천의 여러 명소 가운데 인천의 독특한 분위기를 가장 잘 지니고 있는 곳은 어디일까? 남저음(男低音) 뱃고동 소리를 가까이서 들을 수 있는 부두가 있고, 싱싱한 바다의 향기를 가득 담고 있는 어시장이 있어 항구도시의 전형적인 풍광을 볼 수 있는 〈연안부두〉가 아닐까?

연안부두에는 서해 여러 섬으로 떠나는 배들이 있는 터미널과 언제든지 바다낚시를 떠날 수 있는 남항부두가 있다. 인천의 새로운 명소로 등장한 해수탕과 갓 잡아 올린 생선을 회로 맛볼 수 있는 종합어시장이 있어 연인이나 가족들이 함께 다녀오기 좋은 여행지다.

연안부두나들이의 첫 기착지는 〈남항부두〉. 이곳은 인천 부근 섬이나 바다로 바다낚시를 떠나는 집합장소다. 인천 앞바다 일대는 황금어장이라는 찬사가 부끄럽지 않은 바다낚시 천국인데 포인트는 덕적도와 풍도, 승봉도, 자월도, 이작도, 육도, 삼도, 창서, 부도, 장안서, 백암, 영흥도를 모두 아우른다. 바다낚시를 나가는 것은 물론 해상 세미나와 캠프장소를 제공하거나 해양레포츠를 알선하는 등 여러 가지 목적으로 선박을 빌려주기도 한다.

해수에는 100여 가지가 넘는 미네랄이 함유되어 있어 오래 전부터 사람들은 해수욕으로 질병을 예방하고 건강을 되찾았다. 연안부두의 명물로 등장한 해수탕은 지하 200m 암반층에서 바닷물과 거의 성분이 비슷한 무공해 지하수를 끌어올려 목욕물로 쓴다. 이 물은 각종 미네랄이 많고 염분 농도가 높아 몸 안의 노폐물을 이끌어 내는 삼투압작용이 잘 되는 장점이 있다.

▼ 연안부두는 가족나들이 명소다.

▲ 해양광장에 서면 항구로 들어오는 배 위에 서 있는 느낌이다.

    이들 해수탕들은 허브탕, 인삼탕, 다시마탕, 쑥탕, 솔잎탕, 커피탕, 옥돌사우나, 참숯사우나 등 특색 있는 시설을 만들어 놓아 주말에 수도권 시민들이 많이 찾아온다. 이곳에 있는 해수탕은 남해목욕탕(032-884-0008) 대양해수탕(032-888-8383) 명진해수탕(032-883-0758) 서해목욕탕(032-883-3029) 씨월드해수탕(032-256-2008) 우남해수탕(032-888-2990) 월미도해수탕(032-761-1091) 유림해수온천탕(032-882-2161) 융창씨랜드(032-888-5105) 해수피아(032-886-4364) 등으로 영업시간은 보통 새벽 5시부터 오후 8시까지이지만 휴업일은 업소마다 다르므로 미리 전화로 확인하는 것이 좋다.

    연안부두나들이의 종착지인 연안부두에는 종합어시장이 있어 이곳을 찾는 관광객들에게 풍성한 바다 먹을거리를 제공한다. 인천에서 가장 저렴한 가격으로 가장 맛있는 회를 맛볼 수 있는 곳으로 알려진 횟집거리는 종합어시장을 비롯하여 국제여객터미널 앞길의 크고 작은 횟집, 최근 연안부두 입구에 문을 연 연안회프라자 등으로 이루어져 있다. 특히 종합어시장은 점포만 500여 곳, 이곳에서 일하는 사람만도 1천여 명이나 된다.

또한 연안부두는 인근해로 떠나는 출발지로서 노래제목에도 연안부두라는 가사가 있을 정도로 정겨운 곳이다. 연안부두에 있는 해양광장은 바다를 바라보고 있기에 가장 좋은 명당이다. 광장 바로 앞에는 수십 척의 배가 정박해 있어 가고 오는 배를 배웅하고 마중도 나갈 수 있다. 저녁 무렵에 거대한 범선의 갑판처럼 쪽마루를 깔아놓은 해양광장을 찾게 되면 서해 낙조를 뒤로하고 항구로 들어오는 배위에 서 있는 듯한 상상에 빠지게 된다.

▲ 항구도시의 전형적인 풍광을 볼 수 있는 연안부두.

 ### 인천 앞바다에서 유람선의 낭만을

연안부두는 서해5도로 가는 뱃길이 열리는 곳이라 구경삼아 연안부두를 찾았던 사람들은 배를 타고픈 욕심을 가지게 된다. 이럴 때 연안부두에서 출발하는 유람선을 타보는 것도 좋을 듯하다. 해양광장 바로 옆에 있는 유람선 부두는 1995년까지 여객터미널이 있었던 곳이다. 이곳을 출발한 현대유람선은 인천항 갑문–영종도–외항선 정박지–팔미도 근해–LNG기지–송도 앞바다를 돌아 연안부두로 돌아오는데 총소요 시간은 1시간 정도다. 평일에는 오후 1시 30분부터 오후 6시까지, 일요일에는 오전 11시부터 오후 6시까지 운행되며 요금은 어른 7,000원, 어린이 3,500원이다(문의 현대유람선, 032-882-5555).

드라이브

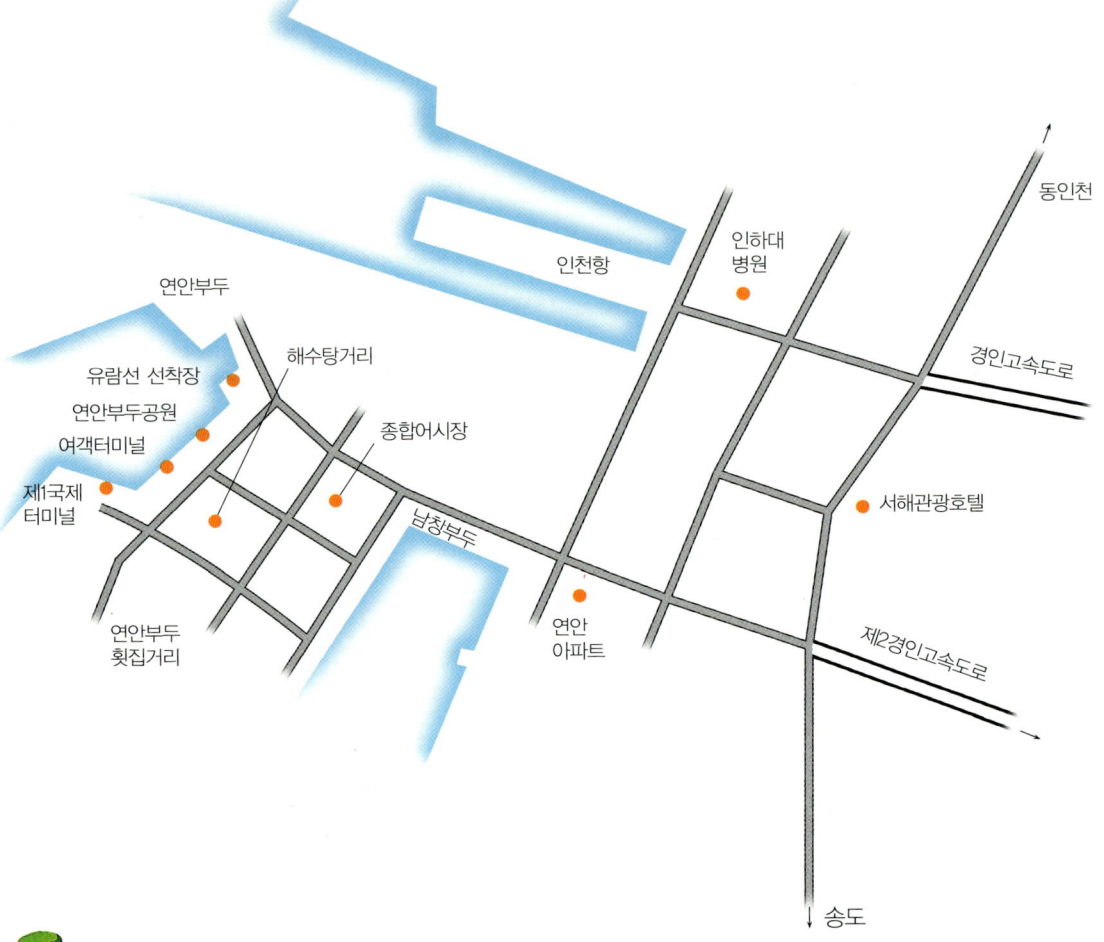

드라이브 메모

◤ 경인고속도로를 이용하는 경우는 종점에서 직진을 계속해 인천항 입구까지 온 후 좌회전하여 한 블록을 달린 다음 다시 우회전한다. 제2경인고속도로는 종점에서 나와 직진을 계속하면 된다.

◤ 남항부두를 왼편에 두고 직진을 계속하면 연안부두 유람선 선착장에 이르게 되는데 이곳에서 좌회전하면 연안부두 공원과 여객터미널을 차례대로 만나게 된다.

◤ 공원에서의 여유 있는 시간을 보내려면 여객터미널 유료 주차장을 이용하는 것이 좋다.

◤ 연안부두의 명물 종합어시장이나 해수탕 거리에는 주차장이 있기는 하지만 넉넉지 않아 이용하기 불편하다. 여객터미널 주차장을 활용하는 지혜가 필요하다.

여행정보

지역번호 032

🍴 맛집

인천 연근해에서 잡아 온 생선이나 해산물이 바로 상에 오르는 연안부두의 횟집은 언제나 싱싱한 맛을 자랑한다. 회무침이나 회덮밥 등 간단한 먹거리부터 수십 가지 밑반찬이 나오는 회정식까지 다양한 요리를 맛볼 수 있는 곳이 바로 연안부두다.

강화횟집(중구 항동7가, 883-2073) 명성횟집(중구 항동7가, 884-0840) 제물포횟집(중구 항동7가, 882-7572) 전라도횟집(중구 항동7가, 883-9091) 샘물횟집(중구 항동7가, 883-0977) 우리횟집(중구 항동7가, 883-1658) 성은횟집(중구 항동7가, 884-0393)

인천시가 추천하는 '맛이 있는 집'

다복집식당(서대매운탕, 887-4488) 금산식당(밴댕이회·회무침, 884-1324) 선미정(삼족탕, 764-9150) 삼강(설렁탕, 772-7885) 신포숯불갈비(돼지갈비, 762-8586)

🏨 숙박 정보

파라다이스 올림포스호텔(중구 항동1가, 762-5181) 서해호텔(남구 용현동, 815-9981) 유림장여관 (중구 항동7가, 882-2164) 우성여관(중구 사동, 763-4236) 로즈모텔(중구 항동7가, 882-6900)

🌊 연계 관광 정보

동인천에서 연안부두로 가는 길목에 있는 남항에는 바다낚시를 즐기는 사람들을 위해 배를 빌려주는 곳이 많다. 한 번 출조하는데 한 사람당 5만 원 정도 한다. 이 밖에도 해상 세미나를 하거나 캠프, 해양 스포츠 등을 위해 배를 빌려주기도 한다. 배를 빌려주는 곳은 연안(888-2350) 태원(887-8877) 백마피닉스(887-8181) 국제(888-7977) 현대유선(885-0001~3) 호진(888-0181~2) 남항유선(883-6627~8) 신나라(882-0141) 인천(881-0156) 해성유선(888-1998) 등이다.

이용 가능 시간은 새벽 5시부터 일몰 때까지.

🎉 축제 및 행사 정보

바다와 섬을 끼고 있는 인천에서는 예로부터 만선을 기원하는 풍어제가 이어졌다. 바다에서 일하는 사람들의 안녕과 순조로운 어로 작업을 기원하는 〈서해안 풍어제〉는 1년에 두 차례씩 월미도와 연안부두 일대에서 배연신굿과 대동굿으로 치러진다.

❓ 여행 문의처

- 인천시청 관광진흥과 : 427-0095
- 인천시 중구 개발과 : 760-7520
- 인천시 관광협회 : 884-4590
- 인천종합 관광안내소 : 777-1330
- 인천국제1여객터미널 관광안내소 : 891-2030
- 청송관광(시티투어버스) : 469-6060

이번 주말 좋은 사람들과 바닷가에서 회 한 접시 어때요?

소래포구와 해양생태공원

낭만의 협궤열차가 다닐 때도 명소였던 〈소래포구〉는 수도권지역에서 유일하게 남아 있는 재래어시장으로 쉽게 바다의 정취를 접할 수 있는 관광명소다. 주말만 되면 바다의 맛을 즐기러 소래를 찾아오는 사람들로 인해 항상 들썩들썩하다.

▲ 배가 들어오는 포구쪽 선착장은 노천식당으로 변한다.

소래에서는 추젓, 육젓, 꼴뚜기젓 등 다양하고 싱싱한 젓갈을 싸게 살 수 있으며, 김장철에는 생새우 판이 벌어진다. 노점횟집들이 100여 곳 정도 있어 즉석에서 회를 떠주는 등 다양한 먹을거리를 즐길 수 있다.

주말이면 많은 사람들이 몰려와 마을축제라도 열린 것 같은 소래포구는 10미터는 됨직한 제법 넓은 골목을 끼고 40여 곳의 횟집들이 늘어서 있다. 그 길로 똑바로 걸어가면 막다른 길 끝이 수협공판장으로, 어민들이 갓 잡아 온 생선을 상인들에게 공매로 넘기는 곳이다. 하루 두어 차례 배가 들어올 때마다 공매인들과 상인들 간의 치열한 눈치싸움이 벌어진다. 때를 잘 맞추면 특이한 목소리와 표정이 난무하는 진기한 광경을 목격할 수 있다.

공판장 바로 오른쪽 수협직매장 옆으로 난 통로가 포구로 통하는 길이다. 이곳에 서면 세 갈래 길이 보인다. 포구 쪽은 즉석에서 떠온 회를 먹는 노천식당으로 변한다. 가장 오른쪽 골목이 젓갈을 파는 곳이다. 산봉우리처럼 수북하게 쌓아놓은 새우젓이 백열등 조명을 받아 반짝반짝 빛을 내고 있다. 추젓, 육젓, 꼴뚜기젓 등 갖은 젓갈도 커다란 드럼통에 푸짐하게 놓여 있다. 이 골목 안에 젓갈만 파는 집이 모두 80여 곳. 가운데 골목에는 노점횟집들이 100여 곳 자리 잡

▲ 주말이면 시골장터 같은 들뜬 분위기로 변하는 소래포구.

고 있다.

　　유명한 소래철교를 건너려면 가장 왼쪽 길을 선택해 중간쯤 가다 오른쪽으로 있는 철교 아래 골목으로 가야 한다. 예전엔 '꼬마열차'란 애칭으로 불리던 협궤열차가 다니던 수인선(水仁線)이었지만 지금은 철교를 건너려는 연인들이나 시흥시 월곶으로 가는 사람들만 이용한다. 소래의 성수기는 6, 9, 11월이다. 이때도 물때를 잘 맞춰야 싱싱한 생선회를 맛볼 수 있다. 매월 음력 보름 3일 전부터 3일 후까지, 그믐 3일 전부터 3일 후까지가 적당하다.

　　소래포구나들이 다음 코스는 〈해양 생태 공원〉. 소래포구 입구에서 농로를 따라 1.3km 정도 떨어진 곳에 있는 해양생태공원은 아직도 염전의 모습을 그대로 간직하고 있어 학생들의 체험학습장으로 이용되고 있다.

　　소래포구로 들어오는 좁은 길이 다시 넓어지기 시작하는 풍림아파트 앞에 차를 세우고 아파트 단지 뒤쪽으로 나 있는 농로를 따라 걸어가면 〈해양생태공원〉에 들를 수 있다. 바다 습지가 잘 보존되어 있는 해양생태공원에서는 갯벌에 맨발로 들어가 개흙의 촉감을 느낄 수 있으며 소금채취과정에서 학생들이 직접 가래질을 하며 소금을 긁어모으는 색다른 경험을 할 수도 있다.

　　해양생태공원은 총넓이가 약 350만㎡에 이르는데 이 가운데 폐염전을 중심으로 66만㎡가 1999년 6월 개장되었다. 이 공원에는 생태전시관과 자연학습장,

염전학습장, 갯벌체험장, 담수연못, 조류관측소 등의 시설이 들어서 있다. 주차장과 화장실, 매점, 벤치, 파고라 등의 편의시설, 팔각정으로 된 휴게시설도 갖추고 있다. 공원 입구에서 생태학습장으로 가는 길에는 보리밭이 있고 유채꽃과 갈대가 자라고 있는데, 군데군데 소금창고와 폐염전도 남아 있다.

생태전시관은 염전창고를 개조해 만든 것으로 벌노랑이, 해당화 등 식물의 사진과 소금작업 광경, 소래포구의 사진 등이 전시되어 있다. 전시관 근처에 마련된 자연학습장에서는 생태공원의 식생과 염전에 관한 영상교육을 실시한다. 또 염전학습장에서는 하루 400~1,200kg의 소금을 직접 생산하고 있어 소금이 만들어지는 과정을 생생하게 관찰할 수 있다. 염전학습장 곁에는 맨발로 게와 조개 등 살아있는 생명체를 관찰할 수 있는 갯벌체험장도 마련되어 있다.

열차의 낭만을 추억하는 '소래철교'

1930년대에 전국에서 가장 큰 염전이 들어서면서 소금을 실어 나르는 협궤열차가 개통되고 소래포구도 덩달아 발전했다. 지금은 철도가 모두 철거되고 유일하게 소래포구를 가로지르는 소래철교만 남아 추억을 되살려주고 있다.

이 철교를 이용해 바다를 건너는 것은 소래포구를 찾는 사람들의 또 다른 즐거움이다. 소금과 쌀을 실어 나르는 수인선 열차가 다니던 이 철교는 폭이 2.5m, 길이가 120m이지만 사람들이 몰려오는 주말이면 철교 위는 발 디딜 틈 없이 빽빽하다. 건너가는 사람과 되돌아오는 사람들로 장관을 이루고 있는 이 다리를 건너는 것만으로도 즐거운 나들이가 된다.

드라이브

드라이브 메모

제2경인고속도로 남동나들목를 이용하는 것이 가장 편하다.

남동 나들목을 나온 후 남동공단 방향으로 1km 정도 달리면 만나게 되는 사거리에서 좌회전, 700m 가량 더 달리면 도림초등학교에 닿는다.

이곳에서 우회전해 2차선 좁은 1.2km 달리면 소래포구로 들어가는 삼거리에 이른다.

소래포구는 막다른 길이므로 이 삼거리에서 우회전해 1.5km 더 가면 소래어시장에 도착하게 된다.

대중 교통 정보

제물포역에서 21번 시내버스를 타고 수신파출소 앞에서 하차(배차간격은 약 15분 간격)한 후 걸어서 1.3km 정도 가면 해양생태공원을 찾을 수 있다. 이곳에서 소래포구로 가려면 수신파출소 앞에서 21번 시내버스를 타면 된다.

여행정보

지역번호 032

🍴 맛집

소래의 대표적인 먹을거리는 역시 해물이다. 좌판 가득한 꽃게, 주꾸미, 낙지, 개불 등 이곳 해물은 신선도가 높다.

소래의 특징은 분업이 확실히 이뤄지고 있다는 점. 좌판에서는 해물을 팔고 '양념집'으로 불리는 식당에서는 요리를 해 준다. 때문에 보통 횟집에서 먹는 것보다 절반 정도 싸다. 물때나 해물에 관한 자세한 정보는 소래포구 상인회(446-7536)에서 얻을 수 있다. 소래포구의 특징은 해산물을 골라 손질해서 구입한 후 바닷가 선창으로 나와 신문지를 깔고 앉아 먹는 길거리 회를 즐기는 것이다.

시장과 포구의 맛집

시장 안 횟집으로는 이화횟집(446-5136) 소래포구횟집(446-3553) 동도회센터(446-9933) 영철이네(446-8518) 등이 있다.

소래포구에서 가까운 남동구의 맛집은 송원식당(한식, 432-6948) 해월토장집(토속한식, 467-6221) 아람공원(한식, 466-5030) 간석회관(한식, 428-3356) 수림공원가든(한식, 424-4444) 등이 있다.

🛏 숙박 정보

수봉관광호텔(868-6611) 뉴스타모텔(435-9982) 유토피아(434-4351) 에머랄드모텔(433-6660) 아비숑(431-3330)

🌊 축제 및 행사 정보

수도권 유일의 재래어시장이 있는 소래포구에서는 소래포구와 해양생태공원을 배경으로 축제 한마당이 펼쳐진다. 소래포구 퍼레이드, 풍어제 및 축하공연 등으로 축제를 시작해 퓨전 난타, 시민노래자랑, 소래포구 아줌마 선발대회, 소래역사 전시회, 소래포구 특산품 전시와 함께 수산물 난전거리가 질펀하게 벌어진다(문의 453-2103).

❓ 여행 문의처

- 인천시청 관광진흥과 : 427-0095
- 인천시 중구 개발과 : 760-7520
- 인천시 관광협회 : 884-4590
- 인천종합 관광안내소 : 777-1330
- 청송관광(시티투어버스) : 469-6060
- 인천광역시 남동구 문화공보실 : 453-2103
- 해양생태공원 : 453-2962

섬 아닌 섬으로 향하는 배에
낭만을 함께 실어보자

월미도에서 용유도까지

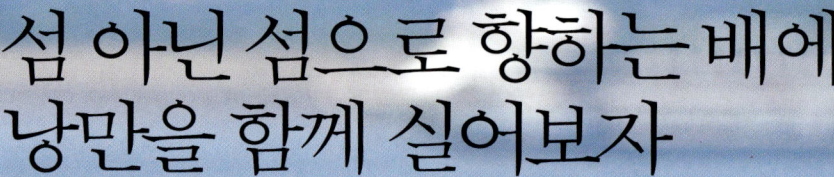

용 유도는 이제 섬 아닌 섬이 되었다. 인천국제공항이 문을 열면서 영종도와 삼목도, 용유도가 모두 연결되었고 최근에는 관광단지로 개발되는 프로젝트까지 발표돼 수도권의 소문난 관광지로 변할 것으로 보인다.

영종대교 개통 덕분에 자동차로 쉽게 접근할 수 있는 용유도이지만 아무래도 섬여행은 배를 타고 가는 것이 어울린다. 배편을 이용한 용유도여행의 출발지는 월미도. 육지와 연결된 월미도는 시민의 휴식처와 문화공간이 조성되면서 섬 서쪽 방파제를 따라 문화의 거리도 생겼다.

<월미도>는 섬의 생김새가 반달의 꼬리를 닮아 월미도(月尾島)라 불린다. 원래 이 섬은 인천 앞바다 약 1km 거리에 떠 있는 둘레 4km의 섬이었으나 1905년 일본군이 이곳에 병참기지를 건설하기 위해 제방에 도로를 만들면서 육지와 연결된 것으로 전해진다. 때문에 지금은 이름만 섬일 뿐 육지와 다름없다.

영종도행 여객터미널에서 시작되는 문화의 거리는 만남교환의 광장, 문화예술의 광장, 연출의 광장, 풍물의 광장 등 네 구간으로 나누어져 있으며 방파제 도로변에는 이국적인 모습의 카페와 횟집이 늘어서 있어 낭만적이고 생동감 넘치는 분위기를 자아내고 있다.

이런 독특한 분위기와 함께 시원스레 펼쳐진 바다를 바라보며 너른 광장을 아무 생각 없이 걷노라면 '쌍고동이 울어대는 이별의 인천항구 / 갈매기도 슬피 우는 이별의 인천항구 / 항구마다 울고 가는 마도로스 사랑인가 / 정들자 이별의 고동소리 목메어 운다'는 노랫말이 새겨진 '이별의 인천항구'란 노래비를 만나게 된다.

▲ 을왕리해변은 항상 젊음이 넘쳐 흐른다.

월미도에는 작약도와 영종도, 팔미도 근해를 돌아오는 해양관광유람선이 운항되고 있어 바다의 정취를 만끽할 수 있다. 관광유람선 가운데 대표적인 것은 코스모스 관광유람선. 월미도에서 출항하여 인천항 갑문, 연안부두를 지나 팔미도 근해에서 회항하여 무의도, 용유도, 영종도와 인천국제공항을 뒤로하고 경인에너지와 연육교 앞에서 다시 돌아 작약도를 경유하는 1시간 소요의 운항코스다.

월미도에서 영종도로 건너오면 용유도와 갯벌 해안도로로 연결된 연륙도를 쉽게 찾을 수 있는데 이 길 끝까지 달려오면 섬 분위기가 물씬 풍기는 해변을 만날 수 있다. 을왕리로 가는 도로가 해변의 울창한 송림을 통과하고 있어 드라이브를 즐기기 적당하

▲ 언제나 생기가 넘쳐나는 월미도유원지.

다. 송림 우거진 모래언덕에는 조개구이와 회를 즐길 수 있는 음식점이 즐비, 낙조 아래서 한가로이 술잔을 기울이기 좋다.

을왕리로 가는 길목에서 들를 수 있는 곳은 선녀바위 유원지. 이곳의 경관은 '경치가 아름다워 선녀들이 내려와 놀곤 했다' 는 이름의 유래에서 짐작할 수 있다. 바위의 절경을 감상하는 것뿐 아니라 갯벌체험도 할 수 있어 일석이조의 효과를 누릴 수 있는 곳이다.

넓은 백사장과 송림들로 둘러싸여 뛰어난 조건을 지니고 있는 〈을왕리해수욕장〉은 초승달처럼 반원을 이룬 백사장이 유명하다. 썰물 때면 200m 폭으로 드

러나고 평균 깊이가 1.5m 정도로 완만한 경사를 이루고 있어 가족단위로 찾기에 적당하다. 만약 해수욕을 즐길 수 없는 계절에 을왕리를 찾게 된다면 해수욕장 한 귀퉁이에서 제트스키, 바나나보트, 파워보트를 고려해 볼만하다.

한여름에 북적거리는 피서지보다 한가한 어촌풍경을 즐기기를 원한다면 을왕리해수욕장에서 5분 거리인 〈왕산해수욕장〉을 찾는 것이 좋다. 옛날에 '왕이 살았다' 고 해 왕산이라는 지명이 생긴 이곳은 개발의 손이 미치지 않고 관광객의 발길이 뜸해 천연의 경관들을 그대로 간직하고 있다. 을왕리의 2배나 되는 넓은 해변과 천연 백사장의 깨끗함은 어떤 해수욕장과 비교해도 손색이 없다. 바위 사이사이의 모래밭과 울창한 산림에서의 소풍을 즐길 수 있으며, 저녁에는 낙조의 아름다움도 감상할 수 있다.

▲ 을왕리의 일몰은 언제나 아름답다.

차로 떠나는 영종도나들이

셔틀버스처럼 자주 오가는 월미도-영종도간의 카페리를 이용하면 월미도와 용유도를 자동차로 돌아볼 수 있다. 월미도를 출발한 카페리 용주호는 10분 정도 지나면 구읍선착장에 도착해 사람들과 자동차를 한꺼번에 토해낸다. 100여 대의 자동차를 실을 수 있는 카페리는 영종도 국제공항으로 가는 차들로 항상 만원이다(문의 용주해운, 032-762-8880~2). 영종도에서 남쪽 해안도로를 따라 달리면 해양탐구학습장, 해수피아를 지나게 되고 남측 방조제를 지나면 용유도 입구의 거잠포해변에 이른다. 만약 용유도 안쪽 을왕리까지 다녀오기에 시간이 부족한 경우 일몰이 아름답기로 소문난 마시란해변에서 시간을 보내는 것도 좋을 듯하다. 마시란해변은 송림이 울창하고 자동차를 바닷가 근처에 세워둘 수 있는 모래 둔덕이 있어 오토캠프의 최적지이다.

드라이브

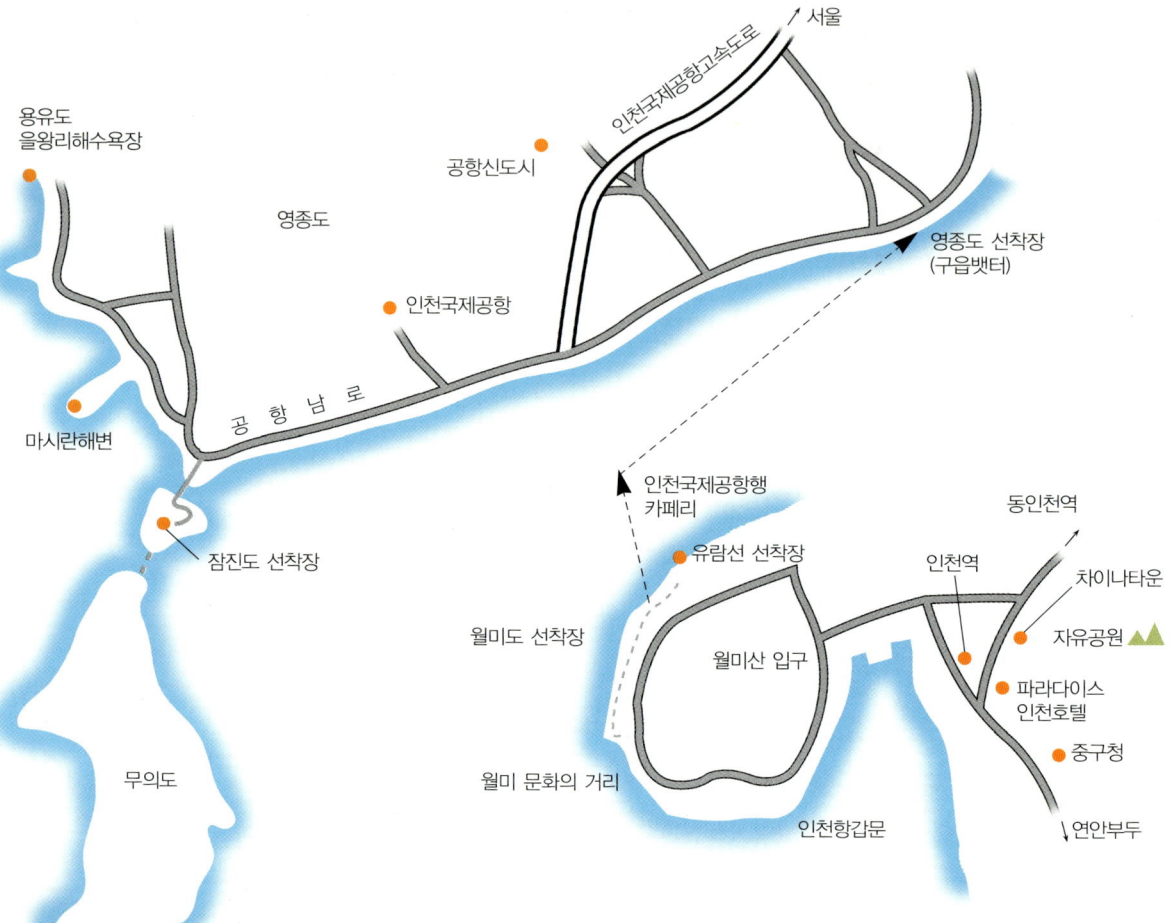

드라이브 메모
경인고속도로 종점에서 직진하여 해운항만청 사거리에서 우회전한 다음 신광초등학교 사거리에서 좌회전한 후 인천역에서 좌회전하면 월미도에 도착하게 된다.
선착장에서 영종도행 배편을 이용하여 영종도 구읍뱃터에 도착하면 공항남로를 이용해 마시란해변과 용유도 을왕리해수욕장을 찾을 수 있다.

대중 교통 정보
경인전철 종착역인 인천역 광장에서 2, 15, 23, 45번 시내버스를 타고 종점에서 내리면 월미도를 쉽게 찾을 수 있다.
인천국제공항에서는 영종도 선착장까지 가는 시내버스를 타고 온 후 카페리를 이용하면 된다.

여행 정보

지역번호 032

🍴 맛집

생기 넘치는 거리가 내려다보이는 곳에서 싱싱한 바다를 즐기는 신선함이 월미도에는 있다. 제철에 나는 활어회를 내는 횟집에서 즐거운 한때를 만들어 보자. 사랑하는 사람과 데이트를 즐긴다면 바다의 낭만이 가득한 레스토랑에서 둘만의 시간을 갖는 것도 좋을 듯하다.
남태평양횟집(764-2500) 월미도횟집(761-1116) 제주회마을(765-1999) 해저횟집(761-1232) 호남광주횟집(764-8722) 삐아니노(경양식, 762-3789) 하바나(카페, 766-7668) 헤밍웨이(카페, 763-0409)

🏨 숙박 정보

퀸 인천 에어포트호텔(중구 운서동, 747-0070) 에어파크호텔(중구 운서동, 752-2009) 뉴에어포트 호텔(중구 운서동, 752-2066) 해변리조텔(중구 덕교동, 011-9001-4349) 게스트하우스코리아(중구 을왕동, 747-1872) 영종장(중구 중산동, 886-0144) 남포여관(중구 을왕동, 889-3394) 용유출장소(중구 을왕동, 886-3616) 뉴스타모텔(중구 북성동, 764-6353) 상제리제모텔(중구 북성동, 773-9955)

🌊 연계 관광 정보

월미도에 가면 갈매기와 함께 바다 산책을 할 수 있는 유람선을 즐길 수 있다. 월미도에서 출발하는 1천5백톤급 유람선 코스모스호와 하모니호는 국내 최초의 식당 관광유람선으로 오전 11시부터 오후 6시까지 1시간 간격으로 교대로 출항한다.
인천항갑문-연안부두-팔미도 부근에서 회항-무의도-용유도-영종도-인천공항-경인에너지-영종대교-작약도-월미도코스를 1시간 20분 정도 운항한다.
저녁 6시에 출항하는 유람선에 승선하면 노을이 물드는 아름다운 인천 바다를 감상할 수 있다. 요금은 어른 13,000원, 어린이 7,000원(문의 764-1711).

🎉 축제 및 행사 정보

매년 4월이나 5월이면 월미도 문화거리에서는 〈월미축제〉가 열린다. 풍물 길놀이 축제를 시작으로 재즈 공연, 거리퍼포먼스, 용춤, 사자춤, 록페스티발 등 다양한 문화 행사가 펼쳐진다. 축제가 무르익는 저녁 무렵이면 월미도 앞바다에서는 해상 불꽃놀이가 벌어지고 댄스공연과 멀티큐브 상영 등 젊은이들에게 인기 있는 행사들이 쉴 새 없이 이어진다(문의 760-7133).

❓ 여행 문의처

- 인천시청 관광진흥과 : 427-0095
- 인천시 중구 개발과 : 760-7520
- 인천시 관광협회 : 884-4590
- 인천종합 관광안내소 : 777-1330
- 월미도 관광안내소 : 756-4169
- 여객(인천-영종(용유)) 문의 : 762-8880~2
- 유람선(코스모스·하모니) 문의 : 764-1171

"바다를 달려 아름다운 섬으로"
가족들과 백색 스크린 속으로 풍덩

무의도와 실미도

이 섬은 해송과 은빛 모래 반짝이는 해변이 아름답기로 소문난 곳이다. 안개가 많이 낀 날 어부들이 이 섬을 지나다 보면, 섬 모양이 '말을 탄 장군이 옷깃을 휘날리며 달리는 형상'이나 '무희(舞姬)의 아름다운 춤사위 같아 보인다' 하여 무의도(舞衣島)라 불렀다고 한다.

〈무의도〉는 드라마 《천국의 계단》이나 영화 《실미도》의 촬영지로 알려지면서 관광객이 점차 늘어나고 있다. 무의도를 찾은 관광객들은 해수욕과 바다낚시, 바다를 내려다보며 즐기는 섬 산행을 즐길 수 있어 지루하지 않은 휴일을 보낼 수 있다. 특히 여름에는 하나개해수욕장과 실미도해수욕장이 문을 열어 섬 바캉스를 즐길 수 있다.

자동차를 이용해 무의도를 찾았을 경우 실미도 입구에 있는 큰무리해수욕

▼ 섬 바캉스의 명소 무의도 하나개해수욕장.

▲ 서해바다에서 좀처럼 찾아보기 힘든 깨끗한 하나개해변 모래사장.

장을 먼저 만나게 된다. 썰물이 되면 실미도와 마주한 아담한 해수욕장이 되는 백사장과 그 뒤 소나무 숲 그늘은 텐트를 치고 놀기에 좋다. 이곳의 색다른 즐거움은 해수욕보다는 해송 숲길과 모래밭 산책이라고 할 수 있다.

썰물 때 걸어서 건널 수 있는 실미도는 1970년대 대북 특수부대요원의 훈련장으로 사용된 곳으로 지금은 무인도다. 2003년에 개봉되어 폭발적인 인기를 얻은 《실미도》는 684부대의 비극적인 실화를 그린 영화로 많은 장면들을 실미도에서 직접 촬영했다. 지금은 세트장이 모두 철거되어 흔적도 없지만 영화 장면 속에 등장했던 모래 언덕에서 사진을 찍는 사람들의 모습을 보면 어느새 영화 속 장면에 들어와 있는 듯하다.

섬 중간 서쪽에 자리 잡은 하나개해수욕장은 대표적인 피서지로 별난 체험을 많이 할 수 있는 곳이다. 1km 길이의 해변은 썰물 때면 갯벌이 100여 미터 넓이로 드러나는데 손으로 벌을 5cm 정도만 파면 흰 속살의 동죽조개가 입을 오므린 채 나타난다.

하나개해수욕장은 서해에서는 좀처럼 찾아볼 수 없는 넓고 푹신한 모래사장이 깔려 있고, 그 위에 네 개의 다리를 짚고 선 방갈로가 일렬로 늘어서 있어 이색적인 풍경을 연출해 낸다. 밀물 때 이 방갈로에서는 수상가옥의 색다른 느낌을 체험할 수 있다. 해수욕장의 한쪽 끝에는 기암괴석이 늘어서 있는데 이곳에서 망둥어 낚시를 즐길 수 있다. 낙조 또한 일품이다.

무의도는 등산을 즐길 수 있는 섬으로도 유명하다. 가장 일반적인 코스는 연안부두에서 오는 배의 첫 기착지인 샘꾸미 선착장에서 출발해 광명마을을 지나 등산로로 접어든다. 그리고 호룡곡산(248m)를 거쳐 구름다리를 지나 국사봉으로 향한다. 하산길은 국사봉(240m)에서 실미해수욕장이나 큰무리 마을로 향할 수 있다. 산행에 소요되는 시간은 2~3시간 정도지만 산이 높거나 험하지도 않아 가족끼리 오르기에 적당하다. 산행을 하면서 가끔 내려다보는 서해와 곳곳에 있는 원시림에 가까운 숲은 일품이다.

▲ 바다의 낭만이 가득한 하나개해변.

 ## 무의도의 새로운 백미, 섬 드라이브

예전에는 연안부두에서 떠나는 여객선을 이용해야 접근이 가능했던 무의도지만 지금은 이제 자동차로도 접근이 가능하다. 인천국제공항으로 가는 영종대교가 개통되면서 인천공항고속도로를 이용하면 섬 입구 잠진도 선착장까지 자동차로 갈 수 있다. 이곳에서 카페리에 차를 실으면 무의도 섬 드라이브도 즐길 수 있다.

영종대교를 건너 용유·무의 방향 해안고속도로를 달린 후 그 끝자락에서 무의도, 잠진도 방향으로 좌회전하면 잠진도 거잠포구 선착장에 이르게 되는데 이곳에서 차를 배에 싣고 10분 거리의 바다를 건너면 무의도 큰무리 선착장에 도착한다. 만약 주말을 이용해 무의도를 찾는다면 용유도에서 잠진도 선착장에 이르는 길이 좁아 정체 현상이 심하기 때문에 자동차보다는 인천 연안부두에서 떠나는 무의도행 배편을 이용하는 것이 좋다. 자동차로 무의도를 찾게 되면 잠진나루-큰무리 선착장-큰무리해수욕장-무의분교-샘꾸미 선착장 순으로 일정을 잡으면 큰 무리가 없다. 차를 타고 왔는데 섬 산행을 즐기고 싶다면 일반적인 산행코스와는 반대로 국사봉으로 오르는 입구에 산행 일행을 내려주고 자동차는 남쪽 호룡곡산 아래 약수터 입구에서 산행이 끝나기를 기다리면 시간을 절약할 수 있다.

드라이브

드라이브 메모

연안부두에서 무의도행 배편을 이용하는 것이 가장 간편하다. 그러나 인천공항이 들어서면서 자동차를 이용해 찾아갈 수 있다. 방법은 영종대교를 건너 용유·무의 방향 해안고속도로를 달린 후 그 끝자락에서 무의도, 잠진도 방향으로 좌회전하면 쉽게 잠진도 선착장에 이르게 된다.

선착장에서 차를 배에 싣고 10분 거리의 바다를 건너 내리면 무의도에 도착하게 된다.

대중 교통 정보

인천 연안부두에서 우리고속훼리(문의 887-2891)에서 운항하는 관광훼리호를 이용해 무의도 남단 샘꾸미 선착장으로 들어갈 수 있다.

서울 시청이나 명동에서 출발하는 공항버스 605번이나 605-1번 버스를 이용하면 인천공항에서 무의도 입구까지 무료 환승 서비스를 받을 수 있다.

인천공항에서 222번 잠진도행 버스를 이용할 수도 있다.

여행정보

지역번호 032

🍴 맛집

싱싱한 바다의 맛을 섬에서 맛보는 즐거움이 있다. 우럭매운탕이나 활어회를 주로 내는 횟집에서 즐거운 추억을 만들어 보자. 바다횟집(889-8666), 큰무리활어식당(889-5627).

🏠 숙박 정보

해수욕장에서는 텐트를 이용할 수 있다. 야영비는 처음 설치할 때 10,000원. 실미해수욕장에서는 민박(752-3636)을 할 수 있으며 하나개해수욕장에서도 민박(751-8866/8833)이 가능하다. 무의도 하얀펜션(751-9933~4)도 이용할 수 있다.

🚢 연계 관광 정보

인천시에서는 '바다를 달려 아름다운 섬

으로'라는 테마로 연계코스를 개발해 홍보하고 있다. 인천 연안부두에서 배편으로 1시간 거리의 무의도를 찾은 후 다시 무의도 큰무리 선착장에서 배편으로 10분 거리에 있는 용유도를 찾는다.
용유도의 거잠포해변과 마시란해변에서 갯벌 체험을 하고 영종도 해양탐구학습장을 거쳐 영종선착장 구읍뱃터에서 연안부두로 돌아오는 시계방향 코스를 추천할만 하다.

산행 정보

샘꾸미 선착장(안내판 있음, 40분)-호룡곡산(40분)-약수터(20분)-하나개해수욕장 입구(50분)-국사봉(30분)-큰무리 선착장 (총소요 시간 약 3시간)

🎪 축제 및 행사 정보

9월에는 실미해수욕장에서 10월에는 하나개해수욕장에서 〈한그물 맨손 고기잡이대

회〉가 열린다. 바다 중간에 커다란 그물을 설치해 두면 썰물이 되어 물이 빠질 때 물고기들이 갯벌에 남게 된다. 적당히 물이 빠졌을 때 기다리던 사람들이 물위를 달려가 얕은 물속에서 파닥거리는 커다란 물고기들을 손으로 잡는 행사로, 참가비를 지참해야 하고 준비물은 운동화와 장갑 정도다.

❓ 여행 문의처

- 인천시청 관광진흥과 : 427-0095
- 인천시 중구 개발과 : 760-7520
- 인천시 관광협회 : 884-4590
- 인천종합 관광안내소 : 777-1330
- 인천국제1여객터미널
  관광안내소 : 891-2030
- 우리고속훼리 : 887-2891~5
- 용유출장소 무의지소 : 889-3444

낙조의 아름다움을 감상하며 갈매기와 데이트를 즐긴다

강화 외포리와 석모도 보문사

역사와 풍물, 그리고 다양한 볼거리가 있는 강화도는 가족나들이에서 즐겁고 보람 있는 한때를 보내기 적당한 곳이다. 건국 신화가 있는 마니산이 있어 '개국(開國)의 성역(聖域)'이라 불리는 강화는 구석기 유물부터 고려의 유적과 근대사의 치욕스런 흔적까지 고스란히 남아 있어 마치 거대한 박물관 같다.

이렇듯 강화도는 유서 깊은 섬이기도 하지만 섬을 가로지르는 다양한 코스와 섬을 감싸 안는 해안도로가 있어 섬 드라이브의 명소이기도 하다. 산길과 바닷길, 그리고 시원스레 뻗어 있는 들판을 달리다보면 어느새 포구에 이르러 색다른 풍경들을 접하게 된다.

김포에서 강화대교를 건너 읍내에 도착하면 강화산성에 갇히는 느낌을 받게 된다. 강화읍에 들르게 되면 가장 많이 찾는 곳이 강화성 북문과 고려궁터다. 강화읍내를 내려다볼 수 있는 북문과 고려궁터를 다녀와 서문으로 나간 다음 48번 국도를 따라 5.1km 더 가면 지석묘 입구다.

하점면에 있는 〈지석묘〉는 강화도에서 가장 큰 고인돌로 두 장의 지석 위에 올려진 개석(蓋石)은 길이가 7.1m, 너비가 5.5m나 된다. 입구에 장승 한 쌍이 서 있어 쉽게 찾을 수 있다. 지석묘에서 서쪽으로 1.1km 달리면 5층석탑 입구에 닿는다. 봉은사 옛터에 있는 이 탑은 오래 전에 쓰러진 것을 1960년에 보수해 재건한

▼ 고려궁터에서 내려다 본 강화읍 풍경.

▲ 창후리 포구에서 건너다 본 석모도.

▶ 질 좋은 소금이 생산되는 석모도 삼량염전

것이다.

　5층석탑에서 외포리를 가려면 북서쪽으로 차를 계속 달려 새말에 닿은 다음 이곳에서 좌회전해 뒷물과 내가리를 거쳐야 된다. 새말에서 외포리에 이르는 8.4km는 노면상태가 좋고 알맞은 커브와 직선도로가 섞여있어 드라이브의 즐거움을 만끽할 수 있는 코스다.

　외포리는 강화읍에서 섬을 서쪽으로 가로지르는 곳에 있는 자그마한 포구이다. 가을에 외포리에 가면 김장용 젓갈인 추젓을 구할 수 있어 주부들의 알뜰 쇼핑을 겸할 수 있다. 넘어지면 코 닿을 거리에 있는 석모도는 카페리로 10분 정도면 건널 수 있는데 석모도 뱃길에서는 갈매기와의 데이트를 즐길 수도 있다.

　강화섬과 석모도 사이를 잇는 외포리 선창가에서 카페리를 타면 갈매기들이 배의 뒷전을 따라온다. 짧은 뱃길이지만 새우깡 한 봉지만 준비하면 갈매기들과 데이트를 즐길 수 있다. 혹시 마음이 내키고 시간이 허락되면 서해 낙조로 유명한 보문사까지 다녀와도 된다.

석모도는 신라시대 때 창건된 보문사가 있어 불교신도와 관광객들이 제법 많이 찾는 곳이다. 석모도 선착장에서 25리 (10km) 정도 떨어져 있는 낙가산(327m) 중턱에 곱게 자리 잡고 있는 절로 하루 공양미가 네댓 가마나 될 정도로 신도들이 많다.

보문사는 석굴로 된 기도장과 범종, 그리고 절 뒤편 눈썹바위에 부조된 마애불(磨崖佛) 등으로 유명하다. 대웅전 뒤쪽에서 시작되는 계단을 400여 개 정도 오르면 약간은 장난기가 서린 마애불의 미소가 반갑게 여행객들을 맞아 준다.

새벽 동틀 무렵에 절 앞 바다에서 듣는 파도소리와 눈썹바위의 마애관음보살상은 예로부터 강화팔경으로 꼽힌다. 마애석불에서 내려다보는 서해바다의 경치와 석양은 두고두고 기억에 남을 장관이다. 배 시간에 쫓기지 않고 하룻밤 절 부근에서 머문다면 서해 낙조를 만나보는 것도 좋다.

▲ 지석묘와 함께 놓치지 말아야 할 문화재 봉은사터 5층석탑.

강화에서 즐기는 해안 드라이브

강화 해안순환도로는 섬의 해안선을 따라 부드럽게 펼쳐지는 강화섬의 명물이다. 섬 전체를 감싸 안는 듯 끊임없이 이어지는 포장길을 달려 나가면 섬 드라이브의 진수를 맛볼 수 있다.
총 64.2km인 해안 순환도로는 갑곶돈대부터 광성보까지의 9km와 초지진부터 장흥리까지 3.4km가 이미 완공되었고 갑곶돈대부터 대산리까지 6.6km 구간도 길이 열렸다. 공사가 한창인 외포리부터 선수포구까지의 8.9km 구간만 완공되면 섬을 일주하는 해안선 드라이브를 즐길 수 있다. 강화도 해안드라이브와 함께 섬을 지키는 요새였던 5진 7보 53돈대를 찾아가고 해안관광지까지 한 번에 구경하는 일석삼조의 실속여행도 권해 볼만하다.

드라이브

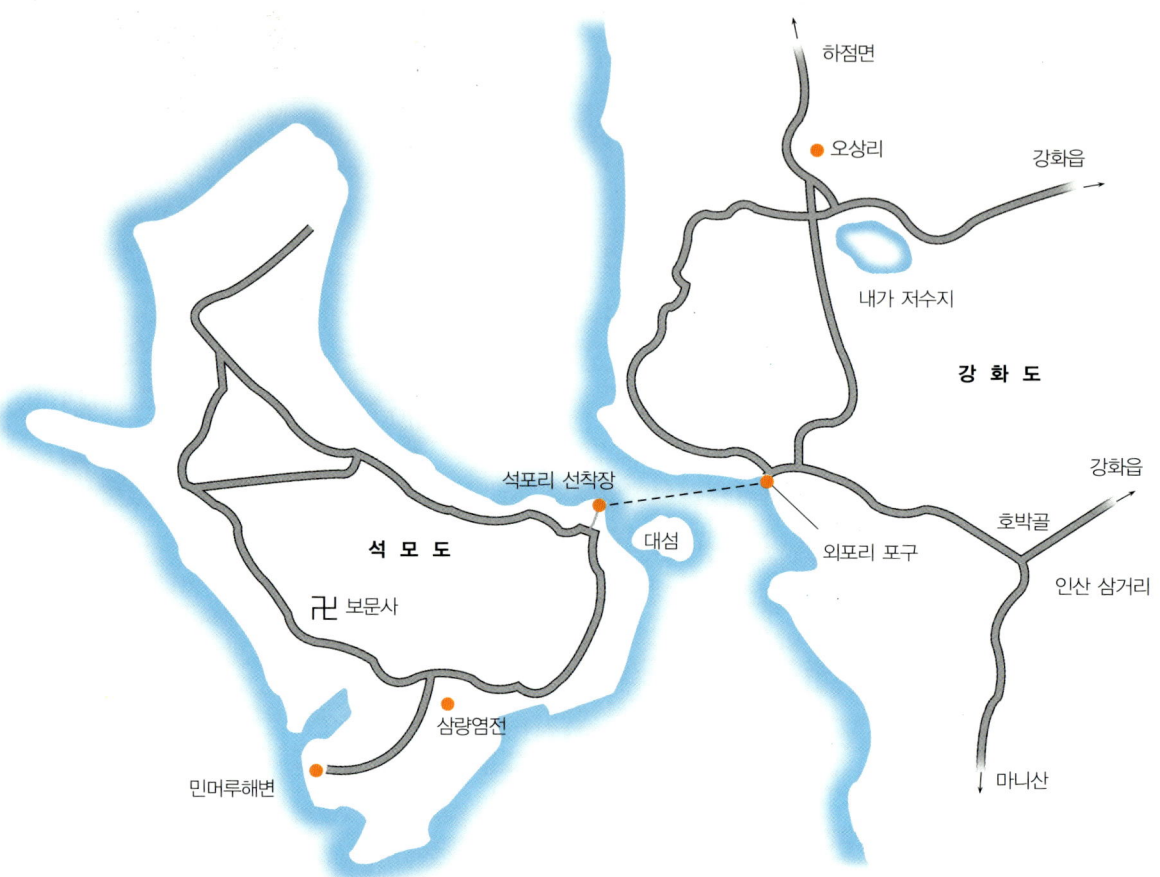

드라이브 메모

강화대교를 건너 강화읍으로 들어서다보면 강화인삼센터를 옆에 끼고 남쪽으로 내려가는 우회도로가 나타나는데 이 길을 3.6km 달리면 찬우물고개가 나오고 이곳에서 왼쪽 길을 택해 9km 정도 더 달리면 호박골에 이른다.

호박골에서 다시 오른길을 택해 4.5km 더 달려가면 외포리 선착장에 이른다. 이곳에서 카페리에 차를 싣고 석모도를 찾을 수 있다.

대중 교통 정보

신촌 그랜드백화점 뒤편 강화행 버스터미널에서 탑승해 강화읍 시외버스터미널에 도착한 후 외포리행 버스(20분 간격으로 운행)를 타고 외포리 선착장까지 간다.

이곳에서 석모도행 배(30분 간격으로 운행)에 승선하여 석모도에 내린 후 순환버스를 이용하면 보문사 입구에 닿는다. 외포리–석모도 카페리 운항 정보는 삼보해운에 문의하면 된다(031-932-6007).

여행 정보

지역번호 032

🍴 맛집

외포리 선창가나 석모도 석포리 바닷가에는 활어촌이 몰려 있다. 병어, 숭어, 놀래미, 광어, 민어, 농어, 도미, 도다리, 우럭 등 다양한 종류의 활어회를 맛볼 수 있으며 인근 바다와 어우러진 서해 낙조를 감상할 수도 있다.

외포리의 소문난 횟집에는 은성횟집(933-8088) 삼호횟집(932-4884) 서울횟집(933-6461) 독도횟집(933-9316) 돈대횟집(932-2833) 미락횟집(932-7039) 외포횟집(932-6662) 공원횟집(932-2754) 통나무횟집(932-9669) 등이 있다.

 숙박 정보

강화해수온천장(내가면, 933-930) 등대장여관(내가면, 933-8544) 서해쉼터여관(내가면, 933-4057) 에어포트여관(내가면, 932-7542) 외포스파크(내가면, 932-

8086) 해변장(내가면, 933-3539) 싼타루치아(내가면, 933-2143) 힐하우스(내가면, 932-2690) 바다의 마음(삼산면, 933-8869) 보문장여관(삼산면, 932-3800)

🌊 연계 관광 정보

외포리와 석모도는 데이트코스로 더할 나위 없이 좋은 곳이다. 특히 외포리에서 석모도로 건너가는 카페리에서의 데이트는 두 사람을 더욱 가깝게 만든다.

이 코스 외에도 강화군에서는 연인들을 위한 데이트코스를 개발해 놓고 있다. 강화

역사관에서 해안도로를 달려 광성보와 덕진진, 초지진을 들러 본 후 전등사를 지나 외포리에서 배를 타고 석모도 보문사까지 가는 코스이다(이동 거리는 약 77km, 소요 시간은 6시간 10분).

🎉 축제 및 행사 정보

외포리가 있는 내가면의 고려산에서는 매년 4월 중순 경 〈고려산 진달래 축제〉가 벌어진다. 강화전통풍물놀이, 고인돌문화해설, 다도시연, 서해 낙조조망, 용두레질 노래, 요들송공연, 칠선녀 성무 등이 축제 기간 동안 펼쳐진다. 자세한 사항은 고려산 진달래 축제 홈페이지(http://www.ganghwaro.com/goryeosan/)에서 확인하면 된다(문의 934-1400).

❓ 여행 문의처

- 강화군청 문화관광과 : 930-3621~4
- 강화역사관 : 937-1624
- 강화시외버스터미널 : 934-4343
- 강화시외버스터미널 관광안내소 : 930-3515
- 보문사 : 933-8271
- 외포리 관광안내소 : 930-3516

일상과 다리 하나만큼의 거리를 두고 바다를 즐기는 여행지

제부도와 대부도

자동차로 섬 사이를 징검다리 건너듯 옮겨 다니며 즐기는 여행은 색다른 즐거움을 준다. 이런 여행은 기상악화 때 뱃편이 끊어져 발이 묶일 염려도 없고 해수욕장이나 갯벌체험 등에 필요한 다양한 용품을 차에 싣고 갈 수 있어 쾌적한 여행을 할 수 있다. 그리고 보너스로 탁 트인 방조제 드라이브도 즐길 수 있어 일석이조다.

차로 가는 섬여행의 첫 기착지는 〈제부도〉. 하루 두 번 물길이 열리면 육지로 변하는 제부도는 물길이 닫히면 섬으로 변하는 재미있는 곳이다. 때문에 제부도여행에는 물때 확인이 필수.

바닷물이 갈라지면 2.3km에 달하는 시멘트 포장길이 나타나고 그 길을 여유 있게 건너는 데서 제부도나들이의 즐거움이 시작된다.

섬으로 들어서면 갈래길이 나오는데 왼쪽 길로 들어서면 그림 같은 해안선과 기암괴석, 넓게 펼쳐지는 풀밭이 나오고 오른쪽 길을 택하면 광어, 우럭, 꽃게 등의 싱싱한 해산물을 파는 포구를 만날 수 있다. 섬을 싸고도는 왼쪽과 오른쪽 길이 만나는 곳에서 1.4km 좁은 길을 달리면 위용 넘치는 매바위를 만날 있다. 섬의 서쪽에는 고운 모래밭이 있고 수심도 얕아 간이 해수욕을 즐길 수 있다. 또한 제부도나들이의 즐거움 가운데 하나로 물이 빠진 바위틈에서 짭조름한 석화를 캐먹는 것도 해볼 만하다.

▲ 썰물때면 제부도에서는 갯벌체험이 가능하다.

제부도에는 최근 해안산책로가 만들어져 인기코스로 자리 잡았다. 갯벌 위에 설치돼 밀물 때는 마치 바다 위를 걷는 듯한 느낌을 주는 해안 산책로는 곳곳

▲ 물이 빠지면 자동차로 건너갈 수 있는 제부도.

에 정자와 가로등이 있어 사철 바다의 낭만을 만끽하기 제격이다.

제부도에서 서신으로 되돌아 나오다 서신 조금 못 미친 곳에서 대부도 방향 이정표를 보고 좌회전, 10여 분 정도 달리면 〈대부도〉에 이른다. 대부도는 화성군 남양면 쪽에서 바라보면 섬 같지 않고 큰 언덕처럼 보인다고 하여 대부도라는 이름이 붙었다. 더불어 낙지섬, 죽호 등의 오래된 지명도 전해진다.

시화방조제가 만들어지면서 지금은 육지로 변한 대부도이지만 아직도 섬의 낭만과 서정이 곳곳에 남아 있다. 제부도에서 대부도로 가는 길목에는 섬과 섬을 잇는 색다른 드라이브코스가 유명한데, 특히 돌이 검다는 '탄도', 부처가 나왔다는 '불도', 신선이 노닐었다는 '선감도' 등을 징검다리 건너듯이 건너는 재미가 유별나다.

대부도는 최근에 해양레저활동의 최적지로서 각광을 받기 시작했다. 쾌적하고 안전한 바다낚시어선에서 바다낚시를 즐길 수 있을 뿐만 아니라 인근 어촌관광마을에서 어촌체험을 할 수도 있다. 한편 여름이 깊어갈 무렵 출하되기 시작하는 대부도 포도는 맛과 향이 뛰어나 각광을 받는다.

대부도 서쪽 끝자락에 있는 홍성리 나루터에서 길이 200미터인 선재대교를 건너면 닿는 〈선재도〉. '경치에 반한 선녀가 내려와 춤을 추었다' 하여 선재도라는 이름이 붙은 곳이다. 선재도는 대부도와 영흥도를 잇는 징검다리 섬으로 간조시 섬 주위에서 굴과 바지락이 많이 있어 갯벌 체험지로 적당한 곳이다.

선재도에 남서쪽 언저리에는 해안선 길이가 약 9km의 해변이 있는데 때문지 않은 자연경관을 간직한 아름답고 수려한 주변 환경으로 피서객들이 늘 붐비는 곳이다. 해안선 한 자락에 자리 잡고 있는 당넘어해수욕장은 해수욕보다 조개 잡는 것을 즐기는 사람들이 모여드는 곳이다.

해변의 남쪽 끝에는 '가까운 곳에 있는 섬'이라는 뜻의 측도가 달려 있다. 바닷물이 빠지게 되면 선재도로부터 측도까지 연결된 모래와 자갈로 된 길이 나타나는데 사람은 물론 각종 차량이 건너다닐 수 있다. 측도의 낭하리해수욕장은 물이 맑고 간조 때 갯벌에서 바지락 줍기를 할 수 있어 관광객이 많이 찾는 곳이다.

 ## 누에섬 등대에서 서해바다를 내려다보자

경기도가 추천하는 바다의 정취를 느낄 수 있는 장소 가운데 하나가 안산시 탄도 앞 누에섬에 있는 등대전망대다. 높이 17미터의 이 전망대는 경기도에 있는 유일한 등대다.

바닷물이 빠지면 탄도에서 누에섬까지 걸어 들어갈 수 있는데 거리는 약 2km 정도. 전망대는 1층에 누에섬의 자연환경, 등대와 바다, 등대 이야기 등을 전시하고 있고 2층은 우리나라의 등대, 세계의 등대 등을 소개하는 공간으로 이루어져 있다. 3층에 올라서면 주변 바다를 감상할 수 있는데 맑은 날에는 이곳에서 대부도와 제부도, 풍도, 영흥도 등을 한눈에 볼 수 있다. 입장료는 성인 1,000원, 어린이 500원. 매주 월요일은 문을 닫는다.

드라이브

드라이브 메모

▷ 남양반도로 가는 길은 경부고속도로나 경수산업도로를 이용해 수원역까지 온 다음 사강으로 향하는 306번 지방도를 이용하는 것이 일반적이다.

▷ 사강을 통과할 때 서행할 필요가 있다. 길 양편에 해산물을 파는 상점들이 늘어서 있어 무단횡단을 하는 사람들이 많기 때문이다.

▷ 사강에서 서신을 거쳐 제부도로 가는 길이나 대부도에서 선재도나 영흥도로 가는 길은 갈림길이 많다. 따라서 갈림길이 나오면 서행하며 약도를 참고해 길을 잃지 않도록 한다.

여행 정보

지역번호 031

🍴 맛집
석구네횟집(서신면 제부리, 생선회, 357-2485) 낙조횟집(서신면 제부리, 생선회, 357-6200) 대정식당(안산시 대부동, 해물탕·꽃게탕 032-884-6995)

🛏 숙박 정보
로호텔(서신면 제부리, 357-5512) 원석콘도민박(서신면 제부리, 357-2853) 제부도 패밀리타운(서신면 제부리, 콘도식 민박, 357-8939) 민박집 바다향기(영흥면 선재리, 032-889-8300, http://www.bdhg.co.kr)

🏛 연계 관광 정보
도시의 아이들에게는 흥미로운 경험이 될 갯벌체험은 탄도, 선감도, 종현동 어촌계에서 운영하는 〈체험 학습장〉에서 할 수 있다. 갯벌의 생태를 배우는 전문가와 함께 하는 〈갯벌교육〉과 소라와 낙지에 대해 배워보는 〈어장체험〉 등 다양한 갯벌체험이 있어 어린이, 어른 모두에게 유익하고 즐거운 시간이 된다.
이곳 갯벌에서는 맛조개, 동죽 등을 직접 잡을 수 있고, 고동, 소라 등도 손쉽게 잡을 수 있다. 갯벌체험이 끝난 후 대부도의 대표 먹을거리인 '바지락칼국수'를 먹는 것도 빼놓지 말아야 할 코스다.

🎪 축제 및 행사 정보
매년 9월 열리는 〈대부포도축제〉는 1995년 시작으로 매년 개최돼 1999년부터 격년제로 개최하여 전국적인 축제로 발전하였다. 당도 높은 섬포도를 직접 맛볼 수 있는데 주요 행사로는 포도직거래장터 운영, 포도·포도주시식회, 포도품평회, 포도아가씨 선발대회 등이 진행된다.

❓ 여행 문의처
- 서신면사무소 : 957-3324
- 제부도 : 369-2098
- 제부모세정보화마을 홈페이지 : http://jebumose.invil.org
- 화성시청 문화관광과 관광개발담당 : 369-2069
- 누에섬 등대전망대 사무실 : 010-3038-2331

'한나절에 끝나는 역사이야기'
배울거리 풍성한

역사의 현장들

생동하는 도시를 딛고 서서 역사의 숨결을 느껴보자
>>> 남한산성 성곽나들이

세계가 인정한 우리 문화유산의 현장에 가다
>>> 수원 화성 역사기행

미륵의 세계를 기다리는 선인들의 마음과 만나세요
>>> 안성 미륵 유적지

**'체험! 역사와 삶의 현장'
포구기행과 역사박물관 견학**
>>> 대명포구와 교육박물관

**곳곳에 남아있는 역사의 흔적들,
근세의 유적들을 돌아보자**
>>> 강화해협 근세 유적지

**율곡의 흔적을 찾아서
길따라 찾아가는 답사여행**
>>> 임진강나들이와 자운서원

**우리 역사 다시 보기
오래된 유물과 분단의 아픔을 간직한 고향땅**
>>> 한탄강과 전곡리 선사 유적지

생동하는 도시를 딛고 서서
역사의 숨결을 느껴보자

남한산성 성곽나들이

20⁰⁰년의 역사가 깃들어 있는 남한산성. 그 위에 올라보면 서울은 발아래서 활기차게 움직이고 있다. 도도하게 흘러가는 한강은 거대한 빌딩 숲을 거느리고 있고 멀리 북한산은 다정한 눈빛으로 눈을 맞추어 준다. 거기서 눈길을 왼쪽으로 조금만 돌리면 성남, 분당의 싱싱한 풍경이 한눈에 들어온다.

▲ 장군들이 전략회의를 했던 돌탁자.

예전에는 서울 구경을 오면 남산에 올라 서울을 굽어보는 것이 보통이었다. 북쪽으로 시선을 돌리면 도시의 장관이 펼쳐지고 한강과 강남 쪽을 보면 정돈된 땅덩이에 즐비한 빌딩들이 보인다. 고갯짓 한 번으로 수도 서울을 관장할 수 있었던 남산은 서울의 산소 창고와 전망대 구실을 같이 하고 있었다. 남한산성은 남산과 비슷해 자리를 옮기지 않고도 서울을 한눈에 내려다볼 수 있다. 덤으로 성남이나 분당의 신시가지도 구경할 수 있다.

역사적으로 살펴보면 삼국사기에도 전하듯이 온조가 기원전 5년에 도읍을 옮긴 곳이 바로 지금의 남한산성 북문터이다. 이렇게 오랜 역사의 남한산성은 오랑캐의 침범으로 항복의 굴욕을 간직한 '병자호란'의 한이 담겨 있는 곳으로 더 유명하다.

남한산성 나들이는 성남 쪽에서 출발해서 산성 안의 여러 명소를 돌아본 후 성남으로 되돌아오는 코스가 일반적이다. 그러나 남한산성을 꼼꼼하게 둘러본 후 산성 뒤편에 숨겨진 계곡에 발을 담그고 싶으면 남문으로 들어와 동문으로 나가

▲ 산등성이를 따라 이어지는 성곽은 트래킹코스로도 훌륭하다.

는 것이 좋다.

　　도립공원인 남한산성 구경은 남문 아래 매표소를 지나면서 시작된다. 예전에는 자동차로 남문을 통과할 수 있었지만 터널이 개통되고부터 자동차는 접근할 수 없게 되었다.

　　촘촘하고 튼튼하게 쌓여 있는 성곽 구경을 하려면 남문에서 수어장대에 이르는 1.3km 길을 따라 가면 좋다. 산등성이를 따라 이어지는 성곽을 걷다보면 역사의 현장을 답사해 나가는 학자라도 된 듯한 착각에 빠지게 된다.

　　서울과 성남의 시가지를 굽어보게 되는 성곽 길은 서문까지 이어지는데 중간쯤에 수어장대(守御將臺)가 있다. 수어장대는 산성의 최고봉인 453m의 일장산 정상에 있어, 수어장대에 올라 사방을 둘러보면 양주, 양평, 용인, 고양 등을 다 볼 수 있다.

수어장대 곁에는 '청량당'이라는 사당과 매바위, 수백 년 된 향나무 등의 볼거리가 있다. 또 성곽 근처에는 장군들이 전략회의를 했다고 알려진 돌탁자도 있다.

계속 성곽 길을 따라 서문까지 간 후 북문을 돌아 동문으로 내려오는 성곽 순례 길은 제법 시간이 많이 걸린다. 일정이 빠듯한 사람들은 서문에서 맛집들이 몰려 있는 로터리로 내려와 병자호란의 아픈 역사를 그림으로 간직한 기념관을 들러보고 돌아오면 좋다. 기념관 옆에는 연못과 정자가 있어 피곤한 몸을 추스릴 수 있다.

▲ 광지원으로 내려가는 길목에 있는 남한산성 동문.

 ### 수도권 최대의 5일장 '모란장'

5일장으로 유명한 성남의 모란장은 1960년대 초부터 성남 대로변 곳곳에서 노점상들이 난장을 펼치면서 자연적으로 형성되었다. 성남시가 이들 노점상을 1990년 성남시외버스터미널 옆 대원천 복개지로 옮겨 개장시키면서 지금의 모습이 갖춰졌다(모란이란 지명은 1958년 황무지였던 성남시를 개간한 재향군인회 개척단 이름을 딴 것이라고 한다).

수도권 최대의 민속장터인 모란장은 그야말로 없는 것 빼놓고는 다 있는 거대한 만물시장이다. 장이 서면 품목별로 나눠진 13개 구역에서 생필품은 물론 화훼, 약초, 가축, 의류, 신발, 생선류, 채소 등이 빼곡히 진열된다. 이 가운데 개고기, 고추, 참기름은 모란장이 자랑하는 3대 명물이다. 특히 개고기는 규모와 유통량에서 전국 최대 시장을 형성하고 있다. 고추는 장날 외 3·8일로 끝나는 날 도매 5일장이 열리며 개고기 역시 1·6일로 끝나는 날 따로 장이 선다. 일반적인 장날은 4·9일(4, 9, 14, 19, 24, 29)에 열리는 4일장과 9일장이다.

드라이브

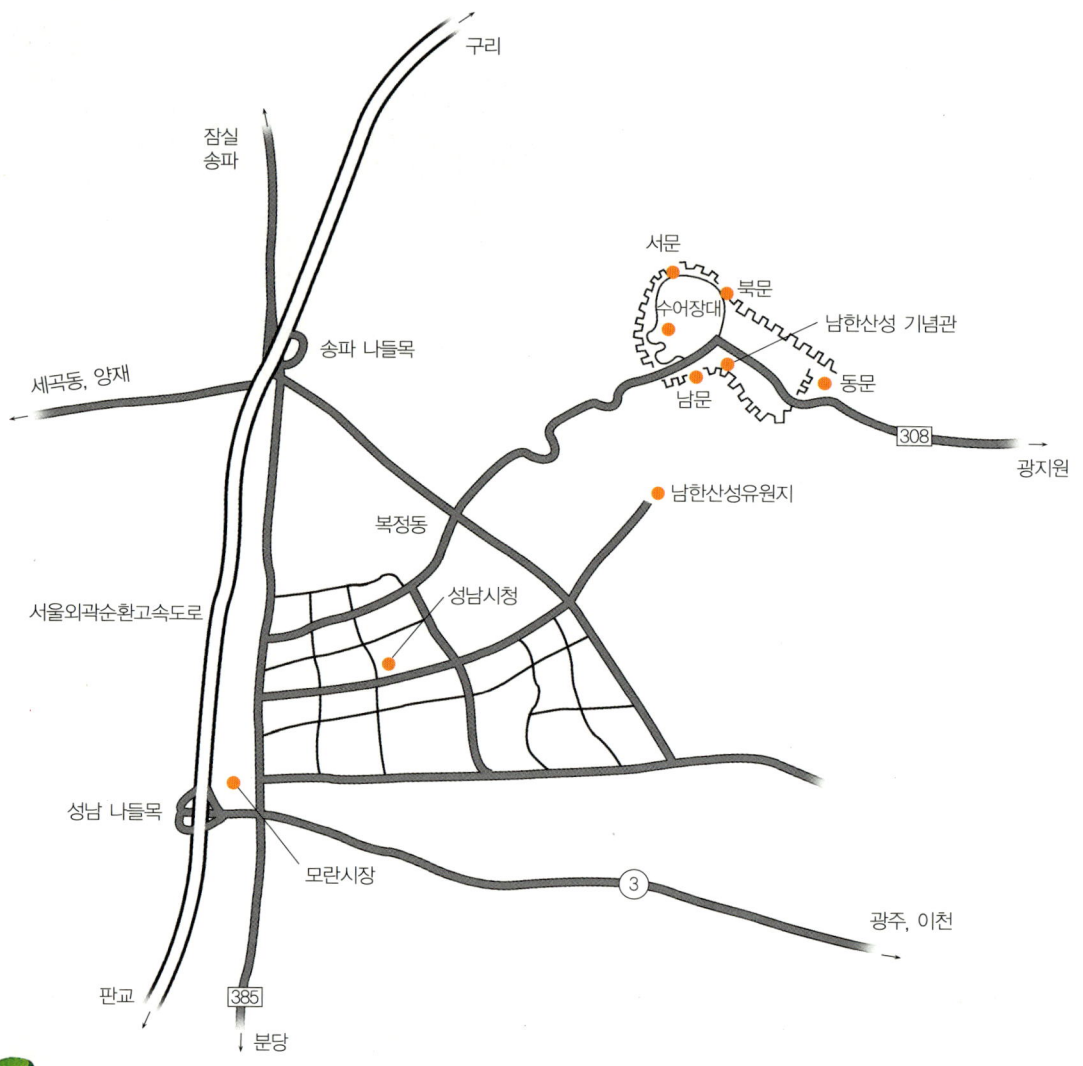

드라이브 메모

외곽순환고속도로 송파나들목을 나와서 성남시 복정동 방향으로 2.8km 달리면 복정사거리에 이른다.

이곳에서 남한산성을 가로지르는 308번 지방도로를 이용하면 쉽게 접근할 수 있다. 남문 입구에서는 입장료와 주차료를 동시에 받는다.

여행정보

지역번호 031

🍴 맛집

성남시는 분당 신도시가 들어서면서 다양한 먹거리촌이 형성되었다. 남한산성 진입도로변에 위치하고 있는 단대동 닭죽촌과 중앙공원 부근의 서현동 맛고을은 토속음식인 닭죽과 오리탕으로 유명하다. 이외에도 세계각국의 다양한 음식을 맛볼 수 있는 효자촌 먹거리촌, 횟집과 해장국이 유명한 야탑동 먹자촌, 갈매기살 요리로 소문난 여수동 갈매기촌, 전주돌솥밥 등 전통 음식을 내세우고 있는 정자동 먹자골목이 성업 중이다.

안집(분당구 서현동, 한정식, 701-9648) 전주회관(분당구 야탑동, 오리고기전문, 708-6110) 수향회관(분당구 서현동, 낙지전문점, 703-5600) 비앤비레스토랑(중원구 성남동, 양식, 757-0080) 뜨락(분당구 율동, 경양식, 709-2191)

🏨 숙박 정보

성남 관광호텔(수정구 수진동, 752-6200)

뉴서울 호텔(수정구 태평3동, 753-3388) 송림파크(중원구 성남동, 751-2665) 렉스여관(분당구 서현동, 704-2964) 임페리얼(중원구 성남동, 722-1217) 테마파크(분당구 야탑동, 703-5501)

🚌 연계 관광 정보

성남시가 추천하는 반나절 관광코스는 남한산성 유원지에서 출발해 모란 민속시장-로데오거리-중앙공원(수내동 가옥)-율동공원(번지점프)을 다녀오는 일정이다. 하루 관광코스는 남한산성유원지-황송공원(금광1동)-희망대공원(신흥2동)-모란민속시장-로데오거리-중앙공원(수내동 가옥)-율동공원(번지점프)을 들러오는 코스를 권하고 있다.
이밖에도 민속공예전시관-코리아디자인센터-새마을역사관-KT과학관-자연사박물관-토지박물관-주거문화관을 돌아보는 하루 일정의 견학코스도 개발해 홍보하고 있다.

🎪 축제 및 행사 정보

〈성남문화예술제〉는 매년 10월에 개최되는 성남의 대표적인 지역종합문화행사이다. 1986년에 시작되어 성남시와 성남예총이 주최하고 예총 각 지부 및 참여단체가 주관하는 가운데 매년 행사를 개최하고 있다. 중앙공원, 시민회관 등지에서 열리며 국악제, 무용제, 음악제, 연극제, 시민백일장 등 다채로운 행사가 벌어진다(문의 753-1020).

❓ 여행 문의처

- 성남시 관광정보안내 : 729-4231
- 남한산성 : 741-6610
- 남한산성유원지 : 729-5704
- 모란시장 : 721-9905
- 율동공원 : 702-8713
- 희망대공원 : 729-5807
- 황송공원 : 729-5809
- 중앙공원 : 729-5331

세계가 인정한
우리 문화유산의 현장에 가다
수원 화성 역사기행

수원 화성(華城)에 붙은 수식어는 정말 화려하다. '유네스코지정 세계 문화유산' '우리나라 성곽의 백미' '조선시대의 가장 위대한 유적' '세계 최초의 계획 신도시' 등 수원 화성을 설명할 때 가장 먼저 등장하는 내용이다. 화성이 이런 스포트라이트를 받을 수 있는 까닭은 무엇일까? 생생한 현장으로 떠나보자.

▲ 연무대 뒤뜰에서 바라본 동북 공심돈과 창용문.

화성은 정조가 아버지 사도세자의 원(園)을 양주 배봉산에서 수원 화산으로 옮기면서 축조한 성이다. 1997년 12월 이탈리아 나폴리에서 개최한 〈유네스코 세계유산위원회〉에서 근대 초기의 군사건축으로서 동서양의 과학을 통합하여 발전시킨 건축물이라고 평가되어 창덕궁과 함께 세계문화유산으로 등록됐다. 우리나라에서는 불국사(석굴암), 해인사 팔만대장경(판전), 종묘(제례)에 이어 네 번째로 세계문화유산이 됐다. 정조 시대의 가장 위대한 유적인 수원 화성은 여전히 우리나라 성곽의 백미로 꼽히는 건축물일 뿐만 아니라 세계최초의 계획 신도시라는 점에서도 주목받고 있다.

수원의 중심부를 감돌고 있는 수원 화성의 길이는 총 5.52km로 한 바퀴를 걸어서 도는 데 적어도 2~3시간이 소요된다. 대강의 동선(動線)은 팔달공원에서 출발해 서장대와 화서문을 거친 다음 장안문을 돌아 연무대를 거친 후 창용문 정도에서 마무리되는 코스이다. 서문과 북쪽 수문인 화홍문 주변의 풍경이 빼어나고 효원의 종각에서 직접 종을 칠 수도 있어 색다른 경험을 할 수 있다. 서장대

▲ 수원 화성은 젊은이들의 데이트코스로도 사랑받는다.

좌우로는 오르막과 내리막이 있어 조금 힘이 들지만 이곳만 제외하면 대부분 유모차를 밀고 다닐 수 있을 정도로 평탄하다.

화성 나들이의 출발지인 팔달공원은 해발 143m인 팔달산 중턱에 있다. 이 공원에는 시민 체육공원과 전망대인 팔각정이 있다. 체육공원에는 배드민턴장, 조깅코스가 있으며 주변에 천연약수터, 홍난파 선생의 고향의 봄 노래비, 강감찬 장군 동상, 3·1 독립기념탑 등이 있다. 군사지휘소인 서장대가 있는 팔달산 정상 부근에는 '효원의 종'을 조성해 놓았다. 이 종은 "부모의 은혜에 감사하며 종을 쳐야 소리가 제대로 난다"는 얘기가 전해진다.

서북공심돈은 전시에 사용되는 관측소로 수원성에서만 볼 수 있는 특이한 시설물이다. 공심돈은 속이 텅 비어 있어 망루와 포루의 역할을 할 수 있고 위아래를 오르내리며 바깥 동정을 살필 수 있도록 설계해 내부가 3층이다. 공심돈은 적대, 각루 등 새로운 설비를 갖추었고 옹성(甕城)까지 제대로 갖춰 당시로서는 완벽한 시설이었다. 게다가 오늘날의 기중기와 같은 역할을 하는 거중기, 활차 등을 축성공사에 사용했다는 점이 특이하다. 실학의 영향으로 근대적 기기를 사용하는 데 많은 도움을 받았다고 한다.

이밖에 화성 북문인 장안문, 수원천 북쪽의 화홍문도 좋은 볼거리다. 화홍문은 화성을 관통하는 수원천의 북쪽에 7칸 무지개 형태로 세워져 있다. 보름이면 연무대에서 연날리기, 제기차기 등 민속놀이 한마당이 열린다. 연무대는 1796

년 축조된 이래 조선시대 정조가 군사 지휘본부로 사용했던 곳으로 정조는 연무대에서 활을 쏘며 궁술을 연마하고 무과의 고시장으로도 사용했다고 한다. 1910년 일제의 침략 이후 폐쇄되었다가 6·25전쟁 이후에 우리의 전통을 사랑하는 뜻 있는 사람들에 의해 다시 궁도장으로 문을 열었다. 1966년 연무대 좌측 하단에 연무정을 건립하여 전국대회를 개최하기도 하였다. 이후 성곽복원 및 정화사업으로 1978년 연무정을 철거해 인접 연무초등학교 옆에 이전 신축하여 궁도의 기술을 가르쳤다. 지금의 궁도장은 1984년 탄생하였고 1999년 수원 화성 축성 200주년을 기념하여 매년 전국대회를 개최하고 있다.

▲ 직접 활시위를 당겨볼 수 있는 국궁체험장.

임금열차 타고 화성 돌아보기

수원시가 화성을 찾는 관광객을 위해 운행한 〈화성열차〉가 인기를 끌면서 수원의 명물로 자리 잡고 있다. 용머리 형상의 동력차 한 량과 임금이 타던 가마를 형상화한 관광객 탑승차 두 량의 무궤도 화성열차는 성곽을 따라 팔달산 강감찬동상 앞–화서문–장안공원–장안문–화홍문–화수류정–연무대로 이어지는 3.2km 구간을 하루 10회 왕복 운행한다. 운행시간은 매일 오전 10시부터 오후 5시까지이며 월요일은 정기 휴일이다. 또한 우천 시나 온도가 영하로 떨어지는 날은 운행하지 않는다. 매표소는 팔달산(강감찬 장군 동상), 장안공원, 화홍문, 연무대 등에 있고 주말과 공휴일에는 이용객 증가로 장안공원, 화홍문 매표소를 폐쇄한다(문의 031-228-4422).

드라이브

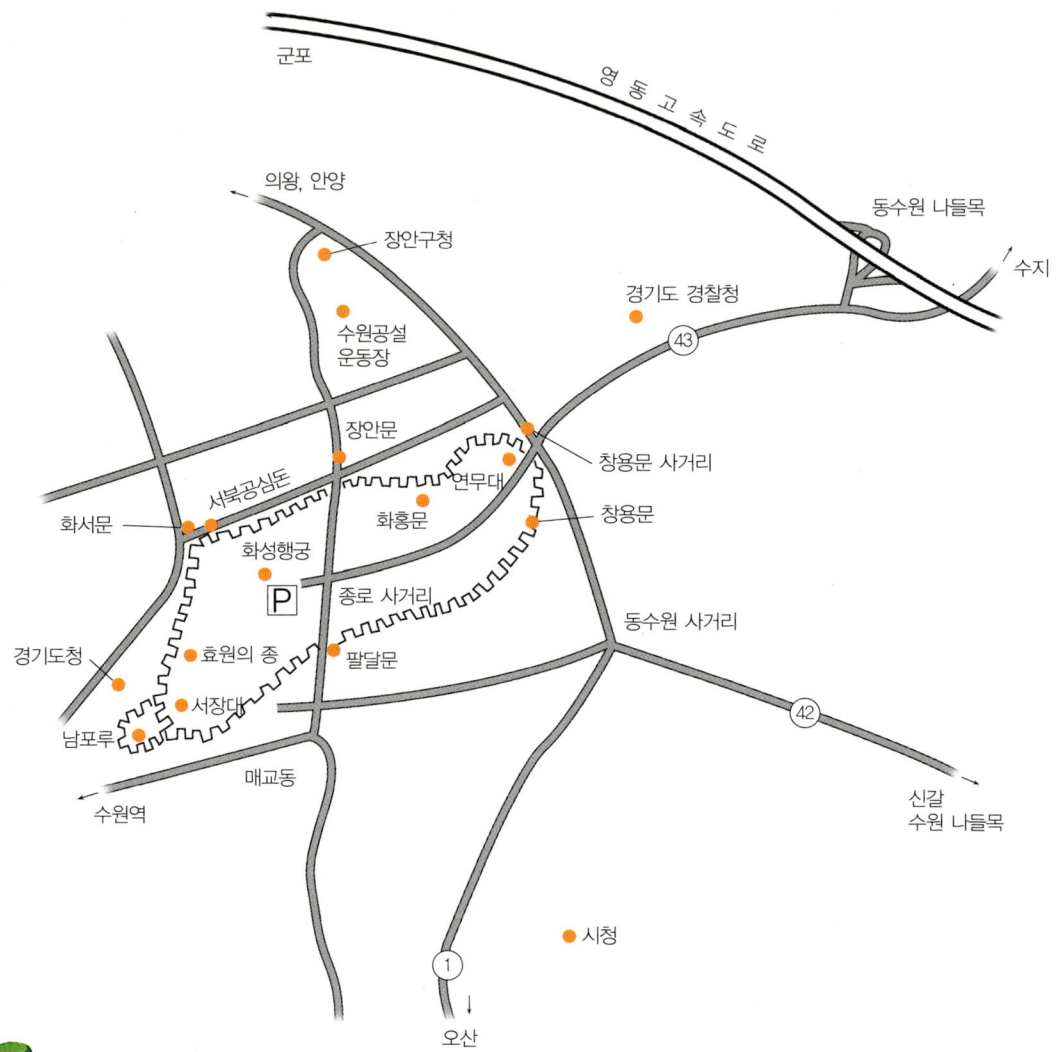

드라이브 메모

▶ 영동고속도로 동수원 나들목에서 경기도 경찰청을 지나 계속 직진하면 창용문 사거리가 나온다. 이곳에서 직진해 200m 정도 진행하면 연무대 주차장에 차를 세울 수 있다.

▶ 경부고속도로를 이용할 경우 수원나들목에서 동수원 사거리까지 온 후 우회전해 1.4km 정도 달리면 창용문 사거리에 닿게 된다.

여행 정보

지역번호 031

🍴 맛집

수원 화성 나들이의 대미는 수원갈비고을에서 즐기는 왕갈비다. 수원역에서 아산호로 나가는 43번 국도를 따라가면 쉽게 찾을 수 있는 수원갈비고을은 우리의 전통을 살려 정자모양의 식당으로 친근감을 준다. 갈비전시관 1동, 전통적인 수원갈비의 맛을 그대로 전하는 갈비고을 3동(협동관, 영빈관, 봉사관), 주차시설을 갖추고 여행객을 맞을 준비를 하고 있다(권선구 오목천동, 292-3900).

이밖에도 수원의 맛집으로 정일품(팔달구 인계동, 한정식, 222-0098) 숯불생오리부페(장안구 파장동, 오리구이, 252-0291) 우리밀칼국수(팔달구 매탄2동, 216-1188) 동수원숯불갈비(팔달구 매탄동, 갈비, 215-7627) 함흥갈비(팔달구 원천동, 갈비, 212-6636) 등이 있다.

🏨 숙박 정보

호텔캐슬(팔달구 우만동, 211-6666) 석산관광호텔(권선구 교동, 246-0011) 수원관광호텔(팔달구 인계동, 224-1100) 브라운관광호텔(팔달구 구천동, 246-4141) 호텔센츠럴(권선구 교동, 246-0011~5) 호텔리젠시(팔달구 구천동, 246-4141) 갤러리아(권선구 권선동, 225-7007)

🚌 연계 관광 정보

유네스코가 지정한 세계문화유산을 돌아보는 〈시티투어 버스〉를 이용하면 짧은 시간에 많은 구경을 할 수 있다. 하루 2회 운행하는 이 버스는 수원역 시티투어 승차장을 출발하여 서장대(효원의 종치기)-화서문-화성행궁(궁중복장체험)-화홍문-연무대(국궁활쏘기)-월드컵경기장-호텔캐슬-KBS드라마센터-수원역 순으로 진행된다.

요금은 어른 5,000원, 중고생·경로우대 3,000원, 어린이 2,000원이며 소요시간은 약 3시간이다(문의 장수관광, 224-2000~2).

🎉 축제 및 행사 정보

대표적인 수원의 문화제로 꼽히는 〈화성문화제〉는 매년 10월 10일을 전후로 6~7일 간 수원시 전역에서 다채로운 행사로 진행된다. 주요행사로는 정조대왕 맞이 전야제(경축타종, 불꽃대축제, 제등행렬 등), 레이저 및 영상쇼, 정조대왕 화성거둥 행사(능행차연시, 융릉제향), 혜경궁 홍씨 회갑연 및 전통 무예(24반무예 재연), 정조대왕 맞이 축하행사(화성문화 예술축전, 전국 사진촬영대회, 전국궁도대회, 수원갈비축제, 시장거리 축제) 등이 있다.

❓ 여행 문의처

- 수원시청 문화관광과 : 229-3064
- 수원 관광안내소 : 228-2785
- 연무대 안내소 : 228-2763
- 화성 관리사무소 : 229-2716
- 서장대 안내소 : 228-2764
- 팔달문 안내소 : 228-2765
- 장안문 안내소 : 228-2768

미륵의 세계를 기다리는
선인들의 마음과 만나세요
안성 미륵 유적지

미륵은 석가모니불이 열반한 뒤 56억 7천만 년이 지난 후 인간세계에 나타나 용화수 아래에서 3번 설법하고 성불하여 석가모니가 구제할 수 없었던 중생들을 구제한다는 보살이다. 그래서 지금도 천상의 도솔천에서 수행을 계속하고 있다고 한다. 이런 미륵은 아직 현실의 부처가 아니기에 땅에 발이나 허리까지 묻혀있는 형상을 하고 있다.

안성은 전국에서 가장 많은 미륵이 있는 고장이다. 안성에서 미륵의 자취를 따라가는 여행의 첫 출발지는 〈죽주산성〉. 중부고속도로 일죽나들목을 빠져나와 안성시내 쪽으로 죽산교를 건너면 쉽게 입구를 찾을 수 있다. 태평미륵이 등을 기대고 서 있는 매산리 비봉산에 있는 죽주산성은 경기도기념물 제69호로 임진왜란 때 격전지였다. 신라 때 내성을 쌓고, 고려 때 외성을 쌓았다. 산성의 내성 곁에는 몽고군을 물리친 송문주 장군의 전공영각과 재실이 있다. 재실을 지나쳐 내려오면 아무 장식도 없는 쉼터가 있다.

▲ 그윽한 칠현산 자락에 있는 칠장사는 분위기 있는 절이다.

죽주산성에서 찾아가 볼 것은 태평미륵이다. 죽주산성 입구에서 용인방면 17번 국도를 잠깐 달려가면 길 왼쪽에 미륵당 마을회관이 나온다. 마을회관 왼쪽으로 난 길을 따라가면 태평미륵이 있다. 미륵은 미륵당이라고 불리는 누각에 모셔져 있는데 미륵의 키가 3.9m라 미륵을 보호하는 누각이 제법 높다. 미륵은 기대와 달리 그리 균형미 있게 만들어지지는 않았다. 보석으로 장식한 관인 보관을 쓴 얼굴이 몸 전체의 1/3이상을 차지하고 있다. 미륵불이 있는 마당에는 5층석탑이 놓여 있다.

태평미륵을 돌아보고 가봐야 할 곳은 칠현산 자락에 있는 〈칠장사〉다. 일

▲ 매산리 미륵불. 안성에 가면 다양한 미륵을 만날 수 있다.

죽나들목에서 안성으로 들어오다 진천으로 내려가는 17번 국도를 갈아탄 다음 당목리에서 우회전하면 절이 드러난다. 칠장사는 규모는 그리 크지 않지만 한번 둘러보고 나오면 오랫동안 마음에 여운이 남는 절이다. 칠현산 기슭에서 칠장사 경내로 이어지는 100미터의 은행나무 길은 가을에 더욱 아름답다.

칠장사 대웅전 옆에는 모두 14기의 부도전이 있는데 부도전으로 미루어 한때 대단히 큰 사찰이었음을 알 수 있다. 조선시대 의적 임꺽정이 머물렀다는 전설도 있다. 임꺽정의 스승 병해대사가 25년 동안 수도하던 곳으로 대사가 죽은 뒤 7명의 도둑이 찾아와 결의를 맺었다고 한다. 이 절이 있는 곳은 차령산맥의 시발점으로 조선의 7대 명당 중 한 곳으로 알려져 있었다.

칠장사에서 나와 다시 안성시내를 향하다보면 여러 미륵을 만나게 된다. 38번 국도변 삼죽면 마전초등학교 뒤편 시멘트 길로 5km 남짓 마을길을 달리면 안성시 보개면과 삼죽면에 걸쳐 있는 국사봉 산중턱에서 미륵불을 만날 수 있다. 이곳의 지명은 기솔리로 '기솔리 석불입상'이라고 부른다. 남자미륵불이라 불리는 5.4m의 미륵과 여자미륵불이라 불리는 5m의 미륵이 함께 서있기 때문에 '쌍미륵불'이라고 부르기도 한다.

기솔리 석불입상이 있는 국사봉 중턱에서 정상으로 향하면 국사암이라는 작은 절이 바위틈새를 비집고 앉아 있는 것을 발견하게 된다. 법당 오른쪽으로는 국사봉의 궁예미륵이라 불리는 세 개의 아담한 미륵이 있다. 그러나 이 미륵은 미륵이라기보다 석인 상에 걸맞을 정도로 몸의 전체적인 비례에 비해 모자가 거대하고 손 모양도 수인이 아니라 선비들이 합장을 하고 있는 듯한 모습이다.

▲ 2천여 개의 장독이 장관을 이루고 있는 서일농원.

이밖에도 미륵부처라 불리는 높이 2.2미터의 석불입상이 있는 대농리미륵과 안성시내 아양주공아파트 107동 바로 뒤에 있는 아양미륵도 빼놓을 수 없다. 특히 아양미륵은 안성 미륵에서 나타나는 새로운 특징으로, 미륵이 마을로 내려오고 민간신앙화되면서 기존의 형식이 무시되고 있는 것을 할머니미륵과 할아버지미륵을 통해 보여주고 있다.

 안성시가 추천하는 미륵 테마여행

안성문화관광 정보센터에서는 전국에서 미륵이 가장 많은 고장인 안성을 돌아보는 테마여행을 진행하고 있다. 상시 운영 프로그램은 아니지만 태평미륵-기솔리 쌍미륵-궁예미륵-대농리 미륵-아양동 미륵을 모두 돌아보는 코스가 진행되는데 사전에 문의하면 프로그램 운영 여부를 확인할 수 있다. 안성문화관광홈페이지(http://tour.anseong.go.kr)의 신청·문의게시판을 이용하거나 안성문화관광정보센터로 문의하면 된다(031-673-0824 / 담당자 이메일 shsy0406@dreamwiz.com)

드라이브

드라이브 메모

▶ 중부고속도로 일죽 나들목에서 나와 안성방향 38번 국도를 잠깐 달리다보면 용인으로 가는 17번 국도와의 분기점에 이른다. 이곳에서 용인방향으로 우회전하면 이내 죽주산성 입구에 닿게 된다.

▶ 칠장사는 17번 국도 진천방향으로 내려가다 보면 안성CC 입구를 지나게 되고 이내 칠장사 입구를 알리는 교통 안내판을 만날 수 있다. 칠장사 가는 길은 막다른 길이다.

▶ 38번 국도를 이용하면 안성시 입구에서 우회구간을 만나게 되는데 이곳에서 용인방향 339번 지방도로 내려서면서 남사당 전수관 방향 샛길을 찾아 들어가야 하므로 서행하는 것이 좋다(안성남사당 참조).

▶ 대농리 석불입상은 안성 북쪽 우회도로 비봉터널과 대덕터널 사이에서 오산방향으로 가는 70번 지방도를 이용하면 쉽게 찾을 수 있다.

여행정보

지역번호 031

맛집

안성은 좋은 한우를 내놓는 우시장이 유명하다. 요즘에는 안성맞춤 한우를 생산해 판매하고 있다. 안성에서 길러지는 한우는 그 맛이 담백하고 고소하다. 안성의 한우 고깃집에서는 3~4년 된 암소만을 골라 등심과 생갈비, 양념갈비, 불고기 등을 낸다. 동성한우촌(금광면 오산리, 674-1929) 청석골(죽산면 두현리, 갈비, 675-6304) 안성맞춤한우촌(삼죽면 마정리, 등심, 673-5550) 시골집(죽산면 두교리, 백반, 672-7444) 양촌가든(서운면 인리, 한정식, 672-9585) 신토불이한우촌(안성시 영동, 등심, 675-0343)

숙박 정보

퓨전펜션(죽산면 용설리, 675-1807) 레이크펜션 칙칙폭폭(죽산면 용설리, 676-7799) 레이크힐스안성골프텔(양성면 산정리, 671-2888) 그린파크여관(고삼면 월향리, 674-9873) 하이트여관(고삼면 월향리, 674-8888) 버킹검모텔(삼죽면 진촌리, 673-2799) 락크힐모텔(삼죽면 미장리, 672-9069) 홀인원파크여관(죽산면 장계리, 674-2626) 레이크힐(원곡면 칠곡리, 691-0422)

연계 관광 정보

일죽면에 있는 '서일농원'은 된장을 만드는 곳으로 유명하다. 메주를 만들기 위해 심은 콩밭과 장을 담그기 위해 심은 고추밭, 배 과수원, 매실원 등으로 이뤄진 3만

평의 농원은 30분 정도의 짧은 산책을 즐기기 적당하다. 볕이 잘 드는 곳에 있는 2천여 개의 장독은 처음 보는 이들에게는 경이로운 풍경이다. 산책로를 거닐다 잠시 쉴 수 있도록 정자를 마련해 놓아 여유 있는 산책을 즐길 수 있다.
관람시간은 오전 9시부터 오후 7시까지로 농원안내소에 문의하면 농원안내와 장맛에 대해 설명을 해준다. 나들이 가족들은 단체관람이 적은 토요일에 찾아가는 게 좋다. 이곳에서 나는 간장, 된장, 고추장을 맛볼 수 있는 된장백반도 있다(문의 673-3171).

축제 및 행사 정보

예술을 통한 자연과 인간의 만남을 테마로 하는 〈죽산국제예술제〉는 이제 국제적인 전위예술축제로 자리잡았다. 해마다 홍신자 씨의 춤 공연을 시작으로 음악, 연극 등을 포함해 세계적인 종합예술 한마당이 꾸며진다. 매해 고심 끝에 내놓은 테마가 인상적이다. 입장료가 있으며 보통 6월에 열린다(문의 675-0661).

여행 문의처

- 죽산면사무소 : 678-2692
- 남사당 전수관 : 675-3925
- 대농리 석불입상
  대덕면사무소 : 678-2651
- 아양동 석불입상
  안성2동사무소 : 678-2607
- 쌍미륵과 궁예미륵
  삼죽면사무소 : 678-2700

'체험! 역사와 삶의 현장'
포구기행과 역사박물관 견학

대명포구와 교육박물관

대명포구와 덕포진 일대는 근세 역사를 되돌아 볼 수 있는 유적지와 생생한 삶의 현장을 체험할 수 있는 포구가 있어 가족나들이 장소로 제격이다. 특히 덕포진 입구에 있는 〈교육박물관〉에는 중장년에게 추억을 선물하는 학교 관련 전시물들이 있다. 부모들이 지나온 시절을 되돌아보며 아이들에게 예전의 학교 모습을 설명할 수 있어 교육효과도 뛰어나다. 근처에 있는 약암온천 해수사우나로 유명해 대명포구 일대는 다양한 즐거움이 있는 여행지로 알려져 있다.

올림픽도로 끝단에서 김포 제방도로를 따라가다가 48번 국도와 만나 강화 방향으로 진행한다. 좀 더 가다 누산삼거리에서 좌회전하면 양곡에 이른다. 이곳에서 352번 지방도를 따라 10여 분 달리면 덕포진과 대명포구 입구에 이른다. 최근 352번 지방도는 강화섬으로 들어가는 제2관문인 초지대교가 개통되면서 교통량이 많이 늘었지만 확장된 도로가 깨끗해서 보기 좋다.

보통 덕포진 나들이에서 가장 먼저 들르게 되는 곳은 앞서 이야기한 덕포진과 교육박물관. 교육박물관은 덕포진 바로 앞에 있어 발길이 먼저 닿는 곳이다. 1905년부터 최근까지의 교육 자료가 전시된 교육박물관으로 입장료는 어른 2,000원, 어린이 1,000원. 교육박물관에서 덕포진까지는 엎어지면 코 닿을 거리다. 이정표 상에는 300미터라고 적혀 있지만 입구 주차장까지는 채 100미터도 되지 않는다. 주차장

▼ 덕포진 교육박물관의 앞뜰. 중장년에게 추억을 선물하고 있다.

▲ 산책코스로도
훌륭한 덕포진

왼편에는 덕포진 전시관이 있고 그 옆 계단을 오르면 강화를 건너다볼 수 있는 언덕 위에 서게 된다.

대곶면 신안리에 있는 사적 제292호 덕포진(德浦鎭)은 조선시대의 군사기지다. 1980년 발견된 뒤 옛 모습대로 복원해 당시 사용한 포탄과 화폐 등 유물을 구경할 수 있다. 덕포진에는 손돌이라는 뱃사공의 묘가 있는데 이 묘에는 목숨을 걸고 왕을 구한 충절과 고려 고종의 경솔함에 얽힌 이야기가 있다. 지금도 강화도와 덕포진 사이의 바다를 손돌목이라 부른다.

덕포진에서 나오면 들르게 되는 곳은 〈대명포구〉. 불과 10분 정도면 대충 둘러볼 수 있는 자그마한 포구이지만 생생한 바다의 향기를 담고 있어 그냥 거니는 것만으로도 즐거운 곳이다. 싱싱한 회를 즐길 수 있고 대하가 들어오는 계절에는 통통하게 살이 오른 새우를 맛볼 수 있다. 여느 포구와 마찬가지로 진입로가 좁으므로 승용차는 입구 주차장에 세워두는 것이 좋다.

대명포구에서는 어민들이 갓 잡아 올린 밴댕이를 비롯해 각종 생선을 구입할 수 있다. 대명리 어촌계가 운영하는 500평 규모의 어판장에는 선주들이 직영하는 42개의 어판장이 오전 9시부터 오후 8시까지 문을 연다. 밴댕이를 비롯해 병어와 꽃게도 구입할 수 있지만 가격은 그리 싸지 않다(문의 대명포구 어촌계, 031-988-6394).

대명포구에서 그리 멀지 않은 곳에 있는 〈약암온천〉은 대명포구 나들이에서 빼어 놓을 수 없는 곳이다. 이 온천은 개발을 시작한지 얼마 되지 않아 달리 온천탕이 약암관광호텔 지하에 하나 있는 정도다. 온천탕에는 소금탕, 해수탕 등 여러 시설이 있어 이리저리 돌며 피로를 풀 수가 있다.

약암온천의 물은 보통 홍염천(紅鹽泉)이라 부른다. 홍염이란 말 그대로 붉은 소금을 말하는데, 홍염천은 지하 400m 암반에서 솟아나는 온천수가 공기와 만나 철분과 각종 무기질이 산화를 일으켜 붉은색으로 변한 것을 말한다. 이 물은 아토피 등 각종 피부질환과 관절염에 효과가 뛰어난 것으로 알려져 치병(治病)을 위해 찾는 이들이 많다.

▲ 덕포진은 조선시대에 만들어진 군사시설이다.

오래된 교실풍경이 머무는 '학교종이 땡땡땡'

정식 명칭은 덕포진 교육박물관이지만 〈학교종이 땡땡땡 박물관〉으로 소문이 났다. 그 이유는 박물관 입구에 종이 있고 박물관 안에도 '학교종이 땡땡땡 시절'의 교실 풍경을 그대로 재현해 놓고 있기 때문이다.

교육박물관 안에는 아직 농촌의 모습에 낯선 어린이들에게 교육효과를 주기 위한 농사용품, 음식, 주거용품, 오래된 책들, 악기들, 교육용품, 안방 모습, 교실풍경, 창고의 내부 등을 다양하게 전시하고 있다. 가끔 관장이 교실에 앉아 풍금을 치며 동요를 부르기도 하고 박물관을 찾는 이들이 노래를 따라 부르기도 한다.

드라이브

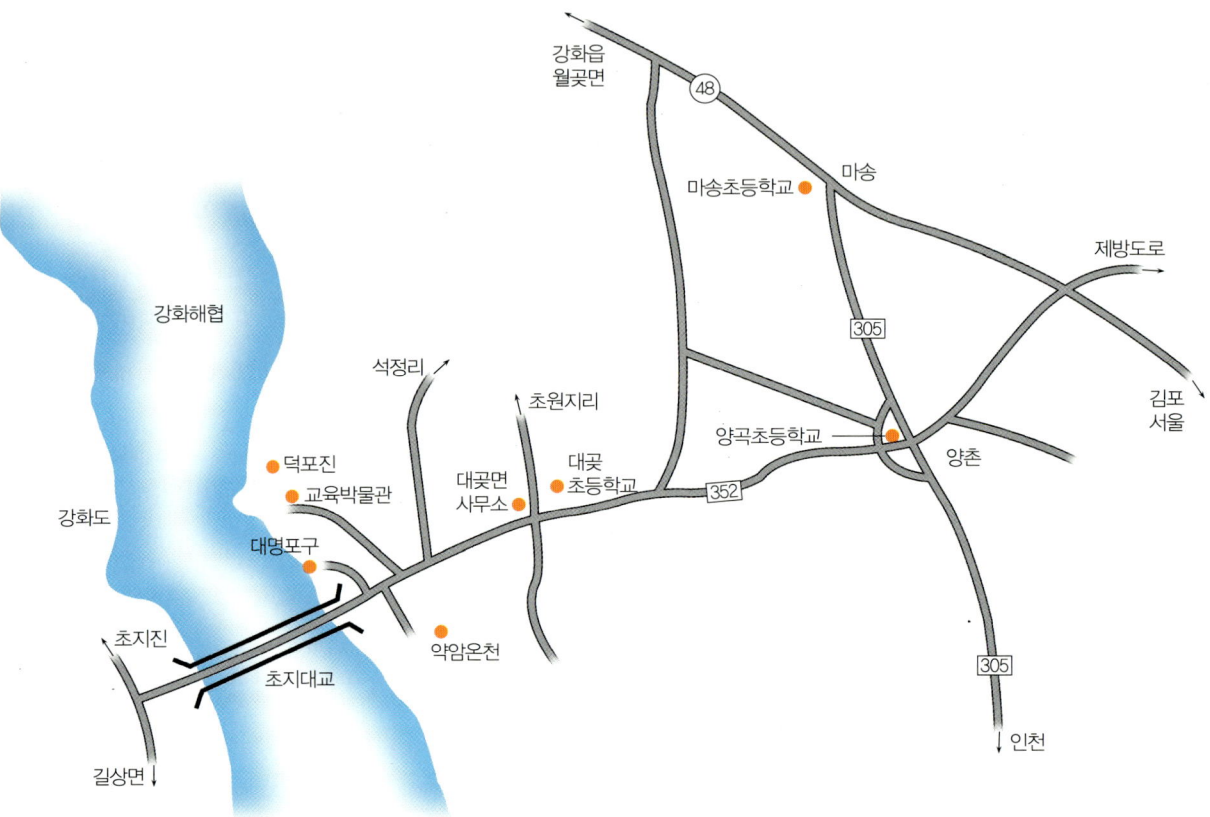

드라이브 메모

▷ 서울에서 김포를 거쳐 강화로 이어지는 48번 국도를 따라 누산리까지 온 후 양촌으로 가는 352번 지방도로를 이용하면 쉽게 양촌에 들어설 수 있다.

▷ 양촌에서 대곶면을 거쳐 대명초등학교를 지나면서 덕포진을 알리는 이정표를 보고 우회전해 5분 정도 서행하면 덕포진 교육박물관과 덕포진 입구 주차장에 이르게 된다.

▷ 덕포진에서 돌아나와 초지대교쪽으로 이어지는 352번 지방도에 올라서면 길 왼편에 약암온천이, 길 오른편에는 대명포구가 기다리고 있다.

▷ 대명포구 안쪽에는 주차공간이 많지 않고 막다른 길이라 혼잡하다. 주말에는 포구 입구에 차를 세우고 걸어서 포구 나들이에 나서는 것이 좋다.

대중 교통 정보

▷ 김포공항이나 영등포에서 양곡행 시외버스 6번을 이용, 양곡에서 하차한 후 양곡버스정류장에서 대명리행 버스를 타고 덕포진입구에서 내려 도보로 10분 정도 걸으면 덕포진이다.

여행정보

지역번호 031

🍴 맛집

밴댕이는 강화군 교동도와 석모도 사이가 주요 어장이지만 5~6월에 대명포구에서도 제철을 맞은 밴댕이를 맛볼 수 있다. 가을이 되면 살이 오른 대하와 병어, 꽃게의 싱싱한 맛을 즐길 수 있다.

서해안회센터(대곶면 율생리, 생선회, 987-4900) 덕포진가든(대곶면 신안리, 한식, 989-5087) 살루트(대곶면 신안리, 경양식, 989-1816) 삼호복(대곶면 신안리, 복요리, 981-3536) 인천횟집(대곶면 대명리, 활어회·매운탕, 987-0251)

🏨 숙박 정보

약암관광호텔(989-7000) 부메랑모텔(997-3500) 리버사이드여관(987-7072) 그랜드여관(987-6227) 하이파크여관(988-7207)

🚗 연계 관광 정보

강화 남단을 이어주는 초지대교가 개통되면서 대명포구와 강화가 무척 가까워졌다. 약암온천이나 대명 포구를 찾은 사람들이 내친 김에 강화도로 건너와 독특한 풍광을 즐기는 경우도 늘어나고 있다.

가족과 함께 대명포구를 찾은 경우 강화

도에서 생태관광에 한번 도전해 보자. 초지대교를 건너 황산도-정수사를 거쳐 동막해변에서 갯벌탐사를 하고 장화리에서 일몰을 보고 돌아온다면 추억에 남는 여행이 될 것이다. 초지대교에서 북쪽 방향으로 강화해안도로를 따라 이어지는 초지진-덕진진-광성보 유적관광과 함께 오두돈대-강화역사관 사이의 해안을 달리는 자전거 하이킹도 추천할만하다.

🎪 축제 및 행사 정보

주사 손돌공 진혼제 및 바라춤이 음력 10월 20일 시연되며 전통제례의식도 치러진다. 억울한 죽음을 당한 손돌공의 넋을 달래기 위한 춤으로 해마다 손돌공묘와 대곶면 신안2리 등지에서 진행된다.

❓ 여행 문의처

- 덕포진 교육박물관 : 989-8580
- 덕포진 관리사무소 : 980-2965
- 약암온천 : 989-7000

곳곳에 남아있는 역사의 흔적들,
근세의 유적들을 돌아보자
강화해협 근세 유적지

강화도는 김포반도에 인접한 섬으로 육지에서 바라다 보이는 곳에 있다. 그러나 그 사이에 가로놓인 바다가 물결이 세고 깊은데다 소용돌이치며 흐르기 때문에 보통 배로는 건너기 어려워 천연의 요새가 되었다. 지난 1970년 강화대교가 놓이기 전까지는 섬으로서 독특한 역사와 풍물을 간직하고 있었지만 지금은 서울에서 불과 1시간 거리로 가까워져 강화의 특색이 사라져 간다는 안타까움도 든다.

▲ 강화섬을 육지와 연결한 초지대교.

강화섬의 관문인 강화대교를 건너면 강화읍에 닿는다. 강화읍은 〈강화산성〉으로 둘러싸여 있다. 그리 높지 않은 구릉의 한가운데에 자리 잡고 있으며 사방에 성벽이 남아 있다. 읍내에 도착하면 가장 많이 찾는 곳이 강화성 북문과 고려궁터다. 고려궁터는 고려가 몽고의 침략에 줄기차게 항전하던 39년간의 궁궐터로, 몽고에 항복한 후 몽고의 강요로 헐리고 말았다. 지금은 조선시대에 다시 지은 건물만 남아 있다.

〈강화북문〉은 고려궁터의 왼편을 돌아 800미터쯤 더 올라가면 닿는다. 진송루(鎭松樓)로 불리는 북문은 북쪽땅이 바라다 보이는 곳이다. 북문에서 강화읍내로 다시 되돌아오다 보면 번잡한 간판 사이로 '용흥궁(龍興宮)'이라고 써있는 표지판을 발견할 수 있다. 용흥궁은 조선 철종이 왕위에 오르기 전에 살던 민가로 1849년 철종 등극 후 용흥궁이라는 이름이 붙었다. 대지 350평에 5동의 건물로 이루어진 평범한 기와집으로 강화도령집이라고도 불린다.

강화도는 대한제국 말기에 일본의 강압에 못 이겨 강화도 조약을 맺었던 치

▲ 병인양요 때 가장 치열한 포격전이 벌어졌던 덕진진.

욕스런 역사를 간직한 곳이다. 근세 수난의 역사현장인 광성보, 덕진진, 초지진은 역사기행에 관심 많은 사람들에게는 빼놓을 수 없는 곳이다. 강화해협의 전적지는 외세의 침입에 대항했던 강화도 수난의 역사를 가장 잘 말해주고 있는 곳이기 때문이다.

강화도는 군사상으로 중요한 위치에 있었기 때문에 300리가 넘는 섬 둘레를 따라 10리(4km)마다 진을 두었고 진과 진 사이에 보를 두어 방비를 했었다. 그러나 이 진과 보는 여러 차례의 양요와 일본군의 침입으로 크게 파괴되었는데 얼마 전에야 제 모습을 찾았다.

강화의 동쪽에 있는 〈광성보〉는 강화해협에 돌출한 천연요새로 신미양요 때의 격전지였다. 지금은 성문인 안해루와 광성돈대, 용두돈대, 쌍충비각 등이 복원되어 있다. 특히 용의 머리처럼 불쑥 돌출된 암반 위에 세워진 용두돈대는 한 폭의 그림같이 아름답다. 이곳에서는 매년 음력 4월 24일에 신미양요 당시에 순국한 이들의 넋을 기리기 위한 〈광성제〉가 열린다.

광성보에서 자동차로 5분 정도 남쪽으로 내려가면 병인양요 때 가장 치열한 포격전이 벌어졌던 덕진진을 찾을 수 있다. 덕진진에는 그 당시의 대포 발사대인 남장포대, 덕진돈대 등이 복원되어 있고 산책을 즐기기에 좋다.

강화해협의 가장 남쪽에 있는 초지진은 신미양요와 운양호사건 때 포격된 것을 다시 복원해 놓았다. 진의 안쪽에서는 로마 원형경기장 같은 분위기에 덩그러니 놓인 구식 대포 한 문을 발견할 수 있다. 초지진에 올라서면 초지대교의 아름다운 모습을 감상할 수도 있다.

▲ 자그마한 성 같은 분위기의 초지진

해안도로에서 즐기는 자전거 하이킹

강화역사관에서 갑곶돈대와 용당돈대, 오두돈대를 거쳐 광성보, 덕진진, 초지진, 동검도까지 이어지는 총 15.5km의 강화섬 동쪽 해안도로는 자전거 하이킹을 즐기기에 최적의 코스이다. 특히 강화역사관에서 광성보에 이르는 해안도로에는 폭 3m의 자전거 전용도로가 있어 초보자도 안전하게 하이킹을 즐길 수 있다. 1997년에 인천 전국체전 때 사이클 경기가 열렸던 곳으로 도로 중간중간에 소공원과 전망대가 있어 쉬엄쉬엄 달리다 보면 하이킹의 진수를 만끽할 수 있다. 자전거는 강화역사관 매점에서 시간당 2,000원에 대여할 수 있다(문의 032-933-3692).

드라이브

드라이브 메모

☞ 최근에 개통한 초지대교를 이용하면 편하게 강화에 들어갈 수 있다. 방법은 서울 올림픽도로 끝단에서 김포 제방도로를 따라가다가 48번 국도와 만나 강화 방향으로 진행하다 누산삼거리에서 좌회전하면 양곡에 이른다.

☞ 이곳에서 352번 지방도를 따라 10여분 달리면 덕포진과 대명포구 입구에 이른다. 대명포구에서 초지대교를 건너면서 우회전하면 초지진, 덕진진, 광성보를 차례로 찾을 수 있다.

☞ 강화에서 돌아올 때 김포읍내 우회도로에서 제방길로 나가 한강을 따라 들어오면 편하게 서울로 돌아올 수 있다. 물론 강화로 갈 때에도 이용할 수는 있으나 행주대교 남단에서 입구를 찾기 어려운 단점이 있다

대중 교통 정보

☞ 서울 신촌에서 시외버스(10분 간격)를 이용하여 강화읍까지 온 후(소요시간 약 1시간 30분) 강화터미널에서 전적지행 군내 버스를 이용하여 덕진진에서 하차한다(문의 강화터미널, 934-4343).

여행정보

지역번호 032

🍴 맛집

장어는 입맛을 돋우게 하는 음식으로 예로부터 남성에게는 힘을, 여성에게는 아름다움을 준다고 알려져 있다. 강화도의 장어는 바닷물과 민물이 만나는 곳에서 자라 그 맛이 독특하다. 양념을 발라 숯불에 구워먹는 장어맛도 일품이려니와 장어의 뼈를 발라 오래 곤 육수에 기름진 강화쌀로 만든 죽맛도 좋다. 곁들여 나오는 강화인삼과 튀긴 장어뼈도 색다른 맛을 경험하기 제격이다. 강화역사관과 광성보를 잇는 해안도로변에 있는 더리미 뱀장어타운에 가면 건강 음식을 맛볼 수 있다.
선창집(932-7628) 부름터식당(932-8228) 버들식당(933-0428) 해성장어구이(932-7331) 나루터장어이집(933-7477) 풍천민물장어구이(932-9233) 선창집장어구이전문(933-7628) 유림장어숯불구이(934-0046) 강촌장어구이(932-1212)

🏨 숙박 정보

강화남산유스호스텔(강화읍, 934-7777) 하얏트모텔(강화읍, 934-8778) 금성여관(강화읍, 934-2377) 독일장(강화읍, 932-7267) 강화여관(강화읍, 933-6737) 궁전파크여관(불은면, 937-0569) 애니콜여관(불은면, 937-8687)

🌐 연계 관광 정보

자녀들과 함께 강화를 찾게 된다면 강화군이 추천하는 테마여행코스 가운데 하나인 〈어린이 문화 유적탐방〉에 한번 도전해보자. 강화역사관을 출발해서 광성보, 덕진진, 초지진을 거쳐 황산도 부근에서 갯

벌체험을 하고 전등사와 고인돌을 거쳐 은암자연사박물관과 곤충농원을 돌아본 후 고려궁터를 방문하는 것이다. 총 이동 거리는 83.3km, 예상 소요시간은 약 8시간 정도이다.

🎉 축제 및 행사 정보

매년 10월 초순경이면 〈강화 고인돌 문화축제〉가 강화역사관과 고인돌광장, 마니산을 오가며 벌어진다. 개천대제를 시작으로 용흥궁에서 강화역사관에 이르는 4km 구간에서는 철종임금 등극행렬, 팔만대장경판각 재현행사와 가족놀이마당, 국악공연, 시선뱃노래와 용두레놀이가 펼쳐진다. 그리고 고인돌광장에서는 고인돌 축조 재현 행사와 원시인 복장을 입고 움집생활하기 등 다양한 이벤트도 이어진다(문의 930-3621~4).

❓ 여행 문의처

- 인천시 강화군
  관광개발사업소 : 933-8011
- 강화군청 문화관광과 :
  930-3621~4
- 강화역사관 : 937-1624
- 강화시외버스터미널 : 934-4343
- 강화시외버스터미널 관광안내소 :
  930-3515
- 고려궁지 : 930-3579
- 광성보 관리사무소 : 937-4488
- 덕진진 관리사무소 : 937-4588
- 초지진 관리사무소 : 937-4388
- 강화군 자원봉사 가이드회 :
  934-1637

율곡의 흔적을 찾아서
길따라 찾아가는 답사여행

임진강 나들이와 자운서원

문산에서 시작되는 임진강변 나들이는 '강변 드라이브'와 이율곡 선생의 유적지를 찾아가는 '답사여행'과 감악산 계곡에서 더위에 지친 몸과 마음을 식힐 수 있는 '계곡 나들이'를 겸할 수 있어 가족나들이코스로 훌륭하다.

문산에서 출발하는 이 여행의 첫 기착지는 〈화석정〉. 예전에는 문산읍에서 37번 국도를 따라가는 코스를 많이 이용했지만 자유로를 이용해 문산으로 오는 사람이 많아지면서 문산 위쪽으로 지나가는 우회도로를 이용하는 경우도 많다. 자유로 당동나들목을 나와 문산읍 북쪽을 가로지르는 4차선 도로를 이용하면 쉽게 화석정 입구에 이를 수 있다. 주의할 점은 너무 잘 닦인 길이라 자칫 화석정 입구를 지나칠 수 있기 때문에 바깥차선에서 서행할 필요가 있다.

화석정은 율곡 선생이 관직에서 은퇴한 뒤 시를 짓고 묵상을 했던 정자. 잘 다듬어진 주변 환경과 정자에서 내려다보는 임진강의 도도한 흐름이 찾는 이들의 마음을 사로잡을 정도다. 이곳에서 내려다보는 임진강과 탁 트인 길은 정말 시원하다. 율곡 선생은 벼슬에서 물러난 뒤 이곳에서 여생을 보내며 제자들과 시와 학문을 논했다고 전해진다. 건물의 정면 중앙에는 박정희 전대통령이 쓴 '화석정(花石亭)' 현판이 걸려있으며 정자 안에는 율곡 선생이 8세 때 화석정에서 지었다는 '팔세부시(八世賦詩)'가 걸려있다.

▼ 대규모 레저파크인 임진강폭포어장.

화석정에서 선유리-이천리-동문리로 이어지는 뒷길로 20여 분 정도 길을 따라 가면 자운서원이 나온다. 이곳에는 율곡연수원, 교원연수원도 자

▲ 화석정에서 내려다 본 임진강. 도도한 흐름이 인상적이다.

리 잡고 있다. 〈율곡기념관〉도 있고 율곡 가족묘가 13기나 모셔져 있으니 생각보다 터가 상당히 넓은 것이다. 〈자운서원〉은 조선 광해군 7년(1617) 이율곡 선생의 학문과 덕행을 추모하기 위해 지방유림들이 세운 서원인데 대원군의 서원철폐령으로 폐허가 되었다가 1970년대 유림들과 국가의 도움으로 복원되었다.

자운서원에서 왔던 길을 되돌아 나오다 선유리에서 37번 국도를 타고 10.6km를 달리면 〈임진강폭포어장〉에 이른다. 3만여 평의 대규모 레저파크인 임진강폭포어장에는 송어회가 유명한 대형 음식점도 있다. 천연잔디로 꾸며진 18홀 퍼팅전용 미니 골프장에서 골프연습을 할 수도 있다. 송어회 요리전문점, 어린이 놀이시설, 단체 야유회가 가능한 운동장, 야외결혼식장도 갖추고 있으며 5m 높이의 인공폭포와 2km에 이르는 수로형 송어양식장은 좋은 구경거리이다.

계속해서 37번 국도를 따라 적성에 이른 다음 동남쪽 방향으로 열려 있는 323번 지방도로를 따라 내려가면 영국군 전적비가 나타난다. 이 전투비는 1951년 4월 22일부터 25일까지 설마리 계곡에서 북한군과 교전 중에 전사한 영국군 글로스터셔 연대의 제1대대와 제170경 박격포대 장병들을 기념하기 위한 것이다.

영국군 전적비가 있는 곳에서 법원리 방향으로 이동하다보면 울창한 숲과 맑은 물 흐르는 무공해 청정지역, 감악산 계곡 입구에 이른다. 높이 675m의 감악산은 조선시대에는 북악·송악·관악·심악과 더불어 경기5악의 하나로 불렸는데 산에는 감악사·운계사·신암사가 있었다고 하나 지금은 없어지고 절터만이 남아 있다.

감악산 계곡의 포인트는 30m 높이의 운계폭포로 거북바위에서 400m 정도 올라가면 만날 수 있다. 거의 수직에 가깝게 떨어지는 이 폭포는 비룡폭포로 불리기도 한다. 한편 산의 북쪽 객현리 쪽에서 올라오는 중턱에는 충혼사라는 절 겸 사당이 있는데 이곳은 6·25전쟁 때 희생된 이 지방 청년들의 넋을 기리는 곳이다.

▲ 가족나들이 명소로 자리잡은 임진강폭포어장.

재밌는 민속생활을 돌아보는 '두루뫼박물관'

파주시 법원읍에 있는 〈두루뫼박물관〉은 우리 조상의 손때 묻은 생활용품들을 모아놓은 민속생활사박물관으로 소설가 강위수 씨가 세웠다. 삼국시대의 토기를 비롯해서 근래에 이르는 옹기류와 나무로 만든 생활도구 1천5백 점의 민속생활용구를 전시하고 있다. 이 박물관에서는 장독대와 초가 사랑방, 신당(神堂), 헛간을 비롯해서 솟대, 터주가리 등 지금은 거의 찾아볼 수 없는 사라져가는 것들을 모아 전시하고 있는데 특히 볏짚으로 만든 터주가리를 중심으로 옹기종기 정답게 모여 앉은 장독대의 풍경이 인상적이다.

학생들을 위한 체험교육 프로그램으로 새끼 꼬기, 이엉 엮기, 모닥불에 감자 구워 먹기, 윷놀이, 제기차기, 널뛰기 등도 준비되어 있다. 그리고 성인들을 대상으로 메주 만들기, 된장·고추장 담그기 등도 진행된다. 전시장을 겸하고 있는 '노스탤지어관'과 초가 사랑방은 차를 들며 여유 있게 음악 감상을 하거나 가족 친지간 간소한 모임이나 세미나 장소로 이용할 수 있다. 개관시간은 오전 11시부터 오후 6시까지이며 관람료는 어른 2,000원, 어린이 1,000원이다(문의 031-958-6101).

드라이브

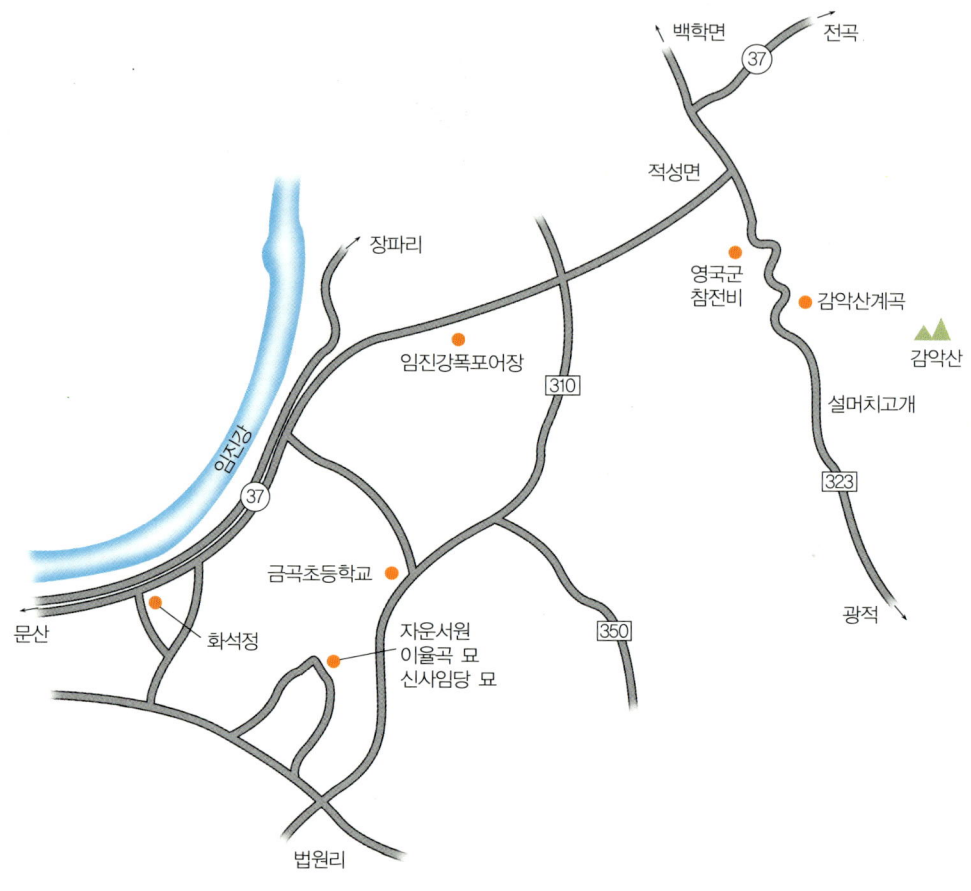

드라이브 메모

▷ 자유로 당동 나들목을 빠져나오면 문산읍내를 통과하지 않고 적성으로 가는 37번 국도를 이용할 수 있다.
▷ 문산 북쪽을 지나 임진강이 길 왼편에 나타나기 시작하면 화석정 부근에 이른 셈이다. 미리 속도를 줄여야 이정표를 확인하며 나갈 수 있다.
▷ 자운서원은 선유리 삼거리에서 좌회전해 동문리를 거치면 쉽게 찾을 수 있다. 임진강폭포어장이나 감악산은 다시 37번 국도로 나와 적성방향으로 이동하면서 찾아가도록 한다.

대중 교통 정보

▷ 서울역에서 문산행 좌석버스를 이용하거나 불광동에서 시외버스를 이용해 문산터미널에 내린 후 마을버스 5번을 타고 화석정 앞에서 하차하면 된다.
▷ 임진강폭포어장이나 감악산으로 가려면 적성행 시외버스를 이용한다.

여행 정보

지역번호 031

🍴 맛집

반구정 나루터집(파평면 율곡리, 장어구이 952-3472) 버드나무집(파평면 율곡리, 장어구이, 952-6268) 가야성(법원읍 동문리, 생갈비, 958-7942) 두지리 원조매운탕(적성면 설마리, 민물매운탕, 959-4508)

🏠 숙박 정보

로얄여관(문산읍 문산리, 953-6667) 귀빈장여관(파주읍 연풍리, 954-1760) 민박집 화개장터(법원읍 설마리, 959-3249) 무진산장(법원읍 설마리, 958-7959)

🚌 연계 관광 정보

파주시에서 추천하는 테마여행코스 가운데 〈철학자의 발자취〉가 있다. 자운서원에서 출발해 화석정을 돌아본 후 성혼 선생묘와 파산서원을 찾아가는 일정이다. 성혼(成渾, 1535~1598)은 조선중기 성리학의

대가로 파평(坡平) 우계(牛溪) 옆에 살아 학자들이 우계선생이라 부르기도 하였다. 파산서원은 조선중기 학자인 청송(聽松) 성수침(成守琛, 1493~1564)과 그의 아들 우계(牛溪) 성혼(成渾, 1535~1598), 아우 절효공(節孝公) 성수종(成守琮, 1495~1579) 및 휴암(休庵) 백인걸(白仁傑, 1497~1579)의 위패를 봉안하고 제향을 올리며 후학을 양성하던 곳이다.

🎪 축제 및 행사 정보

매년 10월 중순경에 〈율곡문화제〉, 11월 첫째주부터 둘째주까지 〈주장단콩축제〉, 4월에는 〈파주 큰버섯잔치〉가 열린다.

❓ 여행 문의처

- 파주 관광안내센터 : 953-4744
- 화석정 관리사무실 : 952-9233
- 자운서원 관리실 : 958-1749
- 임진강폭포어장 : 959-2222~5

우리 역사 다시 보기
오래된 유물과 분단의 아픔을 간직한 고향땅
한탄강과 전곡리 선사 유적지

서울의 북쪽 경계에서 의정부와 동두천을 거치는 3번 국도로 1시간 정도만 달려가면 여전히 민족 최대의 숙제인 분단(分斷)을 눈으로 생생히 확인할 수 있는 곳이 나온다. 오염되지 않은 강과 계곡이 있고 선사 유적지도 찾아갈 수 있어 가족여행지로 추천할 만한 곳이다. 그리고 무엇보다 어린아이들에게 통일과 민족에 대한 산교육을 펼칠 수 있어 교육적으로도 좋은 여행지이다.

한탄강 국민관광지에서 시작해 분단의 현장을 찾아가는 이 여행의 첫 기착지는 〈전곡리 선사 유적지〉. 우리나라 구석기유적을 대표하는 이곳은 1978년 4월 한탄강 유원지에 놀러 왔던 동두천 주둔 미군 병사가 4점의 석기를 우연히 채집한 것이 알려지면서 세계적으로 주목받는 구석기 유적지가 되었다.

잘 정비된 입구를 지나면 야생화 정원으로 이어지는 꽃길이 시작된다. 봄이면 보리밭길, 가을이면 코스모스 길을 만들어 놓아 훌륭한 산책로가 된다. 100여 미터 정도 되는 꽃길을 지나면 유물관이 나타난다. 선사 유적지에서 출토된 유물들과 선사 유적지의 고고학적 가치를 알리는 내용의 전시물을 담고 있다. 유물관을 나서면 잔디밭 위로 구석기시대의 움집과 당시를 묘사한 조각상들이 곳곳에 있어 좋은 볼거리가 된다. 관람로를 따라가며 움집 구경과 기념촬영을 하다보면 다시 유물관 앞에 도착하게 된다.

▲ 잘 정비되어 있는 전곡리 선사 유적지 입구.

선사 유적지에서 한탄강 방향으로 200m 정도만 내려오면 〈한탄강 국민관광유원지〉 입구를 만날 수 있다. 이곳이 처음 국민관광유원지로 지정된 것은 1977년. 이후 여름철 휴식처로 사랑받아왔으나 최근 상가나 편의시설이 노후되고 상

▲ 계절마다 색다른 꽃길을 만들어 놓아 산책코스로도 좋다.

류 쪽 오염이 심해져 찾는 사람이 점차 줄어들고 있다. 최근에 연천군은 2005년부터 2007년까지 새로운 관광지로 거듭나기 위한 조성 공사를 진행하고 있다.

연천으로 가는 길목, 통현리에서 78번 지방도를 따라 8km를 가면 재인폭포에 이른다. 재인폭포는 물이 많은 한여름에 가야 폭포의 장쾌함을 즐길 수 있다. 줄타기에 뛰어났던 재인(才人)의 한과 그 부인에 관한 전설이 깃든 재인폭포는 높이 18.5m에 이르는 제법 규모가 큰 폭포다. 기암괴석과 녹음을 잔뜩 머금은 울창한 숲이 어우러져 절경을 이루고 있다. 폭포수가 떨어지는 아래쪽의 깊은 소(沼)와 함께 한여름의 무더위를 식혀준다. 이곳은 물이 맑고 깊으며 특히 화강암 침식곡에 현무암이 분출하여 만들어진 물결무늬의 검은 석벽이 반원과 비슷한 형태를 이루고 있어 기이한 경관을 자랑한다.

재인폭포 인근에 있는 동막골계곡은 맑은 물이 깊은 계곡을 굽이굽이 돌아 흐르고 계곡 주변에는 기암괴석과 자연림이 어우러지는 연천군의 새로운 관광명소이다.

전곡과 연천을 지나는 경원선은 1914년 개통되었다. 용산과 원산을 잇는 총

길이 222.7km의 철로지만 남북 분단으로 인해 현재는 의정부역에서 신탄리역까지 57.6km 구간만 열차가 운행되고 있다. 경원선이 닿는 곳에 들를 만한 곳은 연천역 급수탑과 신탄리역 철도중단점이 있다.

열쇠전망대는 신서면 마전리 배바위에 소재하고 있다. 열쇠전망대는 북녘을 한눈에 바라볼 수 있는 곳으로 안보 교육 및 망향의 한을 달래 주기 위해 육군 상승 열쇠부대에 의해 1998년 건립되었다. 열쇠전망대 내부 전시실에는 북한의 생활용품과 군사장비가 전시되어 있다.

▲ 현무암 협곡을 감돌아나가는 한탄강.

증기기관차의 향수를 전해주는 '연천역 급수탑'

증기기관차와 급수탑은 1899년 9월 서울과 인천을 운행하는 경인선이 개통되면서 처음 등장해 교통수단으로서의 기능을 담당하였으나 1950년대 디젤기관차가 등장하면서 사라지게 되었다. 연천역 급수탑은 1919년 인천과 원산의 중간지점에 세워진 철도 급수탑으로 증기기관차에 물을 공급하던 시설이다. 일제시대 세워졌던 연천역의 시설물들은 6·25전쟁 시 폭격에 의해 모두 사라졌으나 급수탑만은 원형대로 잘 남아 있다. 건립 당시에는 기관차 뒤에 달린 탄수차(炭水車)에 물을 공급하는 동안 물물교환 등 상거래가 활발히 진행돼 시장의 역할을 하기도 하였다고 한다. 6·25전쟁 이전까지만 해도 이곳은 북한의 최남단 지역이었고 경원선을 통한 북한의 군사물자가 대량으로 하역되는 곳이었다. 이 때문에 하얀색의 이 급수탑을 좌표로 미군의 폭격이 극심하였고 아직도 건물에는 탄흔이 선명하게 남아 있다.

드라이브

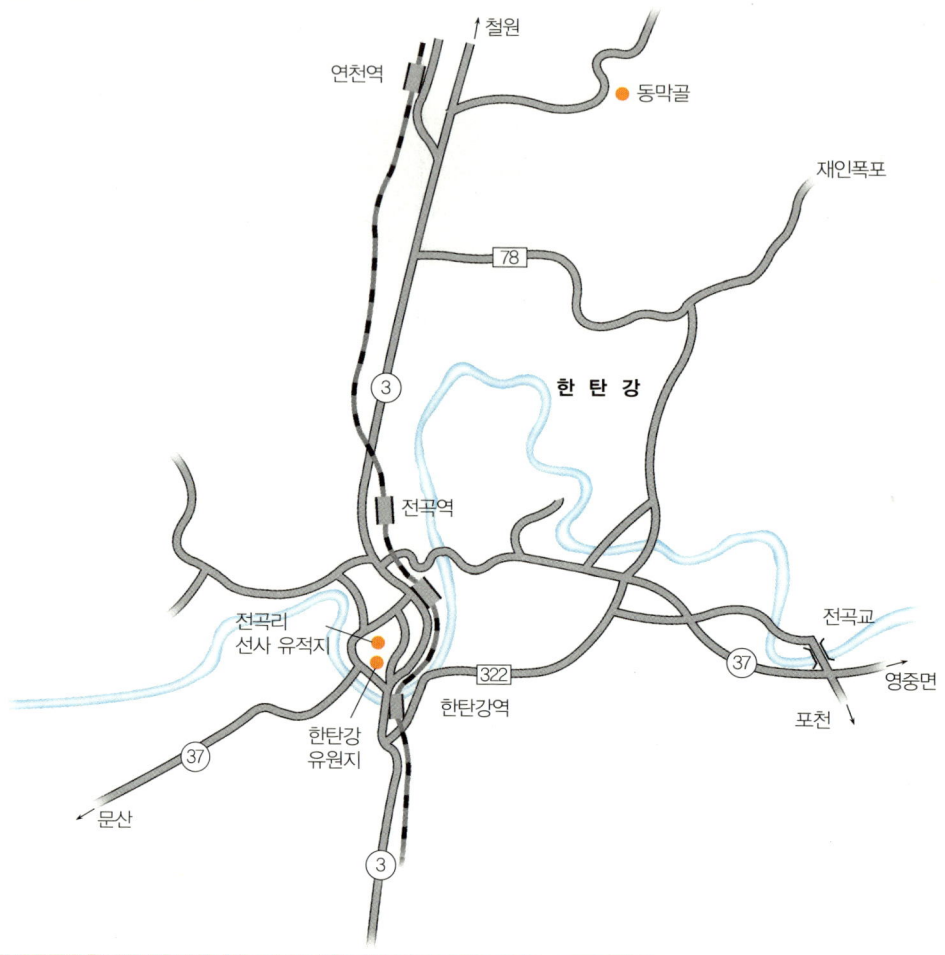

드라이브 메모

▷ 3번 국도를 따라 전곡으로 들어오면 한탄강을 건너게 된다. 한탄강유원지는 경의선 한탄강역 아래로 내려서면 입구 주차장이 기다리고 있다.

▷ 선사 유적지는 한탄강유원지 뒤편 길을 따라 하류 쪽으로 내려가다 37번 국도로 올라서서 시내 방향으로 200미터만 진행하면 쉽게 찾을 수 있다.

▷ 재인폭포를 찾으려면 3번 국도 연천 방향으로 달리다 78번 지방도로 우회전, 이정표를 따라 들어가면 된다.

대중 교통 정보

▷ 전곡리 선사 유적지는 경원선 한탄강 역에서 내려 한탄강유원지 방향으로 도보 10분 거리에 있다. 한탄강유원지는 한탄강역 바로 앞에 있어 경원선 철도를 이용하는 것이 가장 편하다.

지역번호 031

🍴 맛집

한탄강가든(전곡읍 전곡리, 한식, 823-4488) 송도식당(전곡읍 전곡리, 한식, 832-5841) 기풍식당(연천읍 고문리, 매운탕, 834-2656) 재인폭포가든(연천읍 고문리, 한식, 834-2209) 불탄소가든(연천읍 고문리, 한식, 834-2770)

🛏 숙박 정보

한탄강관광호텔(832-8094) 인강파크(832-7717) 민들레여관(835-3579) 금수산장(832-7890) 그린랜드여관(832-8321) 힐튼파크여관(835-8820)

🧭 연계 관광 정보

연천군에서는 자연, 통일, 문화유적 등 3가지의 테마를 가진 관광코스를 제안하고 있다. 자연관광코스는 고대산-대광골유원지-동막골유원지-재인폭포-임진강유원지-한탄강유원지-열두개울로 이어지는 연천군의 자랑거리 자연관광지를 돌아보는 일정이다.

통일관광코스는 경원선 철도중단점-열쇠전망대-태풍전망대-증기기관차 급수탑-현충탑-1·21무장공비침투로 등의 안보관련 관광지를 찾아가는 일정이다.

문화유적관광코스는 전곡리 선사유적지-연천향교-숭의전-호로고루성지-경순왕릉을 다녀오는 일정으로 연천군의 주요 사적이나 유적을 돌아보게 된다.

연천군의 추천 테마관광코스는 대부분 하루 일정으로는 불가능하므로 도중에 1박을 하거나 중간의 한두 군데는 생략하는 방법이 좋다.

🎪 축제 및 행사 정보

매년 5월 어린이날 전후로 〈전곡리 구석기 문화축제〉라는 이름으로 전곡리 선사유적지에서 축제가 열린다.
원시체험의 장, 석기제작 등 다채로운 프로그램을 준비하고 있으니 체험을 통해 선사문화를 이해할 수 있는 행사로 온 가족이 참여하기 적당하다.

❓ 여행 문의처

- 연천군청 문화관광과 : 839-2789 / 2065
- 한탄강 관리사무소 : 832-9572
- 연천군 시설관리공단 : 839-2901~2
- 전곡리 선사 유적관 : 832-2570

"등잔밑이 어둡다"
나를 깨우는 풍경이 있는
자연여행지

**손길이 미치지 않는 수도권의 비경
문만 나서면 펼쳐지는 심산유곡**
>>> 벽계구곡과 노문리

호젓하게 즐기는 산책, 격렬한 레포츠가 함께 하는 곳
>>> 사나사계곡과 썰매재 자연휴양림

맑은 물줄기 사이로 비경秘境을 발견하는 즐거움
>>> 용문사와 중원계곡

**자연의 숨소리가 들리는 청정계곡
야생화가 피어있는 오솔길**
>>> 명지계곡과 연인산 산행

**도시 속 자연이 머무는 성과 공원,
소풍 가듯 떠나는 가벼운 여행**
>>> 행주산성과 일산호수공원

**"한길 관목 숲을 지나 휴양지에 닿다"
자연과 사람이 공존하는 쉼터**
>>> 공순영릉과 하니랜드

자연이 준비한 억새축제의 현장으로 떠나요
>>> 산정호수와 명성산

손길이 미치지 않는 수도권의 비경
문만 나서면 펼쳐지는 심산유곡

벽계구곡과 노문리

처음 노문리와 명달리를 찾는 사람들은 서울과 불과 한 시간 거리에 이렇게 심심산골 같은 곳이 있다는 사실에 놀라게 된다. 수도권의 숨은 비경 가운데 하나인 노문리, 명달리 일대는 아직 개발의 손길이 미치지 않은 두메산골이다. 때문에 오지 특유의 차분함과 신선함이 계곡의 바위 하나에서도 묻어나고 풀 한 포기에도 매달려 있다.

양수리에서 북한강 동쪽 강변을 따라 수입리까지 온 다음 산으로 발걸음을 옮기면 초행길이라도 쉽게 찾을 수 있는 양평군 서종면 노문리 마을이 나온다. 이곳에서 시작해 통방산까지 끝없이 이어지는 벽계구곡은 여름이면 더위를 피해 온 사람들로 제법 들썩대는 곳이다.

해발 650m의 〈통방산〉은 아직까지 오염되지 않은 깨끗한 물과 울창한 수림이 있는 서울에서 가까운 산 중 하나다. 서울에서 가깝지만 대중교통이 어렵고 산행기점인 명달리의 접근이 어렵다는 이유로 인적이 드문 아주 좋은 산이다.

▲ 조선 말 성리학자인 이항로 선생의 생가.

노문리로 들어서는 길목에 있는 〈이항로 선생 생가〉(유형문화재 제105호)는 계곡나들이 길에 한번 들러 볼만한 곳이다. 이 집은 조선 말기의 성리학자인 이항로(1792~1868) 선생이 살던 곳이다. 선생은 순조 8년(1808) 한성시에 합격했고 학문과 후진양성에 전념하였으며 고종 3년(1866) 병인양요 때는 주전론(主戰論)을 적극 주장하였다. 선생의 저서로는 《화서집》, 《화동역사합편강목》 등이 있다. 이 집은 선생이 탄생하여 일생을 보낸 곳으로 선생의 부친이 지은 지 300여 년이나 되었다.

▲ 벽계구곡이 있는 명달리는 아직 깨끗한 두메산골이다.

이항로 선생 생가에서 노문리 안쪽으로 더 들어가다 보면, 명달리로 가는 자그마한 다리가 있는 갈림길이 나타나는데 이곳에서 다리를 건너지 않고 직진하면 〈벽계구곡〉을 찾을 수 있다.

벽계구곡은 통방산 삼태골에서 발원하여 노문리와 수입리를 거쳐 북한강으로 흘러드는 계곡으로 울창한 숲에 물길이 워낙 길어 '물길 80리, 산길 50리'라고 불리기도 한다. 구곡(九谷)이란 제1곡 외수입(바깥 무드리), 제2곡 내수입(안무드리), 제3곡 형지터(이제거의 옛터), 제4곡 용소, 제5곡 별소, 제6곡 분설담, 제7곡 석문, 제8곡 속야천(속샛부락 앞을 흐르는 내), 제9곡 일주암(갈문부락의 선바위)을 가리킨다.

가장 안쪽에 있는 일주암으로 가는 길은 약간 까다롭다. 노문리 마을 끝머리의 민박집에서 숲을 10분 정도 헤치고 나가면 계곡 건너편에 등산로가 보인다. 이 길을 따라 다시 10여 분 산을 오르면 일주암을 찾을 수 있다. 일주암은 암자가 아니라 보는 각도에 따라 모습이 달라지는 기암절벽이다.

벽계구곡의 맑은 물이 제법 모이기 시작하는 아래쪽은 폭이 넓고 수심이 얕으며 곳곳에 천연수영장이 많아 어린이를 동반한 가족 피서지로 적합하다. 제법 씨알이 굵은 물고기들이 많아 그물을 챙겨 나와 천렵(川獵)을 즐기는 사람들도 많다.

벽계구곡에서 왔던 길을 되돌아 나와 명달리로 가는 노문교를 건너면 완만한 언덕길이 시작된다. 명달리는 통방산(650m)과 중미산(834m) 사이에 있는 삼태골의 서쪽 기슭에 파묻혀 있는 두메산골이다. 명달리는 노문리에 살던 벽진 이씨들이 조선 중엽 깊은 산골로 찾아들어 만든 마을로 지금도 심산유곡을 간직하고 있다.

▲ 제법 씨알이 굵은 물고기가 많아 천렵을 즐기는 사람들이 모여든다.

노문교에서 자동차로 산길을 3.3km 정도 달리면 지금은 폐교된 명달초등학교가 나타나는데 〈명달계곡〉은 이곳에서 시작된다. 삼태골 기슭에서 시작되는 명달계곡은 망초 등을 비롯한 온갖 야생화와 울창한 잣나무 숲, 시원스런 폭포수 등이 잘 어우러져 선경을 빚어내고 있다.

 '생태산촌마을'에서 마음을 재충전하자

〈양평생태산촌마을〉은 명달리와 노문리를 함께 묶어 부르는 이름으로 양평군이 정보화마을로 지정하며 이름을 붙였다. 쭉쭉 뻗은 나무들이 기세 좋게 꽉 차 있는 야산으로 둘러싸여 있어 도시민들의 휴식과 재충전의 공간으로 적당한 곳이다.

농약과 화학비료를 사용하지 않는 유기농법으로 농사를 짓고 있다. 마을 주변은 산책로와 꽃길을 조성해 아름다운 모습을 드러내고 있다.
마을 사람들은 마을을 찾는 사람들을 항상 따뜻한 미소로 반겨준다. 봄체험, 여름체험, 가을체험, 겨울체험 등의 프로그램으로 도시사람들이 참가할 수 있는 다양한 프로그램을 운영 중이다. 홈페이지(http://ecosanchon.invil.org)에 접속하면 정보화마을의 분위기와 다양한 정보를 살펴 볼 수 있다.

드라이브

드라이브 메모

양수리에서 363번 지방도를 이용해 북한강 서쪽 강변을 따라 14km 달리면 수입리에 이른다.

수입리에서 강변길을 버리고 서쪽으로 86번 지방도를 따라 5km 더 들어가면 이항로 선생 생가에 이르고 2km 더 진행하면 노문리에 닿는다. 이곳에서 벽계구곡이 시작된다.

명달리는 노문리에서 다시 이항로 선생 생가 쪽으로 700m 정도 되돌아 나오다 길 왼편에 있는 노문교를 건너 3km 산길을 달리면 도착하게 된다.

대중 교통 정보

서울 상봉터미널에서 양수리행 직행버스를 타고 문호리에서 내려 노문리행 버스로 갈아탄다. 또는 청량리시장 앞에서 문호리행 버스를 탄 뒤에 노문리행 버스로 갈아탄다.

여행 정보

지역번호 031

맛집

특별히 유명한 음식점은 없지만 다양한 음식점이 있어 오히려 선택하기 곤란할 때도 있다. 벽계구곡으로 가는 길목에 있는 추천할만한 음식점으로는 둥굴레(서종면 수입리, 한정식, 774-0361) 나의뜨락(서종면 수입리, 오리돌판구이, 772-1808) 해토Ⅱ(서종면 노문리, 게장백반, 774-5413) 토방(서종면 수입리, 한식, 774-2521) 등이 있다.

숙박 정보

명달리나 노문리보다는 북한강 쪽 문호리로 나와 숙소를 구하는 것이 편하다.
콘도식 모텔 사랑터울(771-6681) 리버힐장여관(서종면 문호리, 772-4880) 리버싸이드여관(서종면 수입리, 774-1253) 양평한화리조트(양평군 옥천면 신복리, 772-3811)

연계 관광 정보

벽계구곡으로 가는 길목에 있는 양수리에 〈두물머리 애벌레생태학교〉라는 이색공간이 있다. 1만 5천 평의 비옥한 땅에 각종 야생화를 비롯한 풀과 수생식물이 가득한 연꽃밭, 느티나무숲 등이 있어 자연을 가까이서 접하지 못했던 어린이들에게 좋은 교육의 장(場)으로 꼽힌다.

한겨울에도 꽃 사이를 날아다니는 나비를 볼 수 있는 나비생태하우스와 50여 종 1천여 마리의 곤충, 양서류, 파충류 등이 있는 전시실이 있어 4계절 항상 살아있는 생물을 관찰할 수 있다. 표본전시장에는 200여 개 표본 액자 안에 1천여 종의 한국나비, 외국나비, 한국곤충, 외국곤충들이 전시되어 있다.

이 학교의 장점은 언제나 각 분야 전문교사들의 지도로 곤충·동물·야생화 해설, 별자리 관측 등의 교육을 받을 수 있다는

점. 체계적이고 종합적인 생태교육이 거의 없었던 교육 현실에서 자연친화적인 교육의 장으로 활용할 수 있어 기대를 모으고 있다(문의 031-771-0551).

축제 및 행사 정보

남한강과 북한강이 감싸고 있는 양평군에서는 매년 5월 하순이나 6월 초순에 〈맑은 물사랑 예술제〉를 벌인다.
주요 공연은 용문산 관광지 야외 공연장에서 펼쳐지는데 한강사랑 콘서트와 숲속의 음악회를 준비하고 있다. 양평군 맑은 물 사랑실천협의회에서 주최한다(문의 770-2472).

여행 문의처

- 양평군 문화관광과 : 770-2068
  (야간 및 휴일 : 770-2222)
- 두물머리 애벌레생태학교 : 771-0551

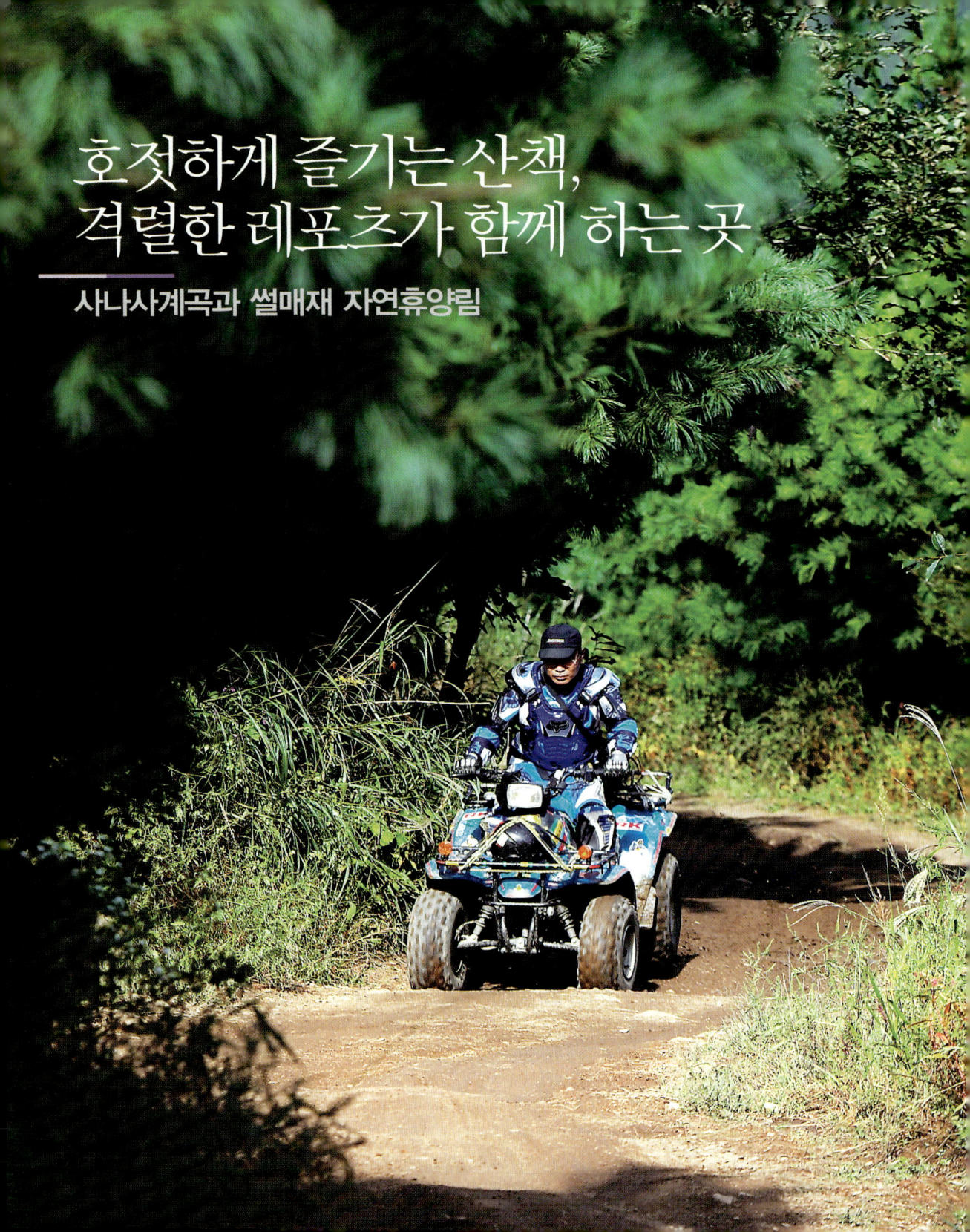

호젓하게 즐기는 산책,
격렬한 레포츠가 함께 하는 곳

사나사계곡과 썰매재 자연휴양림

처음 사나사계곡을 찾는 사람들은 수도권에 이렇게 조용하고 깨끗한 곳이 있었는지 놀라게 되고, 누구나 쉽게 걸을 수 있는 사나사(舍那寺) 입구 산책로의 호젓함에 감탄하게 된다. 평탄하면서도 아기자기한 사나사 가는 길은 거동이 자유롭지 못한 노인들이나 어린아이와도 함께 갈 수 있는 곳이라 삼대(三代)가 함께 찾으면 좋다.

잘 정비된 주차장에 차를 세우고 용문산 서쪽 자락으로 발길을 옮기면 바로 사나사계곡이 나타난다. 용문산 서쪽에서 흘러내린 계곡 물이 깨끗하고 수량도 풍부해 사나사계곡은 가뭄에도 마르지 않는다. 길가로 물이 흘러내려 걸음을 멈추면 손쉽게 시원한 물줄기에 발을 담글 수 있다.

▲ 심한 가뭄에도 물이 마르지 않는 사나사계곡.

사나사계곡 입구에서 100m 정도 올라가면 함 씨의 시조인 함왕(咸王)이 솟아나왔다는 전설이 깃든 함왕혈이 나온다. 함왕혈은 설악의 오색약수처럼 계곡물이 흐르는 암반에 자그마하게 둥근 형태로 파여진 구멍 안에서 샘물이 솟아 신비감을 준다. 여기에서 다시 100m 정도 올라가면 바위와 계곡이 함께 어우러진 옥녀탕에 닿게 된다. 옥녀탕을 흐르는 맑은 물에 발을 담그면 무더위도 저만치 물러선다.

운이 좋아 독경을 하는 시간에 사나사를 찾으면 일주문에 연결된 자그마한 스피커를 통해 낭랑한 독경 소리를 들을 수 있다. 일주문을 통과하면 고찰 사나사를 만날 수 있다. 사나사가 있는 곳은 사나사계곡 중간 정도다.

본격적으로 사나사계곡이 시작되는 곳에 위치한 〈사나사〉는 작고 아담하지만 오랜 연륜을 지닌 유서 깊은 절이다. 신라 경명왕 7년(923)에 고승인 대경

▲ 대부산 정상에서 바라보는 용문산과 남한강.

대사가 제자 융문과 함께 창건하고 5층석탑과 노사나불상을 조성하여 봉안하고 절 이름을 사나사로 하였다. 이후 고려 공민왕 16년(1367)에 보우(普愚)가 140여 칸 규모로 중건하였으나 임진왜란 등 세파를 겪으면서 불타고 무너져 지난 1993년에야 대웅전을 다시 지을 수 있었다. 경내에는 도유형문화재 제72호인 원증국사석종탑과 도유형문화재 제73호인 원증국사석종비가 있다.

사나사계곡 서쪽 바로 옆 용천골에는 사람의 손때가 덜 탄 〈썰매재 자연휴양림〉이 있다. 용천골은 용문산과 유명산 사이를 내려오다 남한강으로 흘러드는 30리(12km)에 가까운 긴 계곡이다. 용천골은 사나사계곡에서 나오다 용천2리 방향의 이정표를 참고하면 쉽게 찾을 수 있다. 사나사계곡을 먼저 들르지 않고 바로 찾을 경우에는 옥천읍에서 용천리 방향 이정표를 따라 계속 직진하면 된다.

썰매재 자연휴양림 입구에는 제법 많은 전원카페가 모여 낭만적인 분위기를 연출하고 있다. 카페 쏠비알을 지나 점차 힘겨워하는 엔진 소리가 들릴 즈음이면 양평군 청소년수련원이 나타나고 곧 썰매재 자연휴양림 입구에 닿게 된다. 썰매재 자연휴양림은 국가에서 운영하는 여느 휴양림과는 달리 민간 기업이 운영하는 휴양림이다. 이곳에서는 단순히

숙박시설만 빌려주는 것이 아니라 산림전문가가 숲의 구성과 나무의 분포, 특징을 설명하는 학습과정인 숲 설명회(10명 이상의 단체만 가능하며 사전 예약자만 가능)와 서바이벌 훈련 같은 다양한 레저 프로그램을 운영하고 있다.

　썰매재 정상에서 서쪽 능선으로 이어지는 등산로를 따라 10분 정도 걸으면 대부산 정상에 이르고 그 바로 아래 〈대부산농장〉이 있다. 대부산 정상에 서면 발아래 한눈에 내려다보이는 남한강이 시원스레 다가온다. 대부산농장은 결혼이나 약혼 사진 촬영지로 인기가 높고 가을의 갈대숲도 절경이다. 고랭지 채소를 재배하고 있어 무공해 채소를 직접 구입할 수 있다. 최근에는 네바퀴 산악 모터사이클 형태의 ATV(사륜바이크)체험장이 문을 열어 색다른 경험을 할 수도 있다.

▲ 구불구불한 산길을 오르다보면 어느새 썰매재 휴양림에 이른다.

 계곡에서 하루를 보내는 기막힌 방법

사나사계곡은 새벽에 일찍 출발해 계곡에서 물놀이를 하다 저녁쯤 돌아오는 당일코스로 좋다. 여유가 있으면 썰매재 자연휴양림에서 하룻밤을 보내는 일정도 괜찮은데 휴양림에서 1박을 하는 일정이라면 사나사계곡을 먼저 다녀오는 것이 좋겠다.
시간이 허락된다면 천천히 사나사 경내와 사나사에서 이어지는 용문산 등산도 즐겨봄직하다. 썰매재 휴양림은 6번 국도를 이용해 옥천까지 온 다음 옥천읍에서 용천리 방향 이정표를 보고 직진하면 쉽게 찾을 수 있다. 또한 사나사계곡은 양평 쪽에서 들어오는 것이 훨씬 찾기 쉽다. 양평에서 설악 방향 37번 국도를 따라 양평 한화프라자 콘도로 가는 길로 4km쯤 가면 신애주유소 앞 삼거리가 나타나는데 이곳에서 우회전, 2km 정도 가면 매표소가 나온다.

드라이브

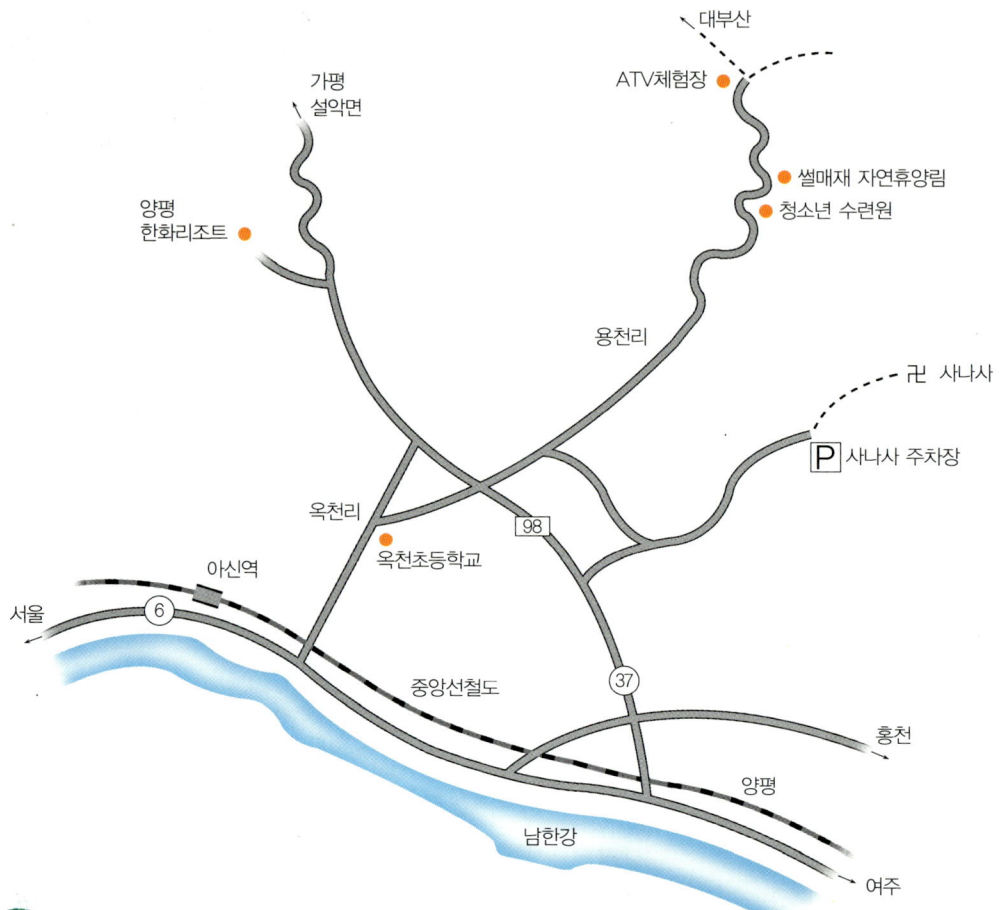

드라이브 메모

경강국도를 따라 내려가다 양평 못미쳐 옥천에서 한화콘도 이정표를 보고 옥천읍내로 들어선다.

옥천읍내를 관통하면서 한화콘도 방향 길은 버리고 직진하면 37번 국도와 만나게 되는데 이곳에서 계속 직진을 하면 썰매재에 이르게 된다.

사나사계곡은 이 사거리에서 우회전, 양평 방향으로 2km 정도 내려가면 입구가 나온다.

대중 교통 정보

상봉터미널에서 서울-양평 직행버스(15분 간격 운행)를 이용 한 후 양평터미널에서 용천리까지는 군내버스를 이용하면 된다(1일 6회 운행). 소요시간은 20분 정도.

양평까지는 청량리역에서 출발하는 중앙선 열차를 이용해도 된다.

여행 정보

지역번호 031

🍴 맛집

옥천의 대표적인 먹을거리는 옥천냉면이다. 원래 황해도식 냉면이지만 이 고장을 찾는 이들에게 인상 깊은 음식으로 자리 잡았다. 황해식당에서 시작한 옥천냉면(냉면, 772-5029)은 옥천면의 여러 음식점에서 '원조' 간판을 내걸고 영업하고 있다. 용천리에 들어서는 입구에 있는 할매집(774-6402)의 해장국과 청국장도 깊은 맛을 즐길 수 있다.

용천리의 카페들

용천리 마을에 들어서면 재즈 레스토랑 마피아(774-6602)와 양갈비 전문 르 씨엘(Le Ciel, 772-9255)이 나타난다. 썰매재를 향한 언덕길이 시작되면 개성 있는 전원주택들과 독특한 분위기의 카페들이 계속 등장해서 자칫 지루해지기 쉬운 풍경에 악센트를 넣는다. 토속적인 분위기의 전원카페 예사랑(773-8405)과 정반대 분위

기의 솔베르크(Seulberg, 771-7262)를 지나면 쏠비알(774-5454)에 이른다. 해발 300m에 자리 잡고 있는 쏠비알은 카페 겸 민박집으로 고추장구이를 맛볼 수 있는 한식당도 겸하고 있다. 계곡 입구에 높이 5m 남짓한 소폭포가 있어서 '쏠(작은 폭포)이 있는 비알(계곡)'이라는 뜻의 옛 우리말에서 이름을 땄다.

🏠 숙박 정보

솔베르크펜션(옥천면 용천리, 771-7262) 산수유산장(옥천면 아신리, 774-4475) 중미산모텔(옥천면 신북리, 774-8282) 데이지팜펜션(옥천면 용천리, 772-2891) 숲속의 작은집(옥천면 용천리, 774-2446)

🎭 축제 및 행사 정보

6월에 〈맑은물사랑예술제〉가 9월에서 10월 사이에 〈허수아비축제〉가 열린다.

❓ 여행 문의처

● 양평군 문화관광과 : 770-2068
  (야간 및 휴일 : 770-2222)
● 썰매재 휴양림 관리사무소 :
  774-6959
  서울사무소 : 02-478-7393
● 양평시외버스터미널 : 772-2342
● 양평역 : 774-7878

맑은 물줄기 사이로
비경秘境을 발견하는 즐거움

용문사와 중원계곡

유 명세 때문에 쉽게 훼손되는 여행지가 있는가 하면 유명세에 가려 잘 보존되는 여행지도 있다. 천년 고찰 용문사와 오래된 은행나무가 있는 용문산의 유명세에 가려 〈중원계곡〉은 훼손되지 않고 잘 보존되고 있는 대표적인 여행지다.

중원계곡은 시원한 계곡에서 한나절을 푹 쉬고 싶은 사람들에게 선뜻 권할 수 있는 곳으로 수도권의 숨겨진 비경(秘境)이다. 청류가 쏟아지는 중원폭포의 아기자기한 맛과 시원한 모습은 더위를 씻어내기 적당하다. 게다가 중원계곡은 계곡 입구에서 산책하듯 걷다보면 이내 닿는 곳에 있어 누구나 쉽게 찾을 수 있다. 그 아래 제법 깊은 소(沼)를 이루고 있는 선녀탕은 한 길이 넘는 깊이에도 바닥이 훤히 비칠 정도로 맑다.

▲ 청류가 가득 쏟아지는 중원폭포

경강국도인 6번 국도를 따라 양평을 지나 용문을 거치면 쉽게 〈용문산 관광지〉 입구에 닿을 수 있다. 예전에는 이 길이 확장공사 때문에 지독한 정체구간이기도 했으나 4차선 확장공사가 끝난 후로는 쉽고 편안하게 용문산 입구까지 갈 수 있다. 양평을 거쳐 용문터널과 용문휴게소를 지나 1km를 더 달리면 용문산 관광지 표지판을 만날 수 있다. 이곳에서 좌회전해 운요천 온천을 지나 500m 정도 더 달리면 덕촌삼거리 갈림길이 나타난다. 이곳에서 직진하면 용문사, 우회전하면 중원계곡으로 가는 길이다. 덕촌삼거리에서 오른쪽 조현리 방면 군도로 6km를 더 가면 계곡 입구가 나온다.

중원계곡으로 가는 길은 농로를 포장한 길이라 좁다. 때문에 자동차로 들

▲ 한 길이 넘는 깊이지만 물이 맑아 바닥이 훤히 보이는 선녀탕.

어가는 경우 속력을 줄이고 반대편에서 오는 자동차와의 교행을 위해 잠시 멈추는 여유를 부려야 한다. 교행이 힘든 소도로를 따라 들어가면 막다른 길에 다다른다. 60여 대를 수용할 수 있는 주차장과 취사, 야영이 가능한 300여 평의 공터가 나온다. 야영을 원하는 사람들은 이곳에서 텐트를 친다.

계곡 입구에서 바라볼 때 왼쪽 용문산 방향으로는 중원산(780m)이 있고 계곡 너머로 멀리는 도일봉(842m)이 있는데 중원계곡은 이 두 봉우리 사이에 있다. 총 길이가 6km에 이르는 이 계곡 곳곳에는 폭포 소(沼), 담(潭) 등이 아기자기하게 펼쳐져 있다. 자잘한 눈요기를 따르다 보면 그리 힘든 줄 모르고 계곡을 오를 수 있다. 이 계곡은 가뭄에도 수량이 많고 홍수가 났을 때도 물이 깨끗해 정수과정을 거치지 않고 생수통에 넣어 판매해도 문제가 없을 정도라고 한다. 수질보호를 위해 계곡에서의 취사와 야영은 엄격히 금지된다.

계곡 입구 관리사무소 뒤편의 산책로를 따라 30분 정도 걸어가면 중원폭포를 만날 수 있다. 중원폭포는 높이 약 10m의 3단 폭포로 기암절벽에 둘러싸여 경관이 빼어나다. 울창한 숲길 아래 치마폭포는 물줄기가 바위에 부딪치면서 생기는 하얀 포말이 치마를 펼친 것처럼 보인다고 해서 붙여진 이름이다. 계곡을 따라 계속 걷다 보면 매와 독수리가 아래를 내려다보고 있는 듯한 매둥치봉과 수리봉이 나온다.

중원계곡나들이에서 조금 욕심을 부리면 중원산이나 도일봉 등산도 즐길 수 있다. 중원산은 계곡 입구에서 멀리 용문산을 바라보고 오르는 왼쪽 길을 택하면 되는데 입구에서 정상까지는 1시간 30분 정도 걸린다. 도일봉 등산은 폭포에서 계곡을 거슬러 다섯 차례나 물을 건너야 하는 코스가 특이한 등산이다. 만약 전날 비가 많이 왔다면 수량이 많아져 등산로가 막힐 수 있으니 마을 입구에서 확인하고 올라야 한다. 올라가는 길에 치마폭포, 세류폭포 등 아기자기한 볼거리도 많아 지루하지 않다. 정상(864m)에 서면 동북으로 강원도 홍천, 남으로는 양평 일대가 한눈에 들어온다.

되돌아오는 길에 라돈 온천인 운요천에서 산행의 피로를 푸는 것도 좋을 듯하다. 물 온도는 38-85도이고, 천질(泉質)은 약식염(弱食鹽) 단순 방사능천으로 신경통, 소화기 질환, 피부병에 좋다고 알려져 있다.

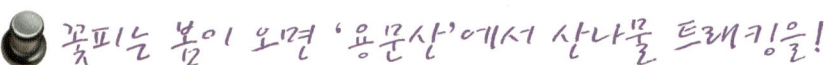
꽃피는 봄이 오면 '용문산'에서 산나물 트래킹을!

용문산(1,157m)은 경기도에서 네 번째로 높은 산으로 기암괴석과 고산준령을 고루 갖추고 있는 산이다. 본디 '미지산'이라는 이름으로 불렸는데, 조선을 개국하고 태조가 등극하면서 '용문산'이라 바꿔 부르게 되었다고 한다. 정상은 입산통제 지역으로, 정상을 우회하는 등산로가 이용되고 있다.

신라 선덕여왕 때 창건한 용문사 사찰 앞에는 높이 50m, 둘레가 12.3m에 달하는 은행나무(천연기념물 제30호)가 발걸음을 멈추게 한다. 이곳은 서울에서 가깝고 산행도 3시간밖에 걸리지 않아 봄이면 많은 사람들이 찾는다. 용문산은 산세가 웅장해 산행과 함께 산나물 채취를 할 수 있는 곳이다. 양지 바른 어느 곳으로 올라가도 많은 산나물을 볼 수 있다.

드라이브

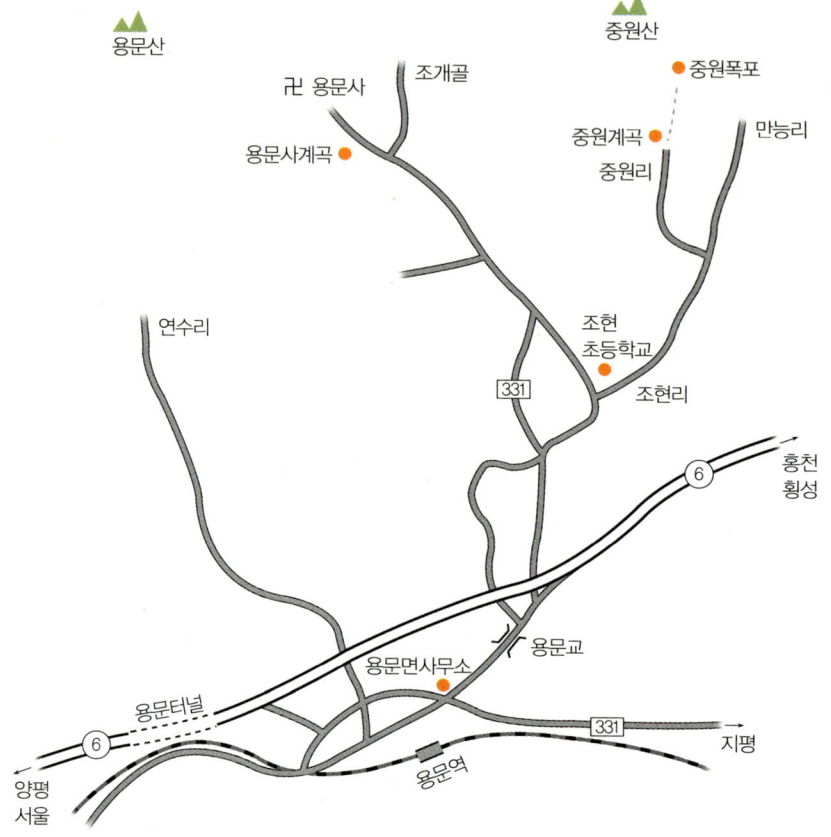

드라이브 메모
- 경강국도 용문 입구에서 용문으로 내려서 용문을 관통하거나 우회도로를 이용 용문교를 건너면서 용문사 방향으로 좌회전한다.
- 금곡리에서 용문사 방향 길을 버리고 조현리 방향으로 우회전하면 중원계곡으로 가는 길이 열린다.
- 중원계곡 입구에 마을자치회에서 운영하는 주차장이 있다.

대중 교통 정보
- 서울 동서울터미널에서 12분 간격으로 운행하는 홍천행 직행버스를 이용해 용문에서 하차한다. 약 1시간 40분 정도 소요된다.
- 열차는 서울 청량리역에서 중앙선, 태백선, 영동선 열차 이용, 용문역에서 하차한다.
- 용문에서 중원2리 종점까지 1일 4회(07:30, 11:20, 14:20, 18:30) 운행하는 버스를 이용하면 된다. 용문사로 가는 버스는 용문시외버스터미널에서 수시로 운행된다.

여행정보

지역번호 031

🍴 맛집

원조집(산채백반, 773-4232) 청솔농장(닭도리탕, 772-7800) 맨윗집(오리구이, 775-0467) 도일봉먹거리(손두부, 773-3998) 등이 있으며 이곳에서 잡히는 도루묵매운탕도 주문해 맛볼 수 있다.

양평의 유기농 명품 쌀

보통 쌀은 한 가마(80kg)에 20만 원 선. 그런데 일반 쌀보다 다섯 배나 비싼 가마당 100만 원 하는 '명품' 쌀이 중원계곡에서 생산된다. 상표명이 '양평 산골짜기 토종쌀'인 이 쌀은 양평군 용문면 중원2리의 상현 팜스테이 마을 9개 농가가 마을 뒤편 중원산 기슭에 조성한 계단식 논에서 생산하고 있다.

농약과 화학비료를 일절 사용하지 않는 유기농법으로 생산되며, 맛과 품질에 영향을 주는 토질과 물, 재배방식 등에도 각별한 주의를 기울였다. 청정지역인 중원산 계곡의 토질 좋은 땅을 특별히 개간해 차고 맑은 중원계곡 샘물만을 모아 농사를 지어서 생산량은 1년에 6가마 정도다.

🏠 숙박 정보

대명 양평 콘도 (개군면 공세리, 771-8311) 양평 파라다이스콘도 (용문면 삼성리, 774-6988) 용문산 콘도렉스(용문면 금곡리, 771-5433) 그린하우스모텔 (용문면 다문리, 771-8190) 강가愛펜션(용문면 금곡리, 775-2361)

🎉 축제 및 행사 정보

매해 6월 〈맑은물사랑예술제〉가, 10월에는 양평군 일대에서 〈허수아비축제〉가 열린다.

❓ 여행 문의처

- 양평군 문화관광과 : 770-2068
  (야간 및 휴일 : 770-2222)
- 용문사 관리사무소 : 773-0088
- 용문시외버스터미널 : 773-3100

자연의 숨소리가 들리는 청정계곡
야생화가 피어있는 오솔길

명지계곡과 연인산 산행

물맑고 산 높은 가평은 잘 정돈된 자연의 순수함이 그대로 남아 있는 명지계곡과 백둔계곡이 자리 잡은 곳이다. 맑은 계곡 위로 우뚝 서 있는 명지산이나 연인산으로 가는 길에는 좀처럼 쉽게 볼 수 없는 야생화들이 피어 있어 소중한 자연생태기행을 체험할 수 있다.

▲ 명지산과 연인산에서 흘러내린 청간수가 모여 북한강으로 흘러간다.

가평에서 목동을 지나 화악산으로 가는 길로 접어들면 이내 〈명지계곡〉이 나타난다. 명지계곡은 비교적 사람들에게 널리 알려진 곳이지만 아직도 계곡이 깨끗하고 산의 경치가 아름답다. 예전에는 경치가 좋은 것을 알면서도 길이 험해 찾지 못하는 경우가 많았지만 지금은 접근하는 도로가 모두 포장이 되어, 중간에 갈라져 연인산으로 가는 백둔계곡까지 안심하고 찾을 수 있다.

명지산에서 흘러내리는 청간수가 모인다는 명지계곡은 크게 두 곳으로 나누어 볼 수 있다. 명지계곡이 시작되는 익근동 버스정류장 부근과 계곡물이 모여 큰 내를 이루기 시작하는 하류 쪽이다. 보통 자동차를 길가에 세우고 쉽게 접근할 수 있는 곳은 목동 삼거리에서 승용차로 10여 분 거리에 있다.

하류 쪽 계곡은 길 따라 이어지는 계곡 언저리 가운데 마음에 드는 곳에서 그대로 차를 세우고 수박이나 참외 등 과일을 계곡 물에 담아 놓고 물놀이를 즐기기에 매우 좋은 곳이다. 물도 그리 깊지 않아 아이들이 송사리 등 물고기를 잡으며 물놀이를 즐기기에 그만이다. 암반 위에서 한번쯤 쉴만하다.

보통 명지계곡이라고 부르는 곳은 명지산 등산로가 열리는 익근동 버스정류장에서 시작된다. 때문에 익근동계곡이라고 부르기도 한다. 주차장 관리소가

▲ 연인산자락에서 백둔계곡이 시작된다.

있는 곳에서 왼쪽 매점 뒤로 조금 올라가면 바로 계곡이 나타난다. 암반 위로 흘러내리는 모양이 보기만 해도 시원한 계류는 양도 풍부하고 맑다.

이곳에서 20여 분 남짓 걷게 되면 승천사에 이르게 된다. 계속 가다보면 무명폭포, 명지폭포를 볼 수 있게 되지만 이곳을 지나면서 계곡이 갑자기 좁아져 명지산으로 가는 오솔길로 이어진다. 명지산 정상은 여기서도 40분쯤 올라간 삼거리 지점에서 안내표지를 따라 급경사를 1시간쯤 올라가야 닿을 수 있다.

명지계곡에서 사창리 방향 75번 국도를 따라가면 쉽게 찾을 수 있는 적목용소는 적목리 방향 시내버스 종점인 용수동 마을에서 38교 다리를 지나면서 시작된다. 이곳의 물은 천연기념물인 열목어가 서식하고 있을 정도로 맑고 깨끗하다.

상류로 3km지점에는 용소(龍沼)라는 소가 있는데 물이 깊고 청명해, 용이 승천하던 것을 임신한 여인이 발견하자 용이 낙상하여 소를 이루었다는 전설이 있는 곳이다. 용소를 지나 1시간 정도 계속 거슬러 올라가면 거대한 폭포에 이르게 되는데 옛날 무관들이 나물을 안주 삼아 술을 마시고 춤을 추며 즐겼다는 전설이 있는 무주채폭포다. 한여름에도 추위를 느낄 만큼 시원하고 경관도 수려하다.

환경청이 지정한 청정구역으로 소문난 〈백둔계곡〉은 명지계곡이 시작되는 지점에서 왼쪽에 있는데 백둔교를 넘으면 바로 시작된다. 가는 길에 허수아비 레저타운의 이정표가 곳곳에 있어서 이를 따라 가기만 하면 된다.

계곡이 적당히 넓고 곳곳에 그늘과 넓은 바위가 있어 어디서나 물놀이를 할 수 있다. 큰 폭포나 깊은 물은 없으나, 가끔씩 물살이 센 곳이 있어서 어린아이들과 함께 갔다면 주의를 기울여야 할 곳이 여러 군데 있다. 본격적인 백둔계곡이 시작되는 길목에는 〈허수아비 마을〉이라는 레저타운이 있다. 이곳에는 야외 수영장과 연주회나 세미나가 열리는 아트홀이 있으며 노래방 시설까지 갖추어져 있다.

백둔계곡을 거슬러 올라가다보면 최근 야생화 탐사의 최적지로 떠오르고 있는 연인산의 등산로가 시작된다. 백둔리의 깊은돌 마을에서 장수고개와 장수능선을 거쳐 연인산 정상까지는 5.8km이다. 연인산 정상이 가까워지면 길가 풀숲에서는 제철을 만난 야생화들의 한바탕 꽃잔치가 벌어진다. 이곳에는 우리나라에만 자생하는 특산식물이자 희귀식물인 금강애기나리, 은방울꽃 등이 군락지를 이루어 서생하고 있다.

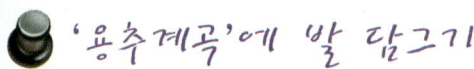

'용추계곡'에 발 담그기

경기도에서 두 번째로 높은 명지산 자락에 있는 조목동 용추계곡은 잘 정돈된 유원지로 널리 알려져 있다. 깔끔하게 포장된 진입로를 지나면서 시작되는 용추계곡은 수량은 그리 많은 편이 아니지만 군데군데 작은 물막이 공사를 해놓아 아이들이 물놀이를 즐기기에 좋다. 주변에는 오래된 잣나무숲이 있어 초여름의 따가운 햇볕도 피할 수 있다. 휴가철이 시작되면 이 잣나무 숲은 텐트촌으로 개방된다.
휴양소를 지나 용추폭포와 물안골에 이르는 계곡에는 두 발을 물에 담그고 마음을 나눌 수 있는 곳들이 많아 휴가를 보내기에 부족함이 없는 곳이다.

드라이브

드라이브 메모

◤ 경춘국도를 타고 가평읍에 도착한 다음 가평읍내를 관통해서 목동 쪽으로 가는 75번 국도를 1.3km 달리면 용추유원지입구 안내판이 보인다.

◤ 용추 입구에서 8km 달려가면 목동 삼거리에 이른다. 이곳에서 좌회전하면 명지계곡물이 모여 내려오는 가평천과 어깨를 나란히 하며 달릴 수 있다.

◤ 목동삼거리에서 3.7km쯤 가면 백둔계곡과 명지계곡이 나뉘는 갈림길이 시작된다. 백둔계곡길을 선택하면 연인산 등산도 함께 할 수 있고 명지계곡 길을 택하면 적목용소까지 다녀올 수 있다.

대중 교통 정보

◤ 상봉터미널에서 시외버스를 이용해 가평까지 간 후 가평에서 시내버스를 이용하면 된다. 백둔계곡까지는 하루 5회 운행되고 있다.

216

여행 정보

지역번호 031

🍴 맛집
부부순두부(582-8718) 배터식당(582-0015) 명지쉼터가든(오리탕·잣국수, 582-9462) 목동숯불갈비(581-2244) 능금갈비(581-9233) 성일가든(매운탕, 582-8129)

🏠 숙박 정보
허수아비레저타운(581-4477) 밸리하우스(582-8428) 약속의 섬(582-0586) 양지말농원(582-4770) 초원의 집(582-8492) 함터민박(582-0702) 용두암수련원(582-9788)

🚌 연계 관광 정보
허수아비 마을은 "허수아비가 솔직하고 순수한 마음을 상징하기 때문에 이름을 지었다"고 말하는 경원대 미술학과의 남궁원 교수가 직접 운영하는 휴양지다. 이름에 걸맞게 마을의 초입부터 내부 곳곳에서 다양한 모습의 허수아비를 만날 수 있다. 이 허수아비들은 이곳에서 매년 가을 개최되는 〈허수아비 축제〉에 참가했던 사람들이 만든 작품이다.

아트홀이 있어 이곳에 전시된 작품을 감상할 수 있고 충분한 숙박시설도 갖추고 있어 연수도 가능하다. 계곡 쪽으로는 약 7m 높이의 폭포가 있고 폭포 옆에 야외음악당이 자리 잡고 있는데 이곳에서는 야외음악공연이 자주 열린다. 황토로 만들어진 철쭉관에서는 탁구, 농구, 포켓볼 등 간단한 스포츠와 각종 레크리에이션 행사를 진행할 수 있다.

🎉 축제 및 행사 정보
가평군 연인산 축제추진위원회가 주관하는 〈연인산 철쭉제〉가 매년 5월 중에 열린다(문의 580-2065~8).

❓ 여행 문의처
- 가평군청 문화관광과 : 582-0088
- 북면사무소 총무계 : 580-2661
- 용추폭포 : 580-4567

도시 속 자연이 머무는 성과 공원, 소풍 가듯 떠나는 가벼운 여행

행주산성과 일산호수공원

야트막한 덕양산 중턱에 걸려있는 〈행주산성〉은 거대한 도로와 교량으로 둘러싸인 고독한 섬[島]이다. 꼭대기에 올라서면 생활의 묵은 먼지를 잠시 털어 내고 발아래 세상을 내려다 볼 수 있는 여유를 찾을 수 있다. 날이 맑으면 멀리 북한에 있는 개성 땅까지도 보인다고 하는데 자유로가 개통되고 신행주대교가 완공되면서 교통이 편리해져 휴일이면 찾는 사람도 많아졌다.

행주산성은 임진왜란 당시 권율 장군이 의병과 승병을 포함한 2천3백 명으로 왜군 3만여 명을 물리친 행주대첩이 벌어진 곳으로 행주대첩은 임진왜란 삼대첩 중의 하나로 남아 있다. 이 싸움에서 아낙네들은 치마폭에 돌을 주워 싸움을 거들었다는데 행주치마라는 이름은 바로 여기에서 비롯되었다고 한다.

행주산성에는 세 개의 대첩비와 권율 장군의 영정을 모신 충장사, 대첩기념관, 강가 언덕 위에 있는 정자와 영상관인 충의정 등이 있는데 잘 정돈되어 덕양산 자락 곳곳에서 권율 장군의 공적을 기리고 있다.

▲ 권율 장군의 영정을 모신 충장사.

산자락을 감돌아 잠깐 올라가면 행주산성의 출입문인 대첩문에 이른다. 대첩문을 통과해 올라가는 길 오른편에 권율 장군의 동상이 보인다. 조금 가파른 길을 천천히 올라서면 길 오른편으로는 권율 장군을 모신 충장사로 들어가는 입구가 있고 길 왼편으로는 토성터가 있다.

행주산성의 건축 연대는 행주산성 내에서 백제시대의 기와조각과 토기들이 많이 나왔던 것에 미루어 백제시대에 처음 만들어졌을 것으로 추정하고 있다.

▲ 호수공원은 낭만과 여유가 살아 숨쉬는 쉼터다.

삼국시대부터 있었다던 토성이 1992년 복원되어 산책을 더 즐겁게 해준다. 정상으로 이어지는 길을 따라 오르면 오른편으로 대첩기념관이 있다. 이곳에는 당시에 사용했다는 대포 같은 무기와 당시 상황을 그린 그림이 전시된 작은 공간이 있다.

행주산성 정상에는 행주대첩탑이 우뚝 서 있다. 탑의 바로 아래에는 임진왜란 직후 승전을 기념하기 위해 만들어진 대첩비가 전각 안에 놓여 있다. 대첩비 뒤쪽에 있는 영상관에서 행주대첩에 대한 짧은 영화를 상영해 사람들의 이해를 돕고 있다.

〈일산 호수공원〉은 일산의 낭만과 여유가 살아 숨쉬는 도심 속의 넉넉한 쉼터다. 1996년 고양시 일산구 장항동에서 개장했으며 30만여 평의 공원에 수만 그루의 야생수목과 잔디광장, 9만여 평의 인공호수가 있으며, 수변광장, 인공섬, 약초섬, 자연학습원, 팔각정, 야외무대, 보트장, 자전거 전용도로, 야외 식물원, 어린이 놀이터, 인공폭포, 광장, 다목적 운동장, 조류사 등 다양한 편의시설을 갖추고 있는 대규모 공원이다. 특히 이곳에는 호숫가를 따라 7.5km의 산책로와 4.7km의 자전거 전용 도로가 마련돼 있어 가족나들이 장소나 연인들의 데이트코스로 각광받고 있다.

호수공원은 하루 2천5백 톤의 신선한 한강물이 공급됨으로써 다른 인공 담수호에 비해 물이 맑은 편이다. 전망동산에서 보는 월파정을 둘러싼 풍경이 좋아 한참 한눈을 팔게 된다. 전망동산을 빠져 나와 호수를 따라 동쪽으로 돌면 6천5백 평 규모의 자연학습원이 나타난다. 자연학습원에는 한라산과 지리산에서만 자라는 구상나무, 희귀한 수양벚나무, 제주 왕벚나무 등을 구경할 수 있으며 제비꽃, 낭아초, 은방울꽃, 참나리, 궁궁이 등 108종의 수중·습생·수변식물들도 감상할 수 있다.

▲ 〈세계 꽃박람회〉가 열렸던 일산호수공원.

이국의 고대 문명을 간직한 '중남미문화원'

중남미 각국의 고대 문화유산과 생활상을 엿볼 수 있는 테마박물관인 〈중남미문화원〉은 1994년 10월에 개장했다. 마야, 잉카, 아즈텍문명 등 고대에서 현대에 이르기까지 중남미 각국의 찬란했던 문화유산과 역사, 생활상을 한자리에서 볼 수 있는 곳으로 우리나라 최초의 외국 문화 관련 박물관이다. 이곳에는 멕시코와 페루 고원지대에 정착했던 인디오들이 쓰던 토기나 멕시코인의 가면 등이 4개 전시실에 전시돼 있다. 가면관, 민속공예관, 석기, 목기관, 토기관은 가족과 함께 이국적인 분위기를 즐기기에 좋은 곳이다. 스페인 타일, 스테인드글라스, 소나무 조각문과 기둥 등 중남미의 독특한 건축미를 살려 실내장식을 한 것도 돋보인다. 박물관 옆에는 경기도가 지정한 향교가 있어 이국의 정서와 우리의 전통을 동시에 느낄 수 있다. 관람료는 어른 4,500원, 어린이 3,000원이며 관람시간은 오전 10시부터 오후 6시까지이다. 동절기에는 1시간 먼저 문을 닫는다(문의 031-962-7171).

드라이브

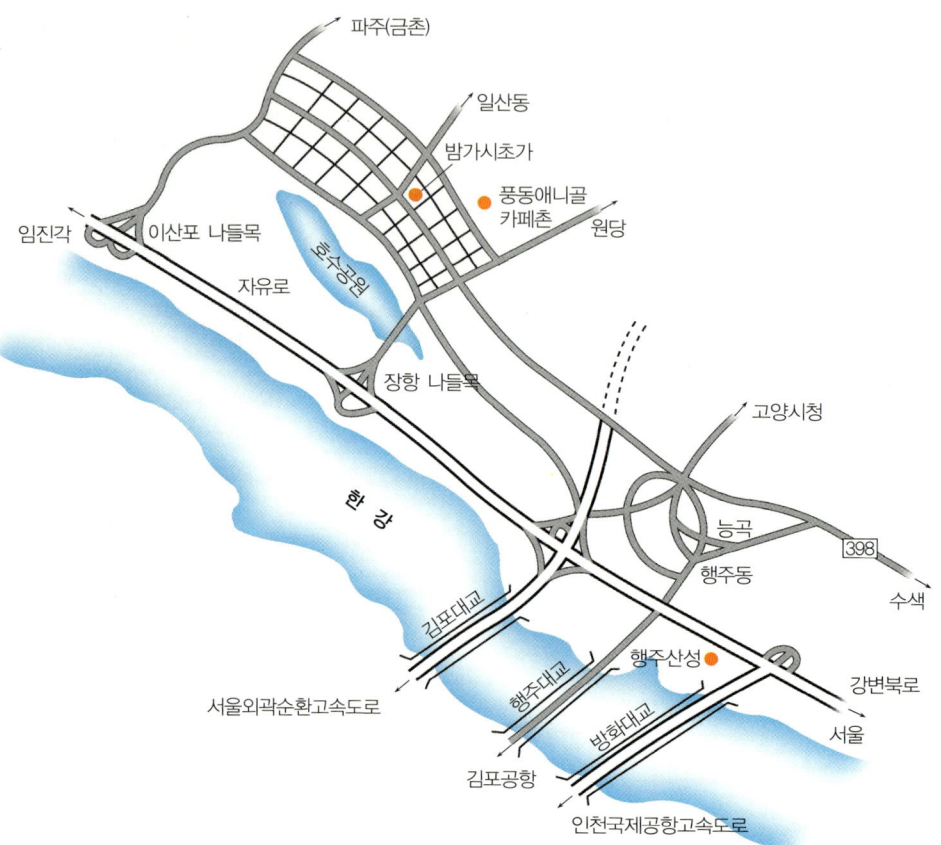

드라이브 메모

✏ 자유로를 달리다 인천국제공항고속도로가 시작되는 방화대교 북단을 지나면서 능곡방향 진출구로 빠져나온 다음 토끼굴을 이용해 행주산성 길로 진입한다.

✏ 행주산성에서 다시 자유로 진입하는 방법은 초행인 경우 매우 어렵다. 능곡으로 나와 백석동-마두동-호수공원으로 이어지는 길을 이용하는 것을 권한다.

✏ 주차는 호수공원의 꽃박람회장 부근을 이용하는 것이 편하다.

대중 교통 정보

✏ 행주산성까지는 921번 좌석버스를 이용하거나 능곡역에서 영등포행 버스나 마을버스를 이용하여 행주산성 입구 잣골마을에서 하차하면 된다.

✏ 호수공원은 지하철 3호선 정발산역에서 도보로 5분 거리에 있다.

여행정보

지역번호 031

🍴 맛집
털보가든(덕양구 행주내동, 장어구이, 974-3356) 강마루(덕양구 행주내동, 장어구이, 917-5152) 준희빈(덕양구 행주내동, 일식, 979-7771) 오페라하우스(덕양구 행주내동, 양식, 971-0677)

🏨 숙박 정보
로즈파크(덕양구 고양동, 964-0287) 초원의 집(덕양구 고양동, 964-2601) 행주산장(덕양구 행신동, 974-2136) 프로방스(덕양구 행신동, 972-9900) 유토피아(일산구 대화동, 919-2181)

🚌 연계 관광 정보
고양시가 추천하는 '볼거리를 찾아가는 여행코스' 가운데 첫 번째 코스를 따라가 보자.
호수공원에서의 즐거운 시간을 보내면서 공원 안에 있는 고양꽃전시관과 선인장전시관을 구경한다. 1997세계꽃박람회를 축하하는 기념으로 중국의 치하얼시가 고양시에 기증한 '단정학'도 빼놓을 수 없는 볼거리. 다음에는 국내 최초의 스트리트형 문화 쇼핑몰로 출발하고 있는 라페스타 문화의 거리로 간다. 패션과 음식, 청소년 문화공간, 클리닉, 뷰티센터, 영화관, 이벤트

홀, 야외공연장 등을 두루 갖추고 있는 라페스타 거리의 분위기는 매우 이국적이다. 이어지는 곳은 일산에서 가장 높은 곳이라는 정발산(鼎鉢山)에 올라본 후 〈고양민속전시관〉이 있는 일산 밤가시초가(草家)를 거쳐 풍동애니골 카페촌에서 하루 일정을 마무리한다.

🎪 축제 및 행사 정보
매년 3월 14일 행주산성에서 〈행주대첩제〉가, 5월초 고양시 일대에서 〈행주문화제〉가 열려 행주대첩의 의미를 되새기고 있다.

❓ 여행 문의처
- 행주산성 관리사무소 : 961-2582
- 고양시 문화공보담당관실 : 961-2728-30
- 중남미문화원 : 962-9291 / 7171

"한길 관목 숲을 지나 휴양지에 닿다"
자연과 사람이 공존하는 쉼터

공순영릉과 허니랜드

서울 도심에서 벗어나 1시간 남짓 거리에 있는 〈공순영릉 국민관광단지〉는 넓은 숲, 놀이공원, 저수지 등이 어우러져 어린이들과 함께 떠나는 당일 가족나들이코스로 적당하다. 특히 여름 휴가철에는 장곡저수지 곁에 있는 놀이동산 하니랜드의 수영장이 문을 열어 물놀이도 즐길 수 있다.

공순영릉은 숲이 울창해 한여름에는 나무그늘 아래서 더위를 피할 수 있고 가을에는 단풍과 낙엽이 장관을 이루는 길을 산책할 수 있다. 보통 능은 왕과 왕비의 무덤을 일컫는 말인데, 조선 제8대 왕인 예종의 비 장순왕후, 제9대 왕인 성종의 비 공혜왕후, 제21대 왕인 영조 때 세자로 책봉되었다가 일찍 별세한 진종과 그의 비 효순왕후를 모신 세 능이 모셔져 있다.

공릉은 장순왕후(1445~1461)의 능이고 순릉은 공혜왕후(1456~1474)의 능을 말한다. 공혜왕후 역시 상당부원군 한명회의 딸로 세조 13년(1467)에 가례를 올리고 성종이 즉위하자 비로 책봉되었으며, 성종 5년(1474) 18세로 소생없이 승하하였다. 영릉은 진종(1719~1728)과 효순왕후(1715~1751)의 능이다.

▲ 진종과 효순왕후의 묘인 영릉.

내력이 이렇다 보니 공순영릉은 어딘가 슬픈 내력과 애처로운 사연들이 깃들인 곳이라 하여 왕실에서도 각별히 관리했다고 한다. 세간에서도 안쓰러운 마음이 앞서 찾는 이들은 많지 않았다. 지금도 자욱한 관목 숲 사이로 조촐한 봉분과 재실 등, 정숙한 분위기에 휩싸여 있어 크고 엄숙함보다는 정숙한 능원의 분위기가 더 짙다.

큰 길에서 불과 800m 거리에 있어 통일로를 오가다가 잠시 들러 세 능을 다

▲ 수도권 북부 최대 규모의 레저시설인 하니랜드. 다양한 놀이기구들이 있어 아이들에게 인기가 높다.

돌아보아도 1시간이면 족하다. 이어지는 길의 흐름도 공릉과 순릉, 영릉 순으로 알맞게 되어 있고, 순릉으로 오르는 길에는 물줄기가 사철 마르지 않아 항시 맑은 물소리를 숲 속에 안겨준다. 실개천이 흘러내리는 주위에 약수터도 한 곳 있다. 공순영릉 관리소에서 근처에 있는 하니랜드로 향하는 900m 남짓의 숲터널은 무더운 한여름에도 서늘함이 느껴질 정도로 수풀이 우거지다.

공순영릉과 이어져 있는 작은 길을 따라 5분 거리에 있는 〈하니랜드〉는 수도권 북부지역 최대규모의 레저시설을 갖춘 곳이다. 삼면은 녹음 짙은 산 병풍이 둘러쳐지고 다른 한 면은 12만 평의 너른 장곡저수지를 끼고 있어 마치 자연의 품속에 파묻힌 듯한 곳으로서 가족단위의 휴양에 더없이 잘 어울리는 곳이다.

범퍼카, 바이킹, 회전목마를 포함한 13개의 어린이 전용 놀이기구와 어른, 어린이용 풀과 물보라 물썰매를 포함한 야외수영장, 백조보트 등을 이용할 수 있는 유선장, 퍼팅 전용 가족골프장 등을 갖추고 있어 무더운 날 더위를 식히며 놀기에 좋다. 유료낚시터인 장곡저수지를 감싸고도는 오솔길은 분위기가 좋아 데이트를 즐기는 젊은이들이 많이 찾는 곳이기도 하다. 저수지 옆에는 매운탕집과 카페가 즐비하게 들어서 있다.

구파발에서 임진각까지 이어지는 통일로는 45km 정도라 서울에서 주말나들이 길로 손쉽게 떠날 수 있다. 이 길은 중간중간에 들러볼 만한 볼거리가 많아 차창 밖으로 훌쩍 지나쳐 버리기에는 아쉬운 길이기도 하다. 길 양쪽으로는 이름난 맛집까지 줄지어 있어 주말에 외식을 즐기러 가기에도 알맞다. 구파발에서 시작되는 길은 왕복 4차선으로 쾌적해 흐름을 잘 맞추면 주말에도 크게 막힘없이 다녀올 수 있다. 1시간대의 짧은 코스나, 알맞은 곳을 한두 곳 더 연결하면 나들이를 보다 다양하고 알차게 꾸밀 수 있다.

천연암벽에 새겨진 부처의 마음 '쌍미륵불'

고양읍에서 광탄으로 나가는 길가에 있는 쌍미륵불은 산 정상에 있지만 워낙 규모가 커서 산아래에서도 올려볼 수 있다. 이 미륵불을 자세하게 구경하려면 쌍미륵불의 수호사찰인 용암사를 거쳐야 한다. 별 특색은 없어 보이나 은근한 기품을 자랑하는 대웅전을 왼쪽으로 비켜 가면 백팔번뇌를 상징하는 108개의 계단이 나선다. 이 계단을 오르면 천연암벽에 새겨진 거대한 쌍불상이 나온다.

높이 20미터의 쌍미륵불은 우리나라 3대 석불의 하나로 보물 제93호이다. 사각의 갓을 쓴 불상과 원형의 갓을 쓴 불상이 나란히 붙어있어 규모에서도 보는 이들을 압도한다. 조각 연대는 정확하게 알 수 없으나 전해 내려오는 이야기가 고려 13대 왕인 선종과 후궁인 원신궁주의 왕자인 한산후의 탄생과 관련 있는 것으로 보아 고려 중기의 것으로 여겨지고 있다.

드라이브

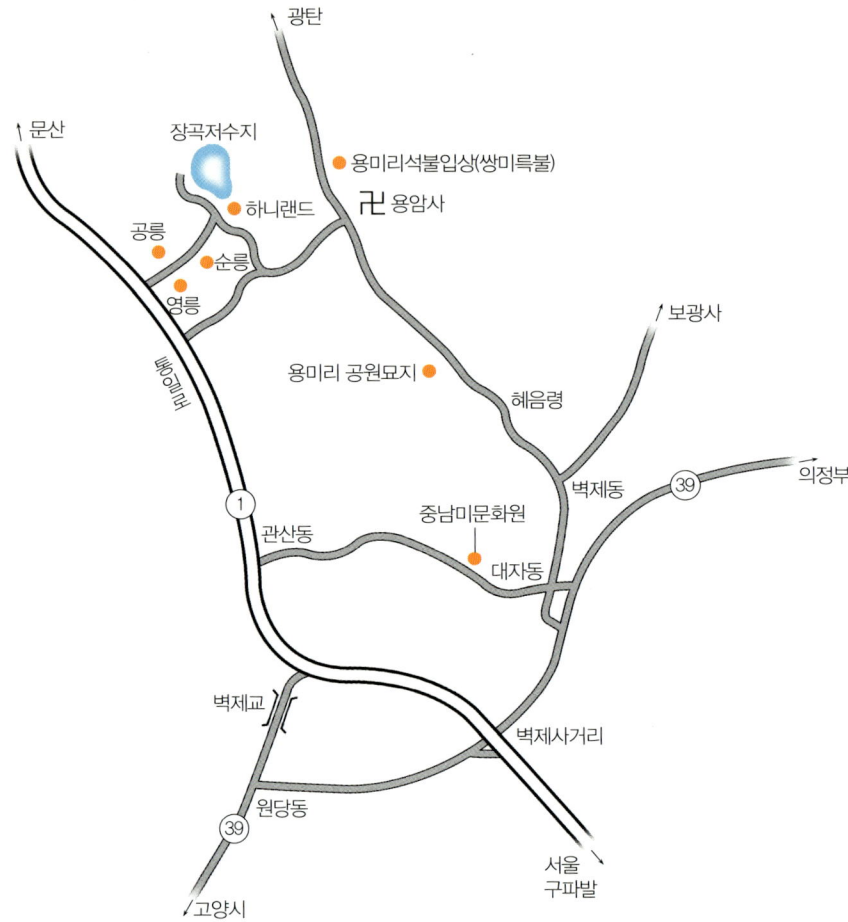

드라이브 메모

▶ 통일로 벽제사거리를 지나 한미해병참전비를 지나면 공순영릉 입구에 이른다. 이곳에서 우회전 1.9km 더 가면 공순영릉이다.

▶ 공순영릉에서 하니랜드로 나가는 길은 비포장길이고 길도 좁다. 마주 오는 차를 살피면서 서행한다.

▶ 하니랜드에서 벽제로 가는 78번 지방도로를 이용하기 위해 나가다보면 광탄으로 가는 갈림길이 나오는데 이곳에서 좌회전하면 쌍미륵불에도 들를 수 있다.

대중 교통 정보

▶ 서울역 앞이나 불광동에서 금촌으로 가는 좌석버스를 타고 공순영릉 입구에서 하차해 도보로 10분거리에 있다(문의 문화재청 파주지구 관리소, 031-941-4208).

여행 정보

지역번호 031

축제 및 행사 정보

매년 10월 공릉에서는 〈공릉제향〉이 열린다. 사적 제205호인 공릉에서 조선 제8대 왕인 예종의 원비 장순왕후(章順王后·추존) 한씨를 추모하는 제향행사가 진행된다(문의 941-4208).

매년 5월에 열리는 〈파주예술제〉는 파주시의 종합 예술문화제로 각종 예술공연 프로그램을 비롯해 문학, 미술, 음악, 국악, 연예 등 장르별 예술문화 프로그램으로 구성된다(문의 940-8521).

여행 문의처

- 파주 관광안내센터 : 953-4744
- 문화재청 파주지구 관리소
  공순영릉 : 941-4208
- 자운서원 관리실 : 958-1749

맛집

공릉주막(토속음식, 943-3464) 쌍동이네(메기매운탕, 941-8006) 자연 그대로(경양식, 945-6090)

숙박 정보

로얄여관(문산읍 문산리, 953-6667) 귀빈장 여관(파주읍 연풍리, 954-1760) 민박집 화개장터(법원읍 설마리, 959-3249) 무진산장(법원읍 설마리, 958-7959)

연계 관광 정보

파주시가 추천하는 '영조대왕의 역사를 따라가는 여행'을 떠나보자.
여행의 출발지는 공순영릉이다. 이어지는 길은 유길원과 소령원, 공순영릉에서 하니랜드를 거쳐 광탄까지 간 다음 보광사 방향으로 달리다보면 기산저수지로 가는 영장교 삼거리가 나온다. 이곳에서 좌회전해 들어가면 바로 능촌교가 등장하는데 이곳을 건너면 유길원과 소령원이 차례로 나온다.

소령원은 영조의 어머니 숙빈 최씨의 능이고 유길원은 영조의 후궁 청빈의 묘이다. 유길원과 소령원은 문화재 관리 보호 때문인지 사람들이 들어갈 수 없으나 부근의 잔디밭은 피크닉을 즐기기 그만이다. 누렇게 물든 금잔디와 소령원 주변으로 빽빽하게 들어 선 300년 된 전나무, 아름드리 느티나무가 숲그늘을 만들고 있는 자연 운동장은 휴일의 한때를 보내기 적당한 곳이다.

자연이 준비한 억새축제의 현장으로 떠나요
산정호수와 명성산

산정호수는 비교적 잘 알려진 명소다. 인공적으로 만들어진 산정호수의 호반을 따라 있는 산책로는 풍수가 빼어나 많은 사람들의 사랑을 받고 있다. 더불어 가마솥을 닮은 세 개의 못으로 이뤄진 삼부연폭포는 더위를 일순간에 거둬 가는 마력을 지니고 있다.

▲ 호반의 데이트를 즐길 수 있는 산정호수.

명성산(922m)의 계곡을 타고 내려오는 맑은 물이 모여 드는 산정호수는 일제시대 때 만들어졌다가 1977년 3월 국민관광지로 지정되어 연간 70만 명의 관광객이 찾는 관광명소로 발전했다. 1996년 8월 수영장, 볼링장, 온천, 사우나 시설을 갖추고 있는 산정호수 한화콘도가 개장되어 관광객이 큰 폭으로 느는 계기가 됐고 최근에는 눈썰매장 및 스케이트장이 개장되어 사계절 관광지로 손색이 없다.

둑 아래로 떨어지는 호수 입구의 폭포와 자인사를 끼고 있어 서울 북쪽에서는 이름난 명소인 이곳은 봄부터 늦가을까지 계절에 따른 독특한 정취로 사람들의 발걸음이 끊이지 않는다. 특히 이곳의 산책로는 빼놓을 수 없는 명소이며, 보트장, 방갈로, 놀이터 등 여러 가지 시설도 고루 갖추어져 있다. 초여름 이른 새벽이면 하얀 물안개가 전설처럼 피어오르고 밤이면 호숫가의 산책로에 수은등이 켜져 환상적인 분위기를 자아내는 곳이다.

시원하게 트인 호반과 잘 다듬어진 편의시설, 위락시설 등이 조금은 인공적인 느낌이지만 호수를 병풍처럼 둘러싸고 있는 명성산(鳴聲山)의 산세와 푸른 물빛이 잘 어울려 장관을 이루고 있다.

억새 산행으로 명성 높은 명성산(923m)은 산정호수와 더불어 경기 포천 땅의 이름 높은 관광지이다. 명성산의 억새는 남한지역에서 가장 먼저 꽃을 피워

'억새 시즌의 개막'을 알리는데 가을이 익어가면서 소담스럽게 피어나는 억새밭 사이 등산은 두고두고 기억에 남는다. 정상부 일대의 억새밭에 서면 아래쪽 산정호수의 잔잔한 물빛과 정상부근의 드넓은 초원에 펼쳐진 은빛 억새밭이 어우러져 한폭의 아름다운 그림 같은 풍경을 자아낸다. 등산 후 들르게 되는 산정호수 주변 산책 또한 색다른 즐거움이다.

명성산은 신라의 마의태자가 망국의 한을 품고 금강산으로 향할 때, 커다란 바위산이 그와 함께 통곡했다는 전설이 전해 내려오는 곳이다. 그리고 고려를 세운 왕건과의 싸움에서 패한 궁예가 이 산 기슭에서 터뜨린 통곡이 산천을 울렸다는 전설 때문에 울음산으로 불리기도 한다. 궁예의 전설은 패주골, 망무봉 등 인근 지명에도 녹아들어가 있다.

명성산이 억새의 명소로 더욱 이름을 날리는 이유는 주변경관이 빼어나기 때문이다. 북한의 김일성 주석이 그 경치에 매료돼 별장을 지었다는 산정호수에서 등산로가 시작된다. 이어지는 비선폭포, 등룡폭포 등 등산길에서 만나게 되는 계곡과 폭포는 아기자기하면서도 아름답다. 억새가 한창일 때 가장 일반적인 등산로는 등산로 입구-비선폭포-등룡폭포-억새꽃축제 반환점-자인사-등산로 입구로 이어지는 6.3km의 자연감상코스이지만, 본격적인 등산을 즐기는 사람들은 억새축제 반환점에서 삼각봉-명성산 정상-산안고개를 돌아 다시

▼ 숲그늘에서 바라보는 호수는 낭만적이다.

출발지로 오는 14.1km의 본격 코스를 선택하기도 한다.

　명성산은 전체적으로 산세가 뛰어나지만, 험준한 암벽을 이룬 서쪽 산세가 특히 빼어나다. 때문에 명성산의 억새 장관을 서둘러 즐기려는 사람은 자동차로 산정호수까지 올라간 후 자인사를 거쳐 가는 반대 코스를 이용하기도 한다. 호수에서 북쪽으로 이어진 도로를 따라가면 자인사가 나오고 자인사 오른쪽으로 올라가면 바위투성이의 협곡이 500m 가량 이어진다. 그러나 일단 능선에 올라서면 절벽 아래 서쪽으로 산정호수가 그림처럼 아름답다. 억새 군락지는 능선을 따라 삼각봉 정상까지 이어진 길 동쪽으로 넓게 펼쳐져 있다. 명성산 억새는 '집터' 주변이 압권이다. 20년 전 화전민 농가 한 채가 있었다는 곳인데, 아마도 이 집 정원수였을 팽나무 주위로 온통 억새 천지다. 하산은 동쪽 능선으로 내려섰다가 등룡폭포를 거쳐 내려오면 된다.

▲ 자인사 대웅전.

자연의 물이 마르지 않는 삼부연폭포

산정호수에서 나와 서쪽으로 78번 지방도를 달리면 운천에 이르고 이곳에서 북쪽으로 10여 km를 더 달리면 삼부연폭포에 이르게 된다. 삼부연폭포는 아무리 가물어도 물이 마르지 않아 예전에는 기우제를 많이 지내던 곳이라고 한다. 30미터나 되는 벼랑을 타고 떨어지는 물줄기는 시원하기 그지없다.

삼부연(三釜淵)이라는 이름은 폭포가 3단으로 떨어지는데 떨어지던 물이 잠시 머무는 못(淵)이 가마솥을 닮았다고 해서 붙여진 이름이다. 가장 큰 못은 가마탕, 중간 못은 솥탕, 작은 못은 노위탕이라 불린다. 폭포 위로는 약간 경사가 심한 계곡이 지그마치 3km나 이어지는데 이 계곡을 가마소골이라고 한다. 크고 작은 소(沼)가 30여 개 이상 이어져 있는 가마소골은 투명하고 차가운 물이 바위와 숲 그늘과 어울려 최상의 피서공간을 만들어 낸다.

폭포 옆쪽으로는 용화골이라 불리는 또 다른 계곡이 이어져 가족단위의 피서지로 적당하며 계곡이 끝나는 곳에는 용화저수지가 있다. 용화저수지는 현재 상수원 보호지역으로 지정되어 있다.

드라이브

드라이브 메모

일동에서 이동을 거쳐 김화로 가는 47번 도로를 따라 이동까지 온 후 성동삼거리로 가는 길을 1.2km 정도 달려 갈림길이 나오면 왼편 길인 78번 지방도를 따라 진행한다.

산정호수 입구까지 가는 4km 남짓한 길에는 일명 여우고개라 불리는 언덕이 있는데 제법 길이 험하다. 조심운전을 하는 것이 좋다.

산정호수와 명성산 산행을 위해서는 입구 삼거리에서 우회전, 339번 지방도를 약 1km 달려야 한다.

대중 교통 정보

서울 상봉시외버스터미널에서 15분 간격으로 있는 신철원행 직행버스를 이용하면 1시간 20분 정도 걸려 운천에 닿는다.

운천에서 산정호수행 시외버스를 이용하면 20분 정도 걸려 산정호수에 이른다.

여행 정보

지역번호 031

🍴 맛집

원조이동계곡갈비(이동면 연곡리, 갈비, 532-0152) 이동장암갈비(이동면 장암리, 532-4296) 운천순두부집(영북면 운천리, 순두부, 532-5525) 텍사스바베큐(영북면 산정리, 바비큐, 534-0183) 베네치아(영북면 산정리, 경양식, 532-4459)

🏨 숙박 정보

산정호수 한화콘도(영북면 산정리, 534-5500) 산정호수호텔(영북면 산정리, 534-4061~5) 그린힐(영북면 산정리, 532-6108) 산정호수파크텔(영북면 산정리, 531-6843~4) 뉴월드호텔(이동면 도평리, 536-4075)

🚗 연계 관광 정보

포천시에서 '옐로우코스'라고 이름 붙인 가족나들이 추천코스를 따라가 보면 편안

하면서도 알찬 가족여행이 될 것이다. 서울에서 오전 9시에 출발했을 때 첫 여행지인 명성산과 산정호수에 도착하는 시간은 오전 11시. 명성산 자인사와 산정호수에서 여유 있는 시간을 보낸 후 오후 2시에 허브아일랜드로 이동해 허브향에 취해본다. 오후 4시경에 유황천으로 유명한 일동온천지구로 옮겨 따뜻한 온천욕을 즐긴 후 이동갈비촌에서 푸짐한 갈비 만찬으로 일정을 마무리하는 것을 권하고 있다.

🎉 축제 및 행사 정보

포천군에서는 매년 10월 하순경 산정호수 주차장일대와 명성산 억새꽃 군락지에서 〈명성산 억새축제〉를 벌인다. 각설이 타령, 조선시대 의복 패션쇼, 불꽃놀이 등 이벤트가 다양하다. 억새꽃을 배경으로 누드모델 촬영대회, 장기자랑, 댄스경연 등도 펼쳐진다.

❓ 여행 문의처

- 산정호수 관광지부 : 532-6135
- 영북면사무소 : 532-6453
- 포천군청 문화관광과
  산정호수담당 : 530-8473

"바람의 소리를 들어라"
3시간 만에 돌아오는

드라이브 명코스

"바람의 소리를 들어라"
물길 따라 달리는 강변 드라이브의 진수
>>> 남한강변 드라이브

낭만을 찾아나서는 당신에게
푸른 강바람이 부는 카페를 소개합니다
>>> 남한강변 카페순례

새롭게 뜨고 있는 문화공간 운집소
몸도 마음도 쉬어가는 북한강변
>>> 북한강변 문화벨트

사라진 여유가 곳곳에 숨어 있는 드라이브의 명코스
>>> 한터캠프와 백련사, 은곡사 길

자유로에서 만나는 자유,
통일전망대에서 만나는 여유
>>> 자유로와 통일전망대

젊음이 가득한 호반에서 즐기는 센티멘탈 드라이브
>>> 장흥국민관광지와 기산저수지

"바람의 소리를 들어라"
물길 따라 달리는
강변 드라이브의 진수

남한강변 드라이브

서울의 젖줄 한강은 남한강과 북한강이 모여 만들어지는데 이 두 강물이 한 데 모이는 곳이 바로 〈양수리〉다. 그리고 양수리의 그 많은 물을 담아 마치 내륙의 바다처럼 된 곳이 바로 팔당호다. 팔당호 남단에 자리하고 있는 퇴촌에서 시작되는 남한강 물길 드라이브코스는 사람들에게 그리 많이 알려지지 않은 코스이기에 호젓한 드라이브를 즐길 수 있다.

퇴촌에서 시작되는 드라이브 길은 모두 세 갈래. 천진암 성지를 향해 가는 계곡을 따라 가는 코스와 분원마을을 지나 남한강변을 달리는 코스, 양평으로 가는 88번 지방도를 따라가며 전원카페에 들러보는 코스가 있다. 이들 코스는 나름대로 개성이 있어 다양한 드라이브의 즐거움을 얻을 수 있다. 이 가운데 퇴촌에서 분원마을을 지나는 남한강변은 강변을 따라 달리는 부드러운 곡선의 아스팔트와 곧게 뻗은 직선이 적당히 섞여 있어 남한강변 드라이브 가운데 가장 재미있는 부분이다.

퇴촌을 출발해서 분원마을로 가는 길은 폭이 좁고 굴곡도 심해 조심스럽다. 그러나 분원마을에 들어서면 수양버들이 늘어진 호반과 탁 트인 팔당호의 절경이 여행객을 반긴다. 분원마을은 조선백자로 유명한 곳. 그러나 최근에는 붕어찜으로 사람들을 불러 모으는 곳이다. 팔당호반에는 너른 운동장이 있어 직장

▲ 드라이브 길에 잠시 쉬어갈 수 있는 귀여리 느티나무.

▼ 강을 곁에 두고 달릴 수 있는 분원마을—수청리 강변드라이브 길.

▲ 남한강변은 편안한 느낌의 풍경화를 보여준다.

단위로 체육대회 겸 야유회가 자주 벌어지기도 한다.

분원마을은 조선 왕조 때에 궁중에서 쓰는 도자기를 굽던 광주분원이 있던 곳이다. 광주분원이 이름을 크게 떨친 것은 조선 영조 때부터 대원군 이하응이 집권하던 때까지였는데 청화백자, 백자대호, 문방구, 화구를 많이 구워냈다. 그러나 나라가 망하고 우리 것에 대한 관심이 사라지면서 도공들이 뿔뿔이 흩어지고 분원도 폐허가 되었다. 물론 요즘에 와서 도자기가 관심의 대상이 되고 분원리가 아닌 광주군의 곳곳에 전승 도예가들이 가마를 새로 짓고 도자기를 굽게 되었으나, 이제 팔당댐으로 물에 반쯤 잠기고 만 분원리의 영화는 되돌리기가 어려워 보인다.

분원마을에서 귀여리를 지나 검천리에 이르는 길은 호반의 굴곡을 따라 이어지는 잘 포장된 아스팔트 길로 강변의 낭만을 느낄 수 있다. 검천리부터 본격적인 강변 드라이브코스가 시작되는데 때마침 팔당호가 끝나고 남한강이 시작된다. 강변을 따라 일직선으로 열려 있는 이 길을 중간에는 수백 년 된 느티나무 한 그루가 강가에 있어 차를 세우고 잠시 산책을 즐길 수 있다.

이어지는 수청리는 길의 폭이 넓고 잘 다듬어져 있어 강변 드라이브의 즐거움을 한껏 느낄 수 있다. 오래된 친구 같은 넉넉한 분위기의 남한강을 곁에 두고 천천히 달리다 강바람이 불어오는 언덕에 차를 세우면 남한강 한가운데 버티고 있는 대하섬이 내려다보인다. 이곳에 서서 도도하게 흐르는 남한강 물줄기를 감상하는 것도 색다른 즐거움이다.

액을 쫓아내는 '장승찾기 테마여행'

광주시에서 추천하는 테마관광으로 장승찾기여행이 있다. 주요 관광코스로 엄미리 나무장승 —검복리 나무장승—하번천리 양짓말장승—서하리 안골, 사마루장승—무갑리장승 등을 돌아보게 되는데 소요시간은 약 6시간 정도이다.

광주시 중부면 엄미리에 있는 엄미리 나무장승은 병자호란 때 엄씨 성을 가진 선비가 나라의 임금을 지켜달라는 소원을 빌며 장승을 세웠다고 전해진다. 중부면 검복리에 있는 나무장승은 사모관대를 하고 통방울눈의 꼬리를 치켜 세운 천하대장군으로 양 볼 앞까지 내려온 커다란 귀를 가지고 있는 것이 특징이다. 중부면

하번천리에 있는 양짓말에도 장승이 있는데 이 가운데 천하대장군은 동그란 눈에 동그란 눈썹, 미소를 머금은 둥근 입에 보기 드물게 준수하다.

하번천리에서 산허리 하나를 돌아가면 서하리의 장승과 초월읍 무갑리에 있는 무갑리장승이 나타나는데, 장승찾기여행에서 빼놓을 수 없는 여정이다. 무갑리에서는 2년에 한 번씩 음력 2월 초에 길일(吉日)을 받아 할아버지 할머니 산신에게 제를 올리고 마을 입구에 장승과 솟대를 세우는 장승제를 지낸다.

드라이브

드라이브 메모

▶ 중부고속도로에서 빠져나와 퇴촌으로 들어가는 길에는 과속방지턱이 설치되어 있어 앞을 잘 살피며 서행하는 것이 좋다.

▶ 퇴촌에서 분원마을로 가는 길은 좁고 굴곡이 심하므로 조심운전이 필요하다.

▶ 검천리-수청리-운심리 길은 예전 비포장길의 낭만은 사라졌지만 환상의 강변 드라이브 길이다. 경치가 뛰어난 구간이 많아 운전자의 시선을 빼앗길 수 있으므로 경치 구경을 할 때는 반드시 차를 안전하게 세우고 감상을 한다.

대중 교통 정보

▶ 동서울터미널에서 귀여리행 시외버스를 타면 분원마을에 도착할 수 있다. 광주터미널에서도 퇴촌으로 가는 시내버스가 있다.

여행 정보

지역번호 031

🍴 맛집

산수(山水)가 잔잔히 어우러져 기막힌 경관을 선사하는 팔당호 주변엔 붕어찜과 매운탕을 전문으로 하는 음식점들이 자리잡고 있다. 원조(元祖)를 주장하는 간판들 속에서 '진짜 원조'를 찾는 일도 쉽지 않다. 팔당호에서 잡은 붕어에 우거지, 감자, 무 등을 넣어 비린 맛을 없앤 찜이 별미로 알려져 있다.

강촌매운탕(붕어찜, 767-9055) 앵두나무집(붕어찜, 767-0420) 유대감집(붕어찜, 767-8592) 붕어와 연인들(붕어찜·회, 767-9050) 남한강횟집(회, 767-9019) 목촌(붕어찜·회, 767-8901) 아리아스카이(한식, 767-2000) 자연의 집(보리밥·한정식, 765-2224)

🏠 숙박 정보

파워파크(768-0737) 황제모텔(767-9331) 강변파크(767-5058) 뉴리버사이드(767-0057) 트윈스(767-0056)

🐟 연계 관광 정보

광주시에서는 남한산성-광주 분원 백자 가마터-팔당호(팔당호 붕어찜)-천진암으로 이어지는 문화관광코스를 개발해 홍보하고 있다.

남한산성은 종로거리-북문-서문-수어장대-영준정-남문-종로거리로 이어지는 코스를 권하고 있으며 남종면 분원리에 있는 분원리 백자 도요지를 들러 본 후 팔당 호반의 명소를 구경하고 퇴촌면 우산리 행자봉 아래 있는 천진암터와 그 앞에 있는 강학당터를 돌아보는 코스이다. 소요시간은 약 8시간 정도.

🎉 축제 및 행사 정보

분원마을에서 열리는 〈분원 붕어찜 축제〉는 매년 5월 중순경 일주일에서 열흘 일정으로 진행된다. 남종면 분원리 상인회에서는 분원의 먹을거리인 붕어찜을 축제의 이름으로 내세우며 다양한 행사로 사람들을 모으고 있다. 행사는 풍물놀이 등 전통놀이, 연예인 축하공연, 자기 물품판매 전시, 노래자랑 각 업소의 붕어찜 시식으로 진행된다. 행사기간 중 분원마을을 찾는 나들이객들은 할인된 가격으로 붕어찜을 맛볼 수 있으며, 행사를 위해 설치된 가두리에서 무료 붕어잡기 행사도 참여할 수 있다(문의 767-9028).

❓ 여행 문의처

- 광주시청 문화공보실 : 760-2064
- 남한산성 : 741-6610
- 남한산성유원지 : 729-5704

낭만을 찾아나서는 당신에게
푸른 강바람이 부는 카페를 소개합니다

남한강변의 카페순례

사철 싱그러움을 더해주는 강바람. 늘어진 정자나무 곁을 도도하게 흐르는 깊고 푸른 물. 강이 한눈에 내려다보이는 강변 카페에서의 정다운 시간. 마음의 짐을 털고 훌쩍 남한강으로 달려가면 이 모든 것을 가슴으로 즐길 수 있다.

남한강 순례를 위해 먼저 찾게 되는 곳은 퇴촌에서 천진암까지 가는 계곡길에 늘어선 카페촌이다. 퇴촌을 지나 양평으로 가는 308번 지방도를 달리다보면 2km 후에 천진암으로 가는 길이 나타난다. 이 길은 천진암까지 11km 남짓 이어지는 막다른 길이다.

◀ 남한강변 문화공간으로 새롭게 문을 연 갤러리 〈아지오〉.

▲ 매년 가을이면 허수아비 축제를 벌이는 양평군.

몇 년 전까지만 하더라도 〈천진암 성지〉를 둘러보는 천주교 신자나 여름 한철 계곡물에 발을 담그기 위해 찾는 이들이 많았으나 전원카페들이 들어서면서 젊은 데이트족들이 즐겨 찾는다. 문을 열고 있는 전원카페만도 수십 곳. 주말이면 데이트를 즐기는 젊은이들이 몰려들어 활기찬 모습을 보여주고 있다.

천진암으로 올라가는 도로 곁에는 우산천이 흐르고 있다. 천진암 성지에서 흘러내리고 있는 이 하천은 천진암으로 가는 길을 뱀처럼 휘감고 있어 시원한 계

▲ 고요한 강변에 자리잡고 있는 남한강변 카페촌.

곡 길을 만들어 낸다. 우산천을 가로지르는 10여 개의 다리를 징검다리 건너듯 건너가며 오르다보면 어느 새 막다른 길. 천진암 성지 입구가 눈앞에 다가온다. 천진암 성지 옆에 있는 유원지는 길가에 마련된 넉넉한 주차공간과 계곡, 넉넉하게 흐르는 맑은 물이 있어 휴일의 한때를 보내기에 좋은 곳이다.

    천진암은 잘 정돈된 경내와 울창한 숲그늘, 맑게 흘러내리는 계곡물 등이 조화를 이루고 있는 곳으로 천주교 신자가 아니라도 자신의 마음가짐을 정리해 볼 수 있는 곳이다. 휴지 한 조각 볼 수 없는 산길과 깨끗한 바위틈이 자연의 아름다움을 빛내준다. 한낮인데도 숲그늘에 가려 어두운 산길을 조금만 오르면 닿게 되는 강학터와 강학에 참가했던 사람들이 마셨던 샘물, 천주교를 위해 기꺼이 순교했던 5위 성현의 무덤 등은 마음을 정갈하게 가라앉혀 주는 마력이 있다.

본격적인 카페순례가 시작되는 곳은 왔던 길을 되돌아 나와 퇴촌에서 양평으로 가는 88번 지방도로변. 전원카페들이 열병(閱兵)하듯 줄지어 선 낭만 넘치는 길이다. 초입에는 라이브 공연이 있는 분위기 있는 카페도 있고 해협산 오른쪽 능선을 넘어서면 개성 넘치는 카페가 길 양옆에 늘어서 있다.

수청리로 가는 갈래길을 지나게 되면 남한강을 따라가는 강변길을 만나게 된다. 이곳부터 전원카페들이 나타나는데 한집 한집마다 분위기와 맛으로 소문난 집들이다. 강변길을 천천히 달리다보면 남한강의 절경이 한눈에 내려다보이는 리오와 옛 동화에 나오는 마법의 성 같은 〈카사벨라〉, 이집트 피라미드와 스핑크스를 그대로 옮겨 놓은 듯한 〈피라미드〉, 분위기 있는 카페 〈몬티첼로〉, 남한강변 최대의 〈리조빌힐하우스〉가 차례로 나타나는데 어느곳을 찾아 들어가더라도 후회하지 않을 것이다.

'바탕골 예술관'에서 문화의 향기를

남한강변 카페순례코스를 즐길 때 빼놓을 수 없는 곳이 〈바탕골 예술관〉이다. 이곳은 공연과 상영, 미술전시 등을 열 수 있는 복합 문화공간으로 직접 작업이 가능한 도자기공방, 공예 스튜디오, 한지방, 금속공방 등 6개 동의 각종 문화예술 공간이 한자리에 모여 있다. 야트막한 언덕에 도도하게 흐르는 남한강을 바라볼 수 있다. 운이 좋은 날은 강 위에 물안개가 그려내는 수채화 같은 풍경도 감상할 수 있다. 가족나들이 장소로도 훌륭한 바탕골 예술관 안에는 아트샵, 외가집 밥상, 전망 좋은 찻집, 바비큐 테라스 등이 준비되어 있어 잠시 쉬고 요기도 할 수 있다. 입장료는 성인 3,000원, 어린이 2,000원. 문 여는 시간은 요일별로 차이가 있지만 오전 11시부터 오후 7시까지이다. 오후 시간을 이용할 때는 문 닫는 시간을 확인하는 것이 좋다(문의 031-774-0745).

드라이브

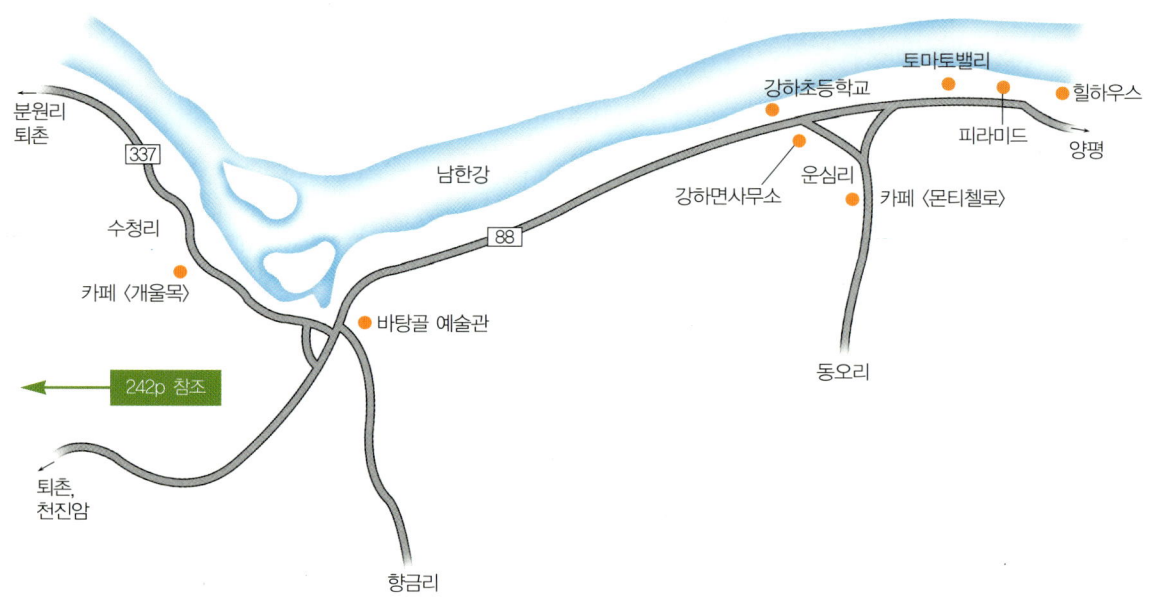

드라이브 메모

퇴촌으로 가는 길은 여러 갈래다. 우선 워커힐–팔당대교–팔당댐 남단–퇴촌을 거치거나, 올림픽대로–팔당대교–팔당댐–퇴촌으로 가는 길이 있다. 또 올림픽대로–중부고속도로–광주 · 경안 나들목–퇴촌 또는 하남시–43번 국도–퇴촌을 지나가는 길도 있다. 아니면 양수리를 거쳐 양평읍내로 들어간 후 양근대교를 건너 되돌아오는 방법도 있다.

이렇듯 많은 길이 있지만 팔당댐을 지나 남한강변을 따라 88번(몇년 전 지도에는 308번)도로를 타고 퇴촌으로 오는 길이 드라이브코스로는 가장 좋다.

퇴촌에서 바탕골미술관을 거쳐 힐하우스에 이르는 길에는 개성 넘치는 카페들이 줄지어 있고 대부분의 카페가 주차장을 갖추고 있어 골라 들어가면 된다.

대중 교통 정보

동서울터미널에서 퇴촌행 시외버스를 타고 퇴촌까지 온 다음 양평 방향 시내버스를 이용하면 된다.

여행정보

지역번호 031

🍴 맛집

양평군에서는 손님에게 제공하는 식단에 친환경농산물을 사용하는 음식점을 선정해 널리 알리고 있다.

아부심벨(강하면 전수리, 한식·용궁상차림, 774-2101) 강촌화로숯불구이(강하면 전수리, 생등심·생갈비, 772-4129) 촌미(양서면 용담리, 오리불고기쌈정식, 772-6778) 둥글레(서종면 수입리, 큰수라상, 774-0361) 한터식당(단월면 덕수리, 버섯차돌백이로스구이, 774-4641) 당너머 한우(양평읍 오빈리, 모듬구이, 772-7723) 도토리국수집(옥천면 신복리, 도토리국수, 771-7562)

🏨 숙박 정보

파워파크(퇴촌면 광동리, 768-0737) 황제모텔(퇴촌면 광동리, 767-9331) 강변파크(퇴촌면 광동리, 767-5058) 뉴리버사이드(퇴촌면 광동리, 767-0057) 트윈스(퇴촌면 광동리, 767-0056)

🌊 연계 관광 정보

양평군에서는 두 개의 드라이브코스를 추천하고 있다. 첫 번째는 팔당호(북한강)-양수리 두물머리(물안개, 황포돛단배)-용늪(연꽃)-강변도로-서종 까페촌-노산팔경-

이항로선생생가-정배리-양평한화리조트-사나사를 돌아보는 코스이다.
두 번째는 팔당호(남한강)-강하 강상 까페촌-온천수-밤벌드라이브인 양평극장-한울림공방-대명콘도-중원계곡-은행나무길-용문사를 찾아가는 코스이다.

🎉 축제 및 행사 정보

강하면 항금리 마을에서 벌어지는 〈해동화제〉는 매년 정월 대보름에 열린다. 동화태우기, 제사, 풍물패놀이, 떡 나눠먹기 등 서민적이면서도 정감 있는 행사가 진행된다(문의 770-2603).

양평군의 상징처럼 여겨지는 은행나무를 알리는 〈은행나무 축제〉가 격년제로 9월 중순경 용문산 국민관광지 일대에서 펼쳐진다. 군민노래자랑, 영산제, 산사음악회, 영목제, 영화상영, 환경농산물 판매전 및 팝스오케스트라 공연 등 다양한 행사가 진행된다(문의 770-2472).

❓ 여행 문의처

- 광주시청 문화공보실 : 760-2064
- 양평군 문화관광과 : 770-2068
  (야간 및 휴일 : 770-2222)

새롭게 뜨고 있는 문화공간 운집소
몸도 마음도 쉬어가는 북한강변

북한강변 문화벨트

사철 늘 푸른 하늘을 담고 있는 북한강의 매력은 언제나 그 모습 그대로 도도하다는 점이다. 정태춘의 노래 '북한강'이라도 나지막이 읊조려보는 북한강나들이는 틀에 박힌 일상에서 탈출 기회로 훌륭하다.

갈대숲이 인상적인 양수리 근처에서 북한강 동쪽 길을 따라 강변을 달리면 전원카페와 아름다운 강변 풍경이 어우러진 한 폭의 풍경화가 펼쳐진다. 이러한 낭만여행은 힘든 일상에서 벗어나 적당한 여유를 가져다준다.

▲ 양수호반의 황포돛배.

보통 우리가 〈양수리〉라 부르는 곳은 자그마한 섬이다. 여러 개의 다리가 있어 오가는 사람이나 사는 사람들이 섬이라는 사실을 잊고 있을 뿐이다. 양수리에서 가장 번잡한 곳에 있는 버스터미널에서 신청평대교 입구까지 이어지는 363번 지방도를 따라가는 문호리 쪽 북한강변에는 카페를 겸한 문화공간이 있다.

북한강과 나란히 가는 강변은 수도권 최고의 드라이브코스로 꼽힌다. 여름과 가을에는 수상스키, 모터보트 등 각종 수상스포츠를 즐기는 사람들로 붐빈다.

아름다운 강변마을 문호리에서 중미산 휴양림으로 가는 98번 지방도로변에 있는 갤러리 〈서종〉에서는 그림과 조각 작품들을 전시하고 있다. 자연채광만으로 작품을 볼 수 있도록 설계한 건물이 인상적이고 창문 밖으로 보이는 풍경마저도 하나의 그림으로 보이는 아주 특별한 곳이다. 전시장 안팎에는 그림을 보다가 쉴 수 있는 휴식공간도 군데군데 있어 간단한 차를 주문해 마시며 쉬어가면 좋다.

문화공간 〈산모롱이〉도 들러 볼만하다. 옹기전문가 남상만 씨가 마련한 문화공간인 이곳은 청학동 목수가 직접 지은 목조건축물로 소박한 귀족들의 놀이

▲ 북한강을 곁에 두고 다정하게 드라이브를 즐길 수 있는 363번 지방도로.

공간인 경회루의 모습을 본떠서 만들었다. 군데군데 특이한 옹기들이 놓여 있고 주기적으로 화가들을 초대해 전시회도 열어 볼거리가 풍성하다. 식사와 차도 즐길 수 있다(문의 031-773-2556).

화가가 직접 운영하는 작은 전시관 갤러리〈청빛 같은 사람아〉도 그냥 지나칠 수 없는 곳이다. 양평에서 나고 자란 화가 박현환 씨가 운영하는 갤러리로 화가가 디자인하여 설계를 의뢰해 지은 건물로 청자, 백자, 분청사기의 조각들을 지붕에 붙여놓은 것이 특징이다. 2층 구조로 1층은 갤러리, 2층은 생활공간이다. 작가가 작업 시간을 확보하기 위해 격월로 운영한다는 것을 염두에 두고 가기 전에 개관 일정을 미리 확인해야 한다(문의 031-584-0064).

〈인더갤러리〉는 끝없이 카페촌으로 이어지는 363번 지방도에 문화의 기운을 불어 넣는 곳이다. 순백의 벽들로 꾸며져 심플하고 모던한 분위기를 자아내는 인더갤러리는 1층은 갤러리로 2층은 카페로 운영되고 있다. 1년 365일 하루도 빠짐없이 문이 열려 있는 문화공간으로 유명하다(문의 031-771-6191).

북한강변 문화벨트의 북쪽 끝인 삼회리에 있는 〈가일미술관〉은 3개의 전시장과 아트홀, 문화교실, 작업실 등을 갖추고 있다. 이 미술관의 아트홀에서는 자주 음악회가 열리는데 좌석이 100석 정도라 미리 공연을 확인하고 가는 것이 좋다(문의 031-584-4722).

▲ 심플하고 모던한 느낌의 인더갤러리. 2층에 카페도 있다.

대한민국의 '바르비종'을 꿈꾸다

프랑스 근교의 바르비종은 밀레의 만종(晩鐘)에 등장하는 곳으로 미술인들이 모여 작업과 생활을 함께하던 곳으로도 유명하다. 이들은 나중에 '바르비종파'를 형성하기도 했다.

450여 명의 문화예술인들이 예술혼을 불태우고 있는 양평군은 한국의 바르비종으로 불리기에 손색이 없다. 특히 눈길을 끄는 것은 280여 명에 달하는 양평 거주 미술인들. 양평 곳곳에 퍼져 있는 미술인들은 가까이에 있는 갤러리에서 전시를 하면서 생활과 예술을 접목시키는 작업에 열중이다.

양평에 화가들이 들어와 살기 시작한 것은 1980년대 후반. 민중화가 민정기 씨가 가장 먼저 정착한 것으로 알려져 있다. 3~4년 전부터는 미술인 인구가 부쩍 늘었는데 주로 외국에서 유학하고 돌아온 화가들로 서울의 복잡한 환경을 피해 양평으로 찾아 들었다.

양평의 미술인 마을은 강상·강하면, 서종면, 그리고 용문면 등 세 곳에 집중적으로 모여 있다. 가족과 함께 들어와 직접 집을 짓고 사는 40~50대, 대학을 갓 졸업한 20~30대가 그룹을 이뤄 작업실을 쓰기도 한다.

드라이브

드라이브 메모

▷ 양수대교를 건너면서 속도를 줄여야만 오른쪽 진출로를 이용해 양수리에 들어서기 쉽다.

▷ 양수리 버스터미널 옆길에서 시작되는 363번 지방도는 풍광이 뛰어나 한눈을 팔기 쉽다. 경치가 좋은 곳에서는 반드시 차를 안전한 곳에 세우고 경치를 감상한다.

대중 교통 정보

▷ 청량리에서 약 30분 간격으로 운행되는 8번 시내버스(양수리와 서종면 문호리까지 운행)를 이용한다.

여행정보

지역번호 031

맛집

북한강변의 카페들은 저마다의 특색을 자랑한다. 분위기 좋은 곳에서 식사나 차 한 잔의 여유를 즐기고 싶다면 북한강 서종번영회가 운영하는 홈페이지(www.yangsoori.com)에 접속해서 정보를 미리 얻는 것이 좋다.

둥굴레(서종면 수입리, 한정식, 774-0361) 메종(서종면 문호리, 경양식, 774-4811) 밤악골가든(서종면 수입리, 자연산매운탕, 773-2747) 사각하늘(서종면 문호4리, 돌솥우동, 774-3670) 서종가든(서종면 문호리, 손두부, 773-6035)

숙박 정보

콘도식모텔 사랑터울(771-6681) 리버힐장여관(서종면 문호리, 772-4880) 리버사이드여관(서종면 수입리, 774-1253) 양평한화리조트(양평군 옥천면 신복리, 772-3811)

축제 및 행사 정보

북한강변에 위치한 경기 양평군 서종면에서는 <우리 동네 음악회>가 열린다. 우리 동네 음악회는 문화모임인 '서종 사람들'이 주축이 돼 2000년 1월부터 시작됐다.

2004년 8월에 50번째 공연을 마친 이 음악회는 마을 주민들의 사랑을 받는 행사다. 지금까지의 음악회 출연진 중에는 모스크바 국립남성합창단과 모나코왕립 소년합창단, 아이리시쳄버 오케스트라 등 쟁쟁한 공연단이 한둘이 아니다.

음악회 관람료는 청소년 500원, 성인 1,000원. 누구나 관람이 가능하다 (문의 773-8165).

여행 문의처

- 양평군 문화관광과 : 770-2068
  (야간 및 휴일 : 770-2222)
- 갤러리 서종 : 774-5530
- 인더갤러리 : 771-6191
- 산모롱이 : 773-2556

사라진 여유가 곳곳에 숨어 있는 드라이브의 명코스

한터캠프와 백련사, 은곡사 길

비교적 조용한 고장이었던 용인은 각종 공사와 개발로 다소 소란스럽다. 다행히 용인시내에서 곤지암으로 가는 샛길인 98번 지방도를 따라 5분만 달려가면 아직도 한적한 전원 풍경을 만날 수 있다. 이곳의 지명은 한터. '너른 공간'이라는 의미의 한터는 태화산 자락과 용화산 자락 사이를 이르는 말이다. 한터 골짜기는 예전부터 용인시민이 자주 찾던 곳으로 요즈음은 〈한터캠프〉와 〈태화산기도원〉으로 유명해졌다.

용인시내를 벗어나면서 시작되는 98번 지방도는 주말에도 교통체증이 없어 언제나 여유 넘치는 드라이브코스다. 아기자기한 곡선 길과 고갯길이 절묘한 조화를 이루고 있어 운전하는 즐거움도 남다르다.

이 드라이브에서 가장 먼저 들르게 되는 곳은 한터캠프. 용인에서 98번 지방도로를 8km쯤 가다가 반공위령탑을 지나면 왼편으로 한터캠프와 태화산기도원을 가리키는 이정표가 보인다. 이곳에서 1.5km쯤 가면 한터캠프에 이른다. 태화산 서남쪽 자락에 자리 잡고 있는 이 캠프는 깊은 숲과 맑은 물이 흐르는 오염되지 않은 자연이 자랑거리다. 원래 이곳은 아이들을 위한 캠프로 문을 열어 단체행사만을 진행했으나 지금은 미리 예약하면 누구나 이용이 가능하다.

▲ 조용한 저수지와 한적한 산길이 있어 여유있는 드라이브를 즐길 수 있다.

한터캠프에는 숲 그늘 아래 늘어선 방갈로가 단체여행객들이 이용할 수 있도록 제대로 잘 갖추어져 있다. 여러 동의 건물이 있고 원두막, 수영장, 캠프장과 극기훈련장 등이 있어 어린이들이 즐거운 한때를 보낼 수 있다. 이곳에서 주로

▲ 자연탐구활동을
할 수 있는 한터캠프.

벌어지는 행사는 유아캠프, 부자캠프, 초등학생 심성수련캠프, 전통문화행사 등이며 겨울민속동장군캠프나 심성수련활동, 자연탐구활동 등도 진행된다.

한터캠프에서 되돌아 나와 곤지암 쪽으로 발걸음을 옮기면 '한터낚시터' 가 있는 대대저수지가 나타난다. 이 지역에는 대대저수지, 추곡지, 유정저수지 등 빼어난 경관을 자랑하는 저수지가 있어 전원 속 낚시를 즐기는 강태공들이 많이 모여든다. 특히 이곳의 저수지들은 경치가 좋고 물이 맑아 가족낚시터로 사랑받고 있다. 지금도 대대저수지에 있는 한터낚시터에 가면 빙 둘러앉은 사람들이 잔잔한 저수지에 낚시대를 드리우고 있는 평화로운 광경을 목격할 수 있다.

대대저수지에서 곤지암 방향으로 약 4km 정도 더 달려가면 유정저수지에 이른다. 유정저수지는 수면 건너편으로 가파른 산세가 버티고 있어 한폭의 동양화 같은 감흥을 준다. 이런 경관 때문에 가족들과 함께 피크닉을 겸해서 낚시를 나오는 이들이 많아 언제나 따뜻한 분위기가 넘쳐난다. 유정저수지 맞은편에 있는 은곡사로 가는 길은 제법 운치가 있어 가벼운 산책을 즐기기 적당하다.

한터나들이에서 조금 욕심을 내 본다면 태화산(641m)을 오르는 것도 좋을 듯하다. 태화산은 규모가 작아 어느 방향에서 산행을 해도 3시간 이내에 끝낼 수 있다. 정상에서 남쪽 방향 산자락에는 고려 충숙왕 12년에 일연선사가 창건했다는 백련암이 자리 잡고 있고 대웅전 아래에는 전설이 깃든 '장군수'가 있어 등산할 때 식수로 이용할 수 있다.

▲ 가족 낚시터로 사랑받는 대대저수지.

돌의 따스한 숨결을 느낄 수 있는 '세중옛돌박물관'

처음 〈세중옛돌박물관〉에 들어서면 묘한 느낌을 받게 된다. 돌장승의 부리린 듯한 표정과 돌무리가 주는 중압감은 보통 사람들에게는 익숙지 않은 분위기다. 이렇게 박물관 입구 오른쪽에 장승과 솟대를 세워둔 이유는 잡귀를 물리치기 위해서라고 한다. 박물관 구경을 하고 나면 어느새 돌장승의 표정은 험상궂지만 마음은 따뜻한 동네 아저씨처럼 친근해진다.

우리나라에서 처음으로 세워진 세중옛돌박물관은 전국에 흩어져 있는 돌조각 작품을 모아 실내와 실외 공간에 전시했다. 왕릉과 사대부가의 묘에서 망자의 혼을 지키고 위안하던 문인석, 무인석을 비롯한 석수, 마을 수호신으로서 마을에 들어오는 악귀와 외적을 막아주던 장승과 벅수 등의 지킴이, 높은 장대 위에 올라 마을의 안위를 살피던 솟대, 귀여운 모습으로 지나가던 나그네의 발길을 붙잡던 동자석, 제주의 상징이 된 돌하르방, 아들을 낳기 위해 치성을 드리던 신당과 남근석, 그리고 우리 불교의 심오한 뜻을 알 수 있는 불상과 석탑, 생활도구로 사용되는 연자방아, 맷돌, 다듬잇돌, 우물돌, 돌솥 등 민중 속에 깊이 뿌리를 내리고 있는 6천여 점의 유물들이 전시되어 있다. 입장료는 어른 5,000원, 어린이 2,000원(문의 http://oldstonemuseum.com, 031-321-7001).

드라이브

드라이브 메모

◤ 용인시내를 벗어나면서 시작되는 98번 지방도를 따라 8km 쯤 가다가 반공위령탑을 지나면 왼편으로 한터캠프, 태화산기도원 이정표가 보이고 이곳에서 1.5km쯤 가면 한터캠프에 이른다.

◤ 한터캠프에서 되돌아 나와 곤지암 쪽으로 발걸음을 옮기면 한터낚시터가 있는 대대저수지가 나타난다. 대대저수지에서 곤지암 방향으로 약 4km 정도 더 달려가면 유정저수지에 이른다.

여행 정보

지역번호 031

🍴 맛집

여행의 또 다른 즐거움은 식도락이다. 문화 공간이 다양하게 들어선 덕에 맛볼 수 있는 음식의 종류도 다양하다. 한국민속촌 내의 전통식, 에버랜드의 유럽식이나 미국식 패밀리 레스토랑, 갈비 전문점, 향토식품인 백암순대 전문점 등이 있어 선택하는 데 곤란을 느낄 정도다.

용인의 전문 레스토랑들

한국관(기흥읍, 불고기, 286-4605) 베네치아(포곡면, 퓨전요리, 320-9124) 솔라시티(수지읍, 양식, 265-1255) 고향촌(기흥읍, 궁중전골, 283-7788)

한터캠프 부근의 맛집들

숲속가든(양지면 대대리, 토종닭, 334-6731) 한터농장가든(양지면 대대리, 토종음식, 339-6999) 시골농장가든(양지면 대대리, 순두부, 339-6690) 한터오리골(양지면 대대리, 322-1519) 이정(양지면 대대리, 한정식, 335-5030)

🏨 숙박 정보

양지파인리조트(용인시 양지면 남곡리, 338-2001) 한터캠프(용인시 양지면 대대리, 334-7877) 태화산 청소년수련의 집(용인시 양지면 대대리, 332-3632) 로얄파크(광주시 실촌면, 764-6156) 에덴파크(광주시 실촌면, 764-8265) 홀인원(광주시 실촌면, 761-4488)

🚌 연계 관광 정보

용인은 체험 프로그램이 많은 가족나들이 명소다. 사슴농장에서 출발한 황새울 농원이나 〈가을 밤 줍기 행사〉를 매년 하고 있는 서전농원, 청소년 프로그램이 다양한 용인시 청소년 수련마을은 한번쯤 들를만한 곳이다. 황새울 관광농원은 저절로 솟는 약수, 주말농장, 체육시설, 눈썰매장이 있어 하룻밤 지내는 것도 좋을 듯하다(333-9080). 매년 8월 말부터 10월 하순까지 밤 줍기 행사를 펼치는 서전농원에는 사슴, 오리, 거위, 토종닭 등이 숲속에서 사육되어 도시에서 자라는 어린이들에게 새로운 볼거리를 제공한다(332-8037).

🎭 축제 및 행사 정보

양지면 한터마을이 전승지인 〈동화놀이〉는 6·25전쟁을 전후해서 잊혀졌으나 경기도 민속예술경연대회를 계기로 발굴, 계승되었다. 마을의 남녀노소 모두가 자기 나이 수대로 매듭을 지은 횃대(횃불)를 태우면서 새해 벽두의 어둠 속에 광명을 비추는 보름달을 향하여 각자의 소원을 비는 행사다. 가족의 무병장수 나아가 국민안녕 태평성대에 풍년을 기원하는 의미가 담겨 있고 정월대보름에 주로 열린다.

❓ 여행 문의처

- 용인시 문화공보 담당과 : 333-1751~8
- 한터캠프 : 333-4681
- 용인시외버스터미널 : 321-3182
- 세중옛돌박물관 : 321-7001

자유로에서 만나는 자유,
통일전망대에서 만나는 여유

자유로와 통일전망대

통일전망대로 가는 자유로는 '한국의 아우토반'이라는 별명을 지니고 있다. 한강과 임진강의 강둑을 따라 시원스레 열려 있는 이 길은 한껏 속도를 올릴 수 있는 정말 '자유로운' 길이다. 휴일 오후 여유 있는 드라이브를 즐기기에 그만이다.

▲ 통일촌과 헤이리 문화마을.

총 길이 46.6km인 자유로는 보통 3구간으로 나눌 수 있다. 행주대첩으로 유명한 행주산성을 왼쪽에 두고 완만한 커브 길을 돌면 행주대교가 나오는데 여기서부터 본격적인 자유로 드라이브가 시작된다. '통일을 향한 길목 자유로'라고 새겨 있는 기념비를 지나면서 항공기 활주로 같은 직선로를 시원스레 달릴 수 있다. 이 직선로는 자유로휴게소까지 이어지고 있는데 길이는 17km 정도 된다.

새 단장을 마치고 문을 연 자유로휴게소에서 계속 달려 재두루미 도래지를 지나고 곡릉천 입구에 이르면 멀리 〈통일공원 전망대〉가 모습을 드러낸다. 이 구간부터는 코스가 좁아지고 군데군데 S자코스가 도사리고 있어 속도를 줄여야만 한다.

통일전망대는 1992년 개관이래 남쪽에서 흘러드는 한강과 북녘에서 내려오는 임진강이 만나 빼어난 경관을 자랑하고 있다. 해발 140m의 높이의 원형전망실에서는 북으로는 개성의 송악산, 남으로는 여의도 63빌딩이 바라다 보인다.

1·2층의 전시관에는 북한실과 통일실이 있다. 관람객들이 통일의 염원을 글이나 그림으로 남길 수 있는 통일염원실, 이산가족들이 추석과 설날 등 명절을 맞아 조상들을 추모하는 망배단, 지름 2m, 무게 600kg의 거대한 통일기원북 등

▲ 임진강 굽이를 따라 이어지는 자유로.

이 설치되어 있으며 조만식 선생의 동상도 세워져 있다. 승용차는 입구 주차장에 세워두고 셔틀버스를 타고 올라가야 한다.

통일동산에서 자유의 다리 입구에 있는 임진각까지는 임진강 굽이를 따라 깨끗하게 포장된 강변길 17.6km가 계속되는데 임진강 위로 펼쳐지는 일몰은 환상적이다. 가는 도중에는 잠시 반구정(伴鷗亭)에도 들를 수 있다. 반구정은 황희(黃喜, 1363~1452) 선생이 관직에서 물러나 갈매기를 벗삼아 여생을 보내던 곳으로 낙하진에 인접해 있어 원래는 낙하정(洛河亭)이라 하였다.

임진각은 민간인들이 출입할 수 있는 북쪽 한계선에 위치하고 있다. 1972년 경복궁에 있는 경회루를 본떠 만든 휴식정자이다. 휴게소와 유물전시관 등이 있는 6천여 평 규모의 통일공원에는 자유의 다리와 머리를 북쪽으로 향하고 있는 경의선 기관차, 망배단, 아웅산순국기념탑 등이 있다.

임진각에서 단체여행을 통해 들어 갈 수 있는 비무장지대 관광은 제3땅굴과 도라산 전망대, 통일촌 등이다. 파주시 군내면 조산리에 있는 제3땅굴은 1978

년 6월 10일 발견되었는데 북한이 남침용으로 파내려 온 땅굴 중 세 번째라 제3땅굴이라 부른다. 도라산전망대는 1986년에 사업비 약 3억 원을 들여 국방부에서 설치한 〈통일안보관광지〉이다. 도라산전망대에서는 남측에서는 유일하게 북한의 두 번째로 큰 도시인 개성시가 선명하게 보이는 곳이다.

▲ 임진강 위로 펼쳐지는 일몰은 환상적이다.

이 여행의 마지막 경유지는 통일촌 마을. 이 마을은 민통선 내의 정착촌이다. 이곳에서는 전역한 군인들과 접경 지역 주민들의 생활모습을 볼 수 있는 안보관광지로 90여 가구, 450여 명의 주민이 농사를 짓고 있다. 민간인 출입이 통제돼 자연 상태가 비교적 잘 보존되어 있다.

심플 놀이동산 '평화랜드'에 가다

문산읍에 있는 〈평화랜드〉는 2001년 5월 임진각 주차장 옆에 문을 연 놀이공원으로 범퍼카, 바이킹, 평화열차 등의 각종 놀이기구를 갖추고 임진각관광지를 찾는 가족단위 관광객들에게 또 다른 볼거리와 재미를 선사하고 있다.
슈퍼바이킹, 점퍼보트, 회전목마, 시뮬레이션, 범퍼보트 등 다양한 놀거리들은 개별이용권을 이용할 수 있는데 1,500-3,000원 정도 한다. 개장시간 오전 10시부터 오후 6시까지. 동절기에는 1시간 일찍 문을 닫는다. 주차요금은 경차 1,000원, 승용차 2,000원, 중형차 3,000원, 버스 5,000원이다(문의 031-953-4448).

드라이브

드라이브 메모

성산대교에서 강변로를 따라 행주대교까지 오면 자유로가 시작된다. 한강을 왼편에 두고 17km를 달리면 장항나들목과 이산포나들목을 차례로 지나 자유로휴게소에 이르게 된다.

자유로 휴게소에서부터 통일전망대가 있는 곳까지의 12km는 길이 좁아지고 굴곡도 심해지기 때문에 제한속도에 맞춰 속도를 줄여야 한다.

통일공원에서 임진각까지의 16.5km는 차량 통행량이 줄어들어 비교적 여유 있는 드라이브를 즐길 수 있다.

대중 교통 정보

불광동 시외버스터미널에서 금촌행 버스를 타거나 서울역에서 경의선을 타고 금촌역에서 하차한 다음 성동리행 2번 버스를 타면 통일동산 주차장에 도착한다. 주차장에서 통일전망대까지는 무료셔틀버스가 수시로 운행되고 헤이리는 주차장에서 도보로 10분 거리에 있다.

임진각은 불광동 시외버스터미널에서 문산행 좌석버스를 타고 문산 버스터미널에 하차하여 94번 임진각행 버스를 타면 된다. 경의선을 이용할 경우 종점인 임진강역에서 하차하면 된다.

여행정보

지역번호 031

🍴 맛집
반구정 나루터집(파평면 율곡리, 장어구이, 952-3472) 버드나무집(파평면 율곡리, 장어구이, 952-6268) 가야성(법원읍 동문리, 생갈비, 958-7942) 두지리 원조매운탕(적성면 설마리, 민물매운탕, 959-4508) 통일촌 장단콩마을(손두부·장단콩정식, 954-3443)

🏠 숙박 정보
로얄 여관(문산읍 문산리, 953-6667) 귀빈장 여관(파주읍 연풍리, 954-1760) 민박 집화개장터(법원읍 설마리, 959-3249) 무진산장(법원읍 설마리, 958-7959)

🌊 연계 관광 정보
'즐겁다', '신난다', '다시 일하자'의 뉘앙스를 지닌 아름다운 우리말 헤이리. 이 같은 의미를 담고 있는 〈헤이리 아트밸리〉는 자유로 주변의 대표적 문화공간이다. 마을 전체가 개성 넘치는 건축물이어서 색다른 볼거리를 제공하고 있기도 하지만 93인물미술관, 한향림 갤러리, 하스Ⅲ 등 각종 갤러리와 북하우스, 세계민속악기박물관 등 다양한 스펙트럼의 예술공간이 즐비해 진한 문화의 향기를 느낄 수 있는 곳이기도 하다.
대표적인 곳으로는 현대도예와 근대 도기의 공간인 한향림 갤러리, 1천여 점의 인물관련 미술품이 전시된 93인물미술관, 방송인 황인용과 함께하는 아날로그 음악감상실 카메라타 등이다. 가벼운 식사부터 정통 요리까지 다양한 먹을거리를 맛볼 수 있는 곳은 꽃을 먹는 집 식물감각, 구름 같은 건물의 레스토랑 크레타 등이다.

🎉 축제 및 행사 정보
통일동산에 있는 문화예술마을 헤이리에서는 문화예술과 환경의 가치를 보다 많은 사람들과 함께 하기 위해 2003년부터 매년 가을 〈헤이리 페스티벌〉을 개최한다. 아름다운 자연을 무대로 다양한 장르의 수준 높은 예술 작품을 전시하고 공연 등 관객과 함께 호흡하는 헤이리 축제는 독특한 분위기와 수준 높은 행사로 알려지고 있다(문의 헤이리 사무국, 946-8551~3).

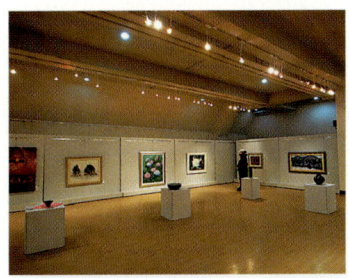

❓ 여행 문의처
- 파주 관광안내센터 : 940-4361~4
- 임진각 관광안내소 : 953-4744
- DMZ 관광사업소 : 954-0303

젊음이 가득한 호반에서 즐기는
센티멘탈 드라이브

장흥국민관광지와 기산저수지

교외선 열차가 도착하는 시간이면 다정스럽게 손을 잡고 역사(驛舍)를 빠져 나오는 연인들이 유난히 많은 곳이 장흥이다. 이곳은 서울 근교에서 가장 소문난 데이트코스로 전원카페들이 줄지어 있고 놀이시설도 많으며 주위 경관도 아름답다. 장흥 일대는 전원풍의 분위기로 별미를 맛볼 수 있는 맛집들이 많아 가족 외식 드라이브코스로도 좋다.

장흥 입구에 들어서면서 도로 옆에 늘어 선 많은 전원카페들과 음식점, 야외미술관, 놀이시설 등을 만날 수 있다. 장흥을 찾으면 잊지 말고 〈토탈야외미술관〉에 들러 자연과 예술이 어우러진 모습을 추억에 담도록 하자. 미술관 건너편에 있는 〈두리 훼미리랜드〉는 바이킹, 관람차, 회전목마, 전투기, 범퍼카, 회전그네 등 인기 있는 놀이기구 10여 개를 갖춘 장흥 유일의 놀이공원으로 가족끼리 즐거운 한때를 보내기에 좋은 곳이다. 특히 높이가 30m 가까이 되는 관람차에 오르면 장흥 일대를 한눈에 내려다볼 수 있다.

계곡을 따라 올라가면 길 왼편으로 조선 중기의 명장 권율의 묘를 찾을 수 있다. 장흥계곡을 따라 3.5km 정도 올라가면 통나무와 통유리로 아름답게 꾸민 예뫼골에 닿는다. 예뫼골은 철판구이와 바닷가재, 왕새우 등을 내는 정통 레스토랑으로 '예술이 있는 산골'이란 뜻을 지니고 있다. 본관에서 스테이크를, 별관에서 철판구이를 즐길 수 있고, 뒤편에는 빼어난 주변 경관과 더불어 야외조각공원이 있어 조각 작품도 감상할 수 있다.

예뫼골에서 제법 가파른 말고개를 넘어가면 기산저수지에 이른다. 잔잔한

▲ 기산저수지를 끼고 달리는 매혹의 드라이브코스

▲ 기산저수지는 낚시터로 소문나 있다.

호수가 창가로 건너다 보이는 곳에 카페 하나. 언덕 위에 있는 〈흑과백〉이 반긴다. 흑과백과 더불어 새로운 분위기를 자랑하는 전원 카페들이 열병(閱兵)하듯 서있다. 이곳에서 시작되는 기산-광탄 드라이브코스는 아기자기하면서도 낭만이 넘친다.

기산저수지를 내려다보며 달리는 길은 적당한 굴곡과 햇살을 받아 반짝이는 물결이 조화를 이뤄 아름답다. 적당한 곳에 차를 세우고 저수지를 걸어보는 것도 좋다. 저수지를 지나면 수문이 있는 곳 아래 노천카페 〈철목〉에 이른다. 통나무를 잘라 만든 의자와 탁자들이 그대로 널려 있어 거대한 조각 작품을 보는 듯하다. 통기타 가수의 라이브 무대가 자주 열리고 바비큐와 토속 음식을 동시에 맛볼 수 있어 이색적인 곳이다.

계속해서 달리면 완만하게 흘러내린 산자락 아래 전나무 숲이 드러나고, 전원 카페 〈솔사랑〉도 보인다. 이어 양주군 관광마을이 나타나는데 향토마을에서 광탄 방향으로 조금만 달리면 조금 번잡했던 풍경에서 자유로워질 수 있다. 하늘색을 가득 담고 있는 아름다운 마장저수지가 기다리고 있기 때문이다.

1997년부터 물을 담기 시작한 이 저수지는 장흥유원지 등 카페, 모텔, 식당들이 가득 들어찬 산중에 있으면서도 그런 분위기에서 반 걸음쯤 벗어나 있다. 오른쪽 산 밑으로 서쪽 하늘을 고스란히 담고 펼쳐진 그림 같은 마장호수는 해질 무렵 노을이 비치는 풍경이 너무나 아름답다. 호수 경치를 가장 잘 볼 수 있는 곳은 길 오른쪽으로 댐이 보이는 곳으로, 자동차를 10여 대 정도 세울 수 있다. 해가 저물 무렵의 아름다운 풍경을 감상하려면 호수 끝자락에 있는 고령산기도원 입구에 차를 세우면 된다.

계속해서 달리면 송추 컨트리클럽 입구를 지나 길 왼편으로 〈영장리관광마을〉이 나타난다. 이 마을에는 한정식으로 유명한 명가원과 황태정식으로 소문난 초가 등이 있어 별미를 즐기기에 좋다. 좀 더 달리면 길의 종착점쯤, 광탄과 벽제로 나가는 갈림길에 도착하게 된다.

이곳에서 오른쪽 길을 택해 1km 정도 달리면 뱃놀이를 즐길 수 있는 휴양지 유일레저가 나오는데 물위에 떠 있는 전원카페 〈표표〉의 낭만적인 분위기가 물씬 풍긴다. 왼쪽 길을 택해 고양읍 쪽으로 5분 정도 내려오면 유서 깊은 사찰 보광사가 기다리고 있다.

계절의 향기를 음미할 수 있는 '토탈야외미술관'

1984년 10월 문을 연 토탈야외미술관은 6천여 평의 조각공원과 실내전시실, 소극장 등을 갖춘 전원 속의 현대미술관이다. 봄기운이 무르익는 4월이면 너른 잔디밭과 화사하게 피어나는 봄꽃, 조각품들이 연출해내는 분위기가 가히 환상적이다. 낙엽이 눈 내리듯 떨어지는 가을에는 향 좋은 커피 마시듯 분위기를 음미해가며 야외 조각 작품들을 감상할 수 있다.
미술관 1층에 위치한 실내미술관은 현대미술전시장으로 이용되고 있고 옥외연주장에서는 무용, 연극, 음악회 등의 행사가 자주 열린다. 조각과 회화 등 많은 미술작품들이 소장되어 있어 수시로 기획전을 열기도 한다. 관람료는 어른 2,000원 어린이 1,000원, 관람시간은 오전 10시부터 오후 7시까지로 동절기에는 1시간 먼저 문을 닫는다(문의 031-855-5791).

드라이브

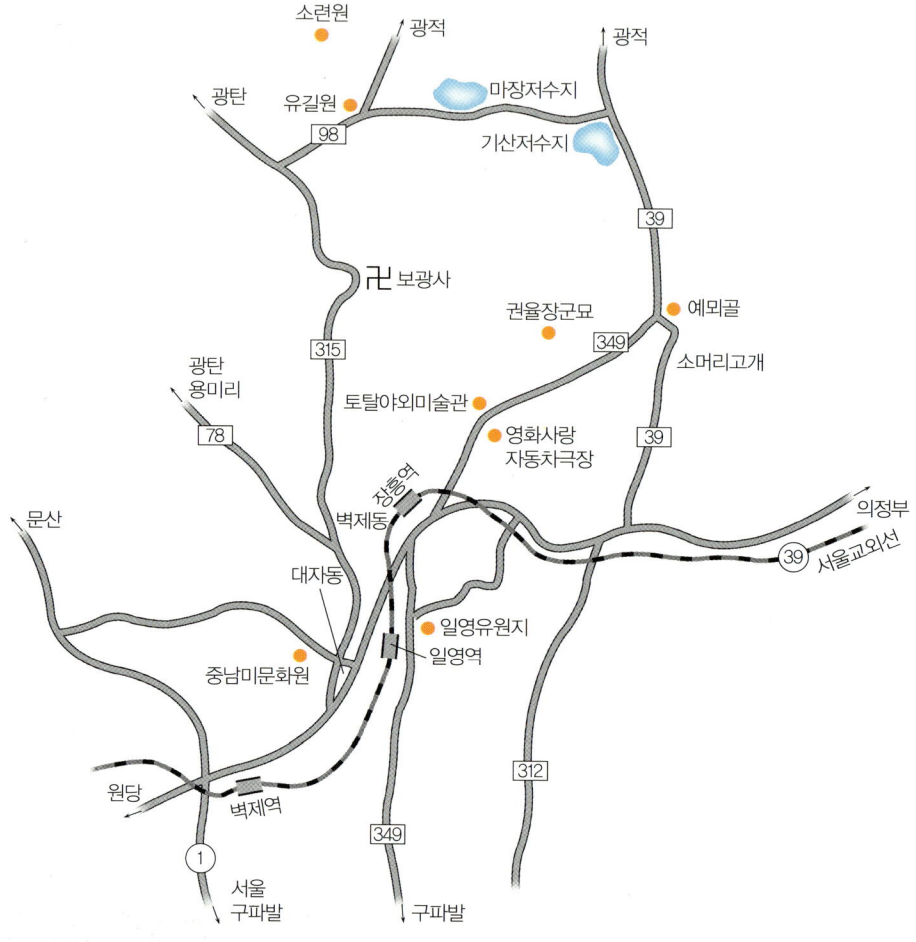

드라이브 메모

▶ 장흥에서 349번 국도를 타고 고개를 하나 넘으면 기산저수지에 이른다. 기산저수지 입구의 카페 흑과백에서 좌회전하면 카페 작은 폭포와 철목 등을 지나게 된다.

▶ 기산저수지에서 마장저수지, 유길원 등을 오른편에 두고 달리는 길목에는 많은 카페들이 늘어서 있다.

▶ 유일레저 입구로 가게 되는 삼거리에서 벽제쪽으로 우회전하면 보광사에 들를 수 있다. 용미리석불입상이나 윤관장군 묘로 가려면 벽제 입구까지 나와 다시 307번 지방도를 타야 한다.

대중 교통 정보

▶ 서울역에서 출발하는 교외선 철도를 이용해 장흥역에서 내리면 된다.

▶ 버스는 불광동에서 장흥을 거쳐 의정부로 가는 23번 버스(소요시간 40분, 배차간격 20분)를 이용하면 된다.

여행 정보

지역번호 031

보광사의 숲은 지극히 아름다워 시심(詩心)을 절로 일으킨다. 보광사 경내 '대웅보전'과 '만세루'는 영조가 친히 쓴 사액이다. 보광사를 나와 왼쪽으로 열린 언덕길을 오르면 집채만 한 석불입상이 산 아래를 굽어보고 있다.

축제 및 행사 정보

겨울이면 장흥국민관광지 밤나무 숲 공원 석현천 주변에서 〈얼음축제〉가 벌어진다. 다양한 형상의 얼음조형물과 빙벽 및 얼음동굴, 고드름집, 얼음기둥 등이 있어 겨울 낭만을 즐길 수 있다. 또한 장흥관광지에서는 〈춘사 나운규 영화제〉가 개최되기도 한다.

숙박 정보

호텔궁전(840-2811) 로얄파크(826-9436) 팔레스장여관(843-4632) 모모여관(843-9065) 뉴월드파크여관(845-5354) 올리브산장(876-3821) 아름다운세상(876-9277) 대궐산장(871-1666) 유일레저(948-6161)

여행 문의처

- 양주군 문화관광사업소 : 820-2470
- 파주시 문화체육과 : 940-4361
- 보광사 : 948-4440
- 유일레저 : 948-6161
- 토탈미술관 : 855-5791

연계 관광 정보

보광사는 가까운 곳에 있으면서도 숨겨진 의외로 유서 깊은 절이다. 신라 진성왕 8년(894)에 도선국사가 창건해 고려 공민왕에 이르기까지 세 차례의 중수를 거친 이 절은 임진왜란 때 불에 타 없어졌다가 영조 6년(1730)에 영조의 어머니 숙빈 최씨의 명복을 빌기 위해 다시 세워졌다. 절의 규모는 비교적 작지만 장중한 대웅전과 아름다운 후원이 보기 좋다. 특히 조선 말엽에 국운이 기우는 것을 일으켜보기 위해 지었다는 만세루에서 내려다보는

맛집

예뫼골(철판구이, 856-1891) 탑골(토종닭, 845-7730) 탈마당(감자전, 840-5979) 아제왔소(전라도식 한정식, 871-6263) 철목(불란서풍요리, 871-8863) 꺼먹동네(스테이크, 871-6633) 명가원(한정식, 946-2300) 꼭대기산장(산채정식, 948-7066)

초판인쇄	2005년 4월 30일
초판발행	2005년 5월 4일

지은이	정보상
펴낸이	심만수
내지디자인	add+ (02)745-5641
펴낸곳	(주)살림출판사
주소	110-847 서울시 종로구 평창동 358-1
출판등록	1989년 11월 1일 제9-210호
대표전화	(02)379-4925~6
팩스	(02)379-4724
e-mail	salleem@chollian.net
홈페이지	http://www.sallimbooks.com

ⓒ(주)살림출판사, 2005 ISBN 89-522-0378-X 03980

※ 잘못된 책은 구입하신 서점에서 바꾸어 드립니다.
※ 저자와의 협의에 의해 인지를 생략합니다.

값 11,500원